河南省高等学校哲学社会科学应用研究重大项目基金 资助
河南省哲学社会科学规划项目基金 资助

城市智慧旅游

建设体系及发展路径研究

Research on Urban Smart Tourism Construction System and Development Path

孙艳红 徐真真◎著

中国经济出版社
CHINA ECONOMIC PUBLISHING HOUSE
·北 京·

图书在版编目（CIP）数据

城市智慧旅游建设体系及发展路径研究/孙艳红，徐真真著．
北京：中国经济出版社，2017.11
ISBN 978-7-5136-4879-0
Ⅰ．①城… Ⅱ．①孙… ②徐… Ⅲ．①城市旅游—旅游业发展—
研究—中国 Ⅳ．①F592.3
中国版本图书馆 CIP 数据核字（2017）第 236215 号

责任编辑 牛慧珍
责任印制 马小宾
封面设计 任燕飞工作室

出版发行 中国经济出版社
印 刷 者 北京柏力行彩印有限公司
经 销 者 各地新华书店
开 本 710mm×1000mm 1/16
印 张 16.25
字 数 240 千字
版 次 2017 年 11 月第 1 版
印 次 2017 年 11 月第 1 次
定 价 58.00 元
广告经营许可证 京西工商广字第 8179 号

中国经济出版社 **网址** www.economyph.com **社址** 北京市西城区百万庄北街 3 号 **邮编** 100037
本版图书如存在印装质量问题，请与本社发行中心联系调换（联系电话：010-68330607）

前　言

智慧旅游作为一种信息业与旅游业相契合的新业态，既伴随着现代信息技术的快速革新，也呼应着旅游业提供高品质、个性化服务的现实需求，已经成为旅游业新一轮转型升级的必然趋势。自我国提出借助现代信息技术带动智慧旅游发展，并开启“智慧旅游年”以来，各个城市都加快了智慧旅游体系的创建工作，大力推动着旅游企业的信息化改造和智慧转型。然而，智慧旅游作为新兴事物，处于发展初期，缺乏较为成熟的理论体系，未形成相对完善的技术支撑体系，理论研究和技术研发都滞后于实践需求。

本书遵循从分析问题到解决问题的研究脉络，以游客需求为出发点，通过SPSS对问卷内容进行统计分析，准确了解游客对智慧旅游的需求偏好和体验程度，找出城市智慧旅游建设中的不足和问题，提炼出重点建设内容。在此基础上，提出了城市智慧旅游体系的构建思路和整体框架，着重介绍服务体系的主要建设项目。着力于破解城市智慧旅游体系建设工程和项目中的难题，通过对洛阳智慧旅游体系建设的个案分析，聚焦于推动城市智慧旅游发展的具体路径，主要目的是为了实现供需结合，推动城市智慧旅游的顺利开展及质量提升。

本书详细总结了游客对智慧旅游的认知、需要提供的服务类型、对应用项目的感知，并通过IPA分析明确智慧旅游建设中应优先改进的项目，从中总结了网络时代游客的行为偏好，揭示了现阶段建设智慧旅游的诸多难点和不足之处。继而阐明，城市智慧旅游体系应当包括前端应用体系、后端支撑体系和服务保障体系三个部分，其中前段应用体系主要包括智慧公共服务系统、智慧旅游管理系统、智慧旅游营销系统；后端支撑体系主要包括智慧旅游感知体系、技术支撑体系、旅游信息资源数据库三个系统；服务保障体系由标准规范体系、效果评估体系、安全保障体系和运营管理体系四大部分组成。各个城市应当依据当前智慧旅游改造的实际状况，以市场需求为导向，按照一定的建设标准、建设指标和建设时序，引入适当的先进信息技术和智慧管理系统，梯次推进智慧项目的升级改造。最后，本书从顶层设计、体制创新、技术研发、试点建设、逐步推广、文化适应、环境适应、加大宣传、提高服务效能、人才建设和提高服务水平等方面系统、全面地总结了城市智慧旅游体系建设的路径，确保智慧旅游的规范和有序发展。

本书的研究基于调查问卷的分析数据和对当前智慧旅游研究、实践中先进成果的总结，系统性强，脉络清晰，具有一定的前瞻性、科学性和可操作性。希望相关的研究成果能为城市智慧旅游的建设提供理论支持、技术指导和决策参考。

本书在撰写的过程中参考了很多专家学者的研究成果，也受到了诸多同行的帮助，在此表示深深的谢意。由于作者水平有限，时间仓促，书中难免存在疏漏讹误之处，还要恳请广大读者批评指正，以便本书今后的修改完善。

作　者

2017 年 8 月

目 录

第1章 绪 论

1.1 选题背景

2008年，美国IBM公司首次提出“智慧地球”的概念，旨在改变人们的交互方式，通过智慧化方法使交互过程更加明确、高效、便捷[①]。智慧地球建设自此成为各行各业的发展契机，其建设触角逐渐深入到能源、食品、交通、教育、医疗、政府管理等人们生活的方方面面，颠覆了人类的传统生活方式，其涵盖面如图1－1所示。

在此之后，IBM提出“智慧的城市”愿景，希望为城市智慧化发展做出努力，从而改善人们的生活。“智慧城市”作为“智慧地球”建设扎实落地的基本支柱，迅速引起了世界范围内的关注和追捧。“智慧城市”旨在利用现代化信息技术，实现城市智慧化运行，为生活在其中的人们创造更加便捷、有效的美好生活。2009年，美国迪比克市与IBM合作建立了第一个智慧城市。该合作项目基于物联网和大数据技术，在一个拥有六万居民的社区内，将各种生活资源（水、电、煤气、交通、卫生保健、信息服

① 许晔，孟弘，程家瑜等．IBM“智慧地球”战略与我国的对策［J］．中国科技论坛，2010（4）：20－23.

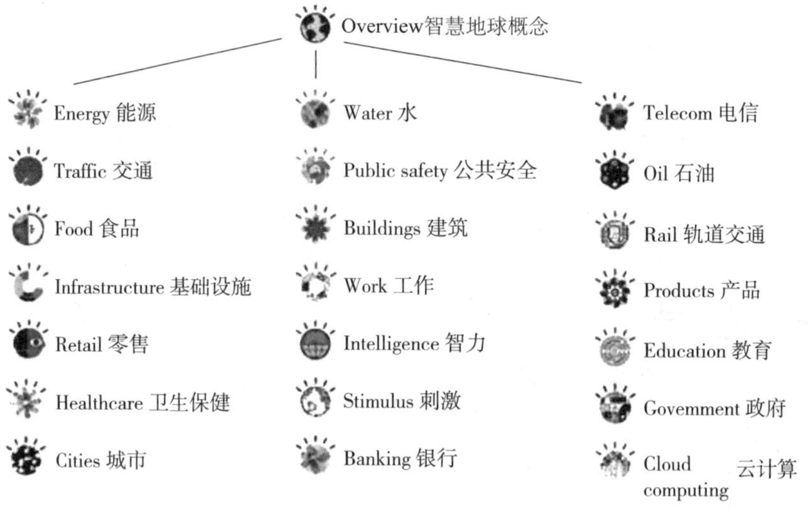

图1-1　智慧地球概念

务等）相连接，从而更好地监测、分析和整合各种数据以便做出智慧化响应，使资源得到更加合理地利用，提高资源利用率，提高社区居民生活的便捷性①。

随后，我国许多城市也随即积极加入到“智慧城市”建设潮流当中。我国城市的发展大致经历了传统城市、数字城市、智慧城市三个阶段，其发展特点如图1-2所示。目前，我国大多数城市处于由数字城市向智慧城市过渡的发展阶段。

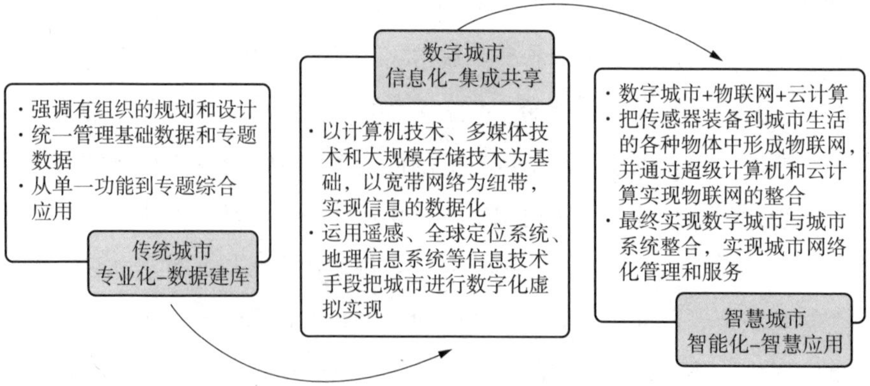

图1-2　城市信息化的发展阶段

① 胡拥军．智慧城市的发展现状、问题诊断与经验总结［J］．中国信息化，2014：20-23.

随着我国经济的不断发展，越来越多的人口涌向城市，谋求生存和发展。城市被赋予了前所未有的经济、政治和技术的权利，不可避免地被历史推到了世界舞台的中心，发挥主导作用。与此同时，城市也面临能源紧缺、环境污染、交通堵塞、失业、住房不足、疾病等方面的挑战。随着我国城镇化速度的加快，城市的土地、医疗、教育等各种资源供应不足，导致资源分配不平衡、空气污染等各种问题突出显现。智慧城市的建设理念很好地解决了以上问题，得到公众认可，顺应了时代潮流。

为了推进我国智慧城市发展进程，2012 年我国确立了包含北京、杭州、武汉等 90 个城市在内的首批“中国智慧城市”试点城市。同年，中国智慧城市产业技术创新战略联盟宣布成立①。2013 年 8 月，国务院发布《关于促进信息消费扩大内需的若干意见》，提出在有条件的城市开展智慧城市试点示范建设，更加推动了我国智慧城市的建设进程②。经过几年的发展，我国智慧城市建设初见成效，有力解决了城市化进程中的可持续发展问题。

随着智慧城市口号的提出，越来越多的企业以此为契机，积极改革自身传统运营模式，向智慧化方向发展。目前，智慧城市的发展已经涉及基础设施、交通、电信、公共服务等多个领域，如图 1－3 所示。

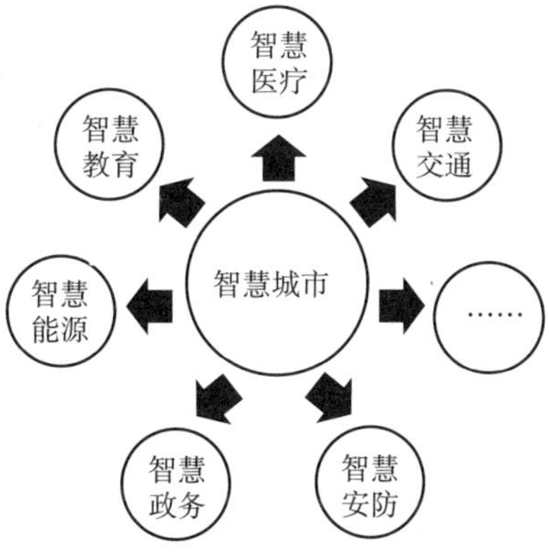

图 1－3　智慧城市的构成

① 吴雪．智慧旅游城市建设初探［J］．旅游纵览，2015（10）：17－19.

② 王爱华．智慧城市［J］．数据通信，2014（03）：42－44.

在智慧城市建设背景下，“智慧旅游”作为“智慧城市”在旅游业中的应用，被江苏省首先提出。智慧旅游是在智慧城市的基础上发展而来，是智慧城市在旅游城市和城市旅游两大领域的推广性应用，是将服务对象由城市居民向外来游客的内涵式延伸，也是旅游信息化发展的高级阶段。旅游信息化和智慧旅游是旅游业建设发展的不同阶段，相辅相成，在概念上具有一定区别。

旅游信息化是数字旅游的基础阶段，它通过对信息技术的运用来改变传统的旅游生产、分配和消费机制，以信息化的发展来优化旅游经济的运作，实现旅游经济的快速增长。旅游信息化的内容主要包括旅游电子商务、旅游电子政务、旅游企业信息化三项；旅游信息化的表现形式主要是旅游呼叫系统、旅游网站、支持信息化的基础设施建设以及数字化管理。

智慧旅游亦称智能旅游，即利用云计算、物联网等信息技术，通过互联网、通信网、移动互联网等借助便携的智能终端等上网设备，主动感知旅游者、旅游资源、旅游经济、旅游活动等方面的信息并及时发布，让人们能够及时了解这些信息，及时安排和调整工作与旅游计划，从而达到对各类旅游信息的智能感知和方便利用的效果。智慧旅游是以云计算为基础，以移动终端应用为核心，以感知互动等高效信息服务为特征的旅游信息化发展新模式，核心是以游客为本的高效旅游信息化服务。智慧旅游的建设与发展最终将体现在旅游管理、旅游服务和旅游营销三个层面上。

智慧旅游与旅游信息化既紧密联系又相互区分，二者在很大程度上具有相似性，但又不完全一致。旅游信息化是智慧旅游发展的基础，是旅游业顺应信息化时代发展出现的行业发展新形势，智慧旅游是旅游信息化的具体形式，也是旅游信息化背景下的智慧城市、智慧国家建设的必然产物。同时，智慧旅游是未来旅游业发展的全新命题。

旅游信息化是智慧旅游发展的基石：旅游信息化提供了一切支持智慧旅游发展的基础设施，也搭建起基本的旅游电子商务、旅游地网络平台，资源监测保护系统、旅游服务系统、经营管理系统、安全防范系统和持续发展系统，各个子系统的搭建，为智慧旅游的发展提供了平台。智慧旅游是旅游信息化的延续与升级：作为旅游信息化的延伸，智慧旅游是以游客为中心，以物联网、云计算、高性能信息处理、下一代通信网络、智能数据挖掘等技术为支撑的智能旅游信息化。智慧旅游的核心是游客为本、网络支撑、感知互动和高效服务。智慧旅游系统主要由数据中心、服务端、使用端三部分构成，并通过互联网、物联网和传感网等技术相互连接。

相较于旅游信息化建设，智慧旅游更加人性化，旅游信息化更多的是从旅游企业或者旅游目的地的角度来发展信息化，而智慧旅游更注重全程体验，它从游客的角度入手，认为一次旅游就是一次体验的过程。智慧旅游更具个性化，在确定了旅游目的地后，游客要做的第一件事就是设计旅游行程，智慧旅游将实现为每一位有需求的游客设计符合其要求的旅游行程。智慧旅游更加智能化，智慧旅游可以让旅游者通过综合网站、搜索引擎、手机平台等各种渠道获得相关资讯，完善旅游过程①。

实现智慧旅游就是要在旅游信息化的基础上，通过更全面的数据共享、交换和互联，为旅游者提供更加富有人性、体现个性以及更加智能的服务，实现旅游业发展的第二次腾飞。

我国“十二五”规划阶段旅游信息化迎来历史性的发展机遇，为了推进旅游产业改革发展，使传统旅游业向智慧旅游不断迈进，党中央国务院高度重视旅游产业及旅游信息化发展，《国务院关于加快发展旅游业的意见》（国发〔2009〕41 号）中提出“将旅游业培育成国民经济的战略性支柱产业和人民群众更加满意的现代服务业”的战略目标，明确指出“以信息化为主要途径，提高旅游服务效率”，“智慧旅游”被写进国家旅游业“十二五”发展规划。2011 年 7 月，国家旅游局提出落实国务院关于加快发展旅游业的战略部署，使旅游业走在中国现代服务业信息化进程的前沿。国家旅游局局长邵琪伟在全国旅游工作会议上指出，要大力发展旅游电子商务，推动旅游业广泛运用现代信息技术，实现信息化带动旅游业向现代服务业转变，选择一批有条件的旅游城市，开展“智慧旅游城市”试点，争取用 10 年时间，在中国初步实现“智慧旅游”。2012 年，北京、成都、南京等 18 个城市被确立为首批“国家智慧旅游试点城市”。随后，各

① 李梦．“智慧旅游”与旅游信息化的内涵发展及互动关系［C］．中国旅游科学年会论文集，2012：1－26.

省市相继出台政策文件，开展一系列行动，推进智慧旅游发展。2014 年，国家旅游局将旅游年活动主题定为“中国智慧旅游年”，要求全国各地结合旅游业发展方向，以智慧旅游为主题，在智慧服务、智慧管理和智慧营销三方面加强旅游资源和产品的开发和整合，以信息化带动旅游业向现代服务业转变，把智慧旅游的发展推向了一个新高度。2015 年 1 月 10 日，国家旅游局印发的《关于促进智慧旅游发展的指导意见》提出，到 2016 年，建设一批智慧旅游景区、智慧旅游企业和智慧旅游城市，建成国家智慧旅游公共服务网络和平台。到 2020 年，我国智慧旅游服务能力明显提升，智慧管理能力持续增强，大数据挖掘和智慧营销能力明显提高，移动电子商务、旅游大数据系统分析、人工智能技术等在旅游业应用更加广泛，培育若干实力雄厚的以智慧旅游为主营业务的企业，形成系统化的智慧旅游价值链网络。国内建设了一批优秀的智慧旅游城市、智慧景区、智慧酒店，其建设成果已被游客使用，并得到了良好反馈。经过几年的发展，智慧旅游建设在我国初见成效。2015 年两会期间，“互联网 +”这个新兴概念首次出现在政府工作报告当中，鼓励推进传统行业与新兴信息技术行业积极靠拢，紧密结合。同年 8 月，《国务院办公厅关于进一步促进旅游消费的若干意见》中明确提出积极发展“互联网 + 旅游”，旅游业发展正式迈入“互联网 +”时代。“互联网 + 旅游”概念的提出，是智慧旅游发展的扩展延伸，进一步促进了智慧旅游建设。

这都体现了我们要用信息技术带动服务业发展的总体趋势，支撑智慧旅游的技术逐渐成熟和完善，有关政策环境日益优化，打造智慧旅游的时机已经到来。

智慧旅游应用与发展前景巨大，主要体现在以下几个方面：一是改变人们的旅游消费习惯与旅游体验，成为旅游发展与科技进步相结合的发展潮流；二是借助智慧旅游示范城市、示范园区、示范企业的建设，强化我国智慧旅游设备技术、智慧旅游业态、智慧旅游管理模式等方面的探索和建设；三是满足旅游者通过智慧旅游系统终端，完成个性化旅游需求。

随着大数据时代的到来，高新技术的发展，旅游者对旅游过程中便捷性、高效性、自主性要求越来越高。“智慧旅游”作为旅游业发展的新形态，借助互联网、物联网、云计算等信息技术发展，智能手机、平板电脑等移动设备普及，加之无线网络搭建、交通通达性提升等因素，备受游客喜爱，成为旅游业发展的新趋势。智慧旅游的特点在于主动感知，利用大数据、物联网、云计算等信息技术，主动感知、预测游客需求，从而提供特色化、个性化定制服务，迎合旅游者需求。

总之，智慧旅游是世界旅游业发展的必然趋势，也是我国旅游业转型升级的战略需求，加大对智慧旅游技术、应用和模式的研发和推广，加强智慧旅游相关人才的培养，有利于我国在世界旅游产业格局中占据竞争优势，有利于提升我国旅游业整体服务水平和服务质量。

面对良好的政策环境、不断革新的信息技术、明确的市场需求导向，智慧旅游作为旅游业一场重要的产业变革理应受到重视。智慧旅游在全国各省市正在如火如荼地进行当中，积极发展智慧旅游是大势所趋，城市智慧旅游建设正面临前所未有的机遇和挑战。

1.2 研究意义

自21世纪以来，由于互联网的应用和普及，世界经济环境发生巨变。加之手机、平板电脑等无线设备的普及，无线网络覆盖率的提高，互联网正悄无声息地改变着人们的生产生活方式，将世界连接在了一起。“十二五”以来，我国经济发展过程中长期性结构不合理现象日益突出，拉动经济发展的传统“三驾马车”——“强投资、大出口、促需求”已无法满足经济的可持续发展需要，供给侧结构性改革被视为改变我国经济增长方式的一剂良药，是适应和引领经济发展新常态的重大创新，是适应国际金融危机发生后综合国力竞争新形势的主动选择，是适应我国经济发展新常态的必然要求。在供给侧结构性改革的背景下，在创新驱动发展战略的影响下，“互联网+”的出现为我国经济发展和产业变革提供了新思路、新想法。为促进我国经济增长由人口驱动、资源驱动向创新驱动发展，大力发展“互联网+”行业模式，保证经济稳定、高效、可持续发展，各行各业都肩负有不可推卸的责任，都面临改革创新的重任，在改革中谋求发展。

我国旅游业的发展起步较晚，大致经历了入境旅游、国内旅游、出境旅游三个阶段。

第一阶段 1950—1989 年，是我国旅游业的起步阶段。在这个阶段中，由于我国居民收入水平和生活水平较低，人们的需求尚停留在温饱阶段，本国居民出入境旅游意识淡薄，优先发展入境旅游。入境旅游又分为官方外事接待和民间旅游两部分。改革开放（1978 年）之前，由于新中国刚刚建立，我国出入境管制较为严格，对外开放程度不够，旅游业发展基本以官方外事接待为主。随着改革开放政策深入落实，我国由封闭走向开放，旅游资源和社会风情具有较为原始和典型的中国特点，对国际游客的吸引力较高，国外来华旅游人数不断上升，中国旅游业由发展入境旅游开始逐步走向正轨。由于旅游业具备使利益财富在不同人群中重新分配的特点，入境旅游带给我国的是旅游人数的增长和外汇收入的显著增加，在区域经济发展中作用更加突出。这时期入境旅游成为外汇创收的有效手段，有力地支持了中央和地方改革开放的发展，使地方政府在经济发展战略的制定和选择的过程中，对旅游业重视程度也大大提高，进一步促进了旅游业的良性发展。

第二阶段 1990—2000 年，国内旅游快速发展阶段。经过多年的改革开放，人们的生活水平不断提高，闲暇时间的增多和经济能力的不断增强，加之视野的不断拓宽，人们对生活的追求已由简单的解决温饱转变到精神层面的愉悦。国内第三产业不断发展壮大，旅游业产业体系和发展模式不断完善，本阶段中央政府所采取的政策发生了如下变化：

（1）本阶段旅游业经历了从产业地位确立到培育新的增长点的过程，进一步强调了旅游业在经济、社会发展中的重要性。

（2）本阶段是旅游产业标准化的阶段，中国颁布 16 项旅游标准，标准实施取得了明显的效果，对服务标准化工作起到了带动促进作用。

（3）本阶段政府主导型的旅游业发展模式方针发生了重大改变：除了以往大力发展入境游的方针政策外，提出了积极发展国内游以及出台了组织中国公民出境旅游的办法。在国家旅游局提出的“大力发展入境游、积极发展国内游、适度发展出境游”的总体方针的指导下，中国旅游市场打破了以往以入境旅游为主的单一格局，出现了入境游、国内游、出境游三大市场，形成了入境游和国内游并进的新格局。

第三阶段2001年至今，为出境旅游快速发展阶段。经过第二阶段的发展，我国旅游业正在不断走向成熟，对国民经济的贡献率也逐年提高。中国由旅游大国走向旅游强国，中央政府采取了一系列的政策、方针，地方政府也不遗余力的推动、支持旅游业发展。随着我国经济水平的进一步发展，国民旅游目的地已经不再局限于我国内部，而出现了放眼世界、忽略国界的旅游需求。加之我国对外开放政策的不断落实，与许多国家建立了良好的外交关系。随着我国国际地位的不断提升，国民消费水平的不断提高，许多国家对我国居民实施落地签、免签等优惠政策。在内部因素和外部因素的共同作用下，我国出境游发展达到了一个前所未有的时代，这一时期的发展特点如下：

（1）旅游业由培育新的增长点到培育增长新亮点过程，不仅突出旅游业产业地位，而且表明了旅游业的增长潜力。

（2）旅游发展模式进一步完善，基本形成以国内旅游为基础、以入境旅游为主导、以出境旅游为补充的发展模式格局，特别是国内旅游被放到了重要位置，突出了国内游在总体旅游发展中的地位和作用，在最近的五年中，无论是国内旅游人数、还是国内旅游收入都在波动中得到快速稳定的增长和提高。

（3）本阶段国家把对旅游业的支持力度放到了更加重要的位置，出台了不少政策（2002旅游工作会议提出的《加快西部地区和西藏地区旅游业发展的步伐》，2009年年末国务院出台《关于加快发展旅游业的意见》等支持政策），并且从旅游业发展最为重要的环节（旅游基础设施）入手，总体上加强财政性资金和人力投入，从而构筑了中国旅游发展的合力，呈现出大手笔、大旅游、大市场的发展格局。

（4）本阶段是中国初步走向旅游强国的阶段，为提高对外影响力，中央政府采取政策，合理引导出境旅游市场健康发展，出境旅游人数在最近五年内稳步快速增长。

表 1-1　我国旅游业发展阶段一览表

发展阶段	发展特点
1950—1989 年	以外事接待为主的入境游
	以民间旅游为主的入境游
1990—2000 年	国内旅游快速发展
2001 年至今	出境旅游快速发展

如今，经过近六十年的发展，我国旅游业逐步发展成为国民经济的支柱产业。面对严峻的经济环境和就业压力，旅游业的发展呈现出良好态势，旅游业对 GDP 的贡献率逐年增加。经调查显示，在刚刚结束的 2017 春节假日期间，全国共接待游客 3.44 亿人次，比上年同期增长 13.8%；实现旅游收入 4233 亿元，同比增长 15.9%。由此可见，旅游业存在巨大的发展潜力，其发展带来的经济效益、环境效益等日益突出。

智慧旅游突破了资源、土地、资本等生产要素的约束，是世界旅游的发展趋势，也是解决并满足旅游者个性化旅游需求的重要渠道，涵盖了除了政府部门、景区、旅行社、酒店等传统旅游服务环节外，还包含了交通、医疗、安全等旅游服务配套系统。在新时代、新技术的冲击下，旅游业正处在重要的转型期。如何引导旅游产业与高新技术产业相结合，促进旅游业创新发展，树立智慧旅游发展观念，建立合理的城市智慧旅游体系成为目前亟待解决的问题。本书在智慧旅游背景下，以市场需求为导向，构建城市智慧旅游体系框架，提出相应的建设对策，对城市智慧旅游发展具有重要的理论意义和实践意义。

相较于智慧旅游的实践建设，智慧旅游的理论研究相对落后，直接导致了建设过程中资源浪费、信息孤岛等问题的产生。目前国内对智慧旅游的理论研究尚处于初级探索阶段，系统性不够，在主要问题上没有达成共识。本书在查阅现有文献资料的基础上，深入分析和研究城市智慧旅游体系理论框架，充实和丰富了城市智慧旅游体系相关研究。对城市智慧旅游服务游客需求进行分析，构建智慧旅游体系框架，以洛阳市为例进行实证分析，分析洛阳市智慧旅游服务体系建设过程中积累的经验教训，存在的问题和不足，从而提出城市智慧旅游体系建设路径，为构建合理的智慧旅游理论体系提出思路和对策。同时，为旅游行政部门进行宏观调控和顶层设计提供理论指导；为旅游管理部门进行智慧旅游管理提供理论参考；为旅游景区、旅游酒店、旅游交通等企业明确自身在城市智慧旅游体系中的定位及发展创新提供理论依据；为旅游业成功转型提供研究依据；为城市智慧旅游体系框架建设提供指导，并提出相应的发展路径及对策，具有重要的理论意义。

城市智慧旅游体系作为智慧旅游发展的重要组成部分，涵盖了食、住、行、游、购、娱等旅游的各个方面，建设难度较大，需要政府前瞻性设计和各个行业的配合。本书针对城市智慧旅游体系建设问题进行全面研究，对城市智慧旅游体系的实际情况进行分析总结，提出针对性强的对策，探索城市智慧旅游体系建设新路径，对实践建设具有十分重要的意义。

近些年，随着学术界对智慧旅游研究升温，许多城市在城市智慧旅游体系建设方面进行尝试和探索，取得了一定成果的同时也暴露出很多问题。本书通过对城市智慧旅游体系建设和发展路径研究，旨在推动城市智慧旅游建设，引导其由盲目跟风、随波逐流向因地制宜、创新务实发展。从而加快城市智慧旅游体系建设，促进旅游业转型升级，在瞬息万变的现代社会中保障旅游业稳步发展。

1.3 智慧旅游研究综述

自2010年“智慧旅游”概念提出以来，国内外关于智慧旅游的研究热度不断升高，不同学者从不同视野和角度对其进行研究探索，可谓“仁者见仁、智者见智”。

严格来说，国外并没有“智慧旅游”这一专业术语，但是在互联网和信息技术发展较快的国家，如何将新兴信息技术与旅游业结合早已成为研究热点。

在理论研究方面：早在1997年，美国学者波林·谢尔登出版《旅游信息技术》一书，书中全面介绍各种新兴信息技术在旅游业变革中的应用①；1999 年，Stefan Klein 教授和 Hannes Werthner 教授合著出版《信息技术与旅游业：一种挑战性的关系》，书中以旅游的本质作为分析出发点，指出传统旅游业在信息技术冲刷下产生的巨大变革②；波林·谢尔登所著《旅游目的地信息系统》中，建立了一套完善的旅游地信息系统框架，全面地论述了旅游目的地信息系统的开发、管理和推广问题③。以上研究均是国外专家早期对信息技术在旅游业应用的研究，属于“智慧旅游”的起步阶段。随着时代的发展，西方学者们在对智慧旅游的研究过程中逐渐弱化了高新技术在其中的主体地位，而是回归旅游的本质，从游客体验角度出发，强调智慧旅游的主动感知、精准定位，意在提供能够确定用户喜好、预测用户需求的全自动化的旅游顾问和管家服务，主动推介旅游目的地，从而提高旅游体验质量④。

在智慧旅游具体应用方面，Rosenthal（2009）在智慧旅游背景下，提出医疗旅游的智慧化发展策略；Marianna Sigala（2011）提出基于通信网络和客户智能化的 Web 2.0 ECRM 发展战略，促进智慧旅游的发展。在县域智慧旅游发展研究中，Ruth Mc Areavey，John Mc Donagh（2010）指出乡村旅游发展过程中面临服务质量差、基础设施不完善等问题。

以“智慧旅游”为篇名在中国知网中检索，截至 2017 年 7 月，共查阅到 1853 篇文章。从论文发表的时间分布看，最早的研究文献始于 2003 年，从 2003 年至 2009 年，每年新发表文章篇数为 2 篇至 4 篇不等。但是经查阅对比发现，这些文章与今天的智慧旅游研究相关性不大。智慧旅游作为旅游产业发展新形态的研究始于 2010 年，后逐年递增，2015 年达到 484 篇，2016 年略有下降。

由此可见，智慧旅游的研究是伴随着智慧城市建设的推进而出现的，

---

① Pauline. J. Sheldon. Tourism Information Technology [M]. CBA International, 1997.

② Hannes Werthner, Stefan Klein. Information technology and tourism: a challenging relationship [M]. New York, 1999.

③ 波林·谢尔登，武彬译．旅游目的地信息系统［J］．旅游学刊，1995，10（4）：43-51.

④ Lrike Gretzel. Review article intelligent system in tourism: A social science perspective [M]. Annals of Tourism Research, 2011, 38 (3): 757-779.

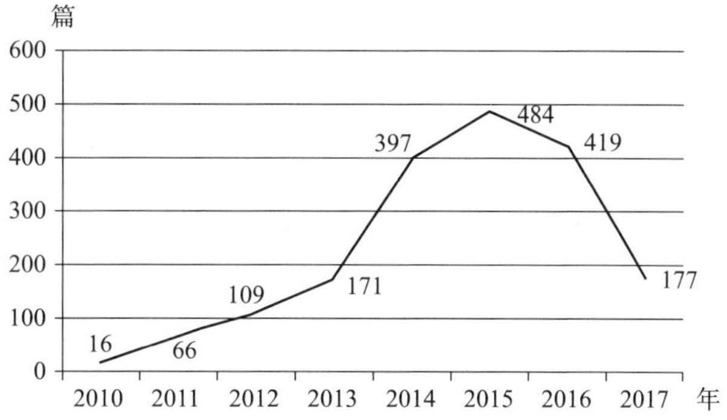

图1-4 智慧旅游相关文献统计图

与相关发展政策的推出相一致。然而，通过对现有文献的梳理发现，国内外学者对智慧旅游理论研究中的许多问题尚未达成共识，对智慧旅游模式构建、智慧旅游技术分析、智慧旅游评价体系的认识也不尽相同，目前我国对智慧旅游的学术研究正处于百花齐放、百家争鸣的阶段。

1.3.1 智慧旅游基本问题

1. 智慧旅游概念研究

国外旅游业发达国家，如美国的Mountain Watch，韩国的I Tour Seoul和英国的Mobile Application on London 2012 Olympics，他们关注重心在于如何利用新技术提高竞争力抓住商机，而不是“智慧旅游”的概念①。国内部分学者对其概念进行了探讨，目前主要有以下几种观点：

黄超，李云鹏（2011）提出智慧旅游概念基本等同于智能旅游，利用现代化信息技术，通过上网终端主动感知旅游信息，安排工作计划，实现对各类旅游信息的智能感知和利用②。张凌云等（2012）从资源共享角度提出，智慧旅游是为了满足个性化需要提供的高品质服务，从而实现各类

① 黎忠文，唐建兵．“数据流动”视角下智慧旅游公共服务基本理论问题探讨［J］．四川师范大学学报，2015（1）：48-53.

② “十二五”期间“智慧城市”背景下的“智慧旅游”体系研究［C］．2011《旅游学刊》中国旅游研究年会会议论文集，2011：55-68.

资源的共享、管理和利用[①]。姚国章（2012）指出智慧旅游是以服务游客为中心，以为旅游参与方创造更大价值为根本任务的一种旅游运行新模式[②]。付业勤，郑向敏（2013）指出，智慧旅游是一种服务于旅游者、旅游企业、目的地政府的全新旅游发展理念与运营模式，较之之前的概念相比，更加成熟全面[③]。杜鹏等（2013）认为智慧旅游是促进旅游业绿色化、现代化和可持续发展的新方式[④]。赵明丽（2014）指出，智慧旅游是主动感知旅游信息，并及时发布，让人们能够及时了解这些信息，及时安排和调整工作与旅游计划，从而达到对各类旅游信息的智能知晓、方便利用的效果[⑤]。邓辉（2015）提出智慧旅游是一种特殊的创意旅游，是一种以智慧为基础、以创意为主导、以技术为支撑、以智慧创造物为核心吸引物、以体验创意性成果和启发人的智慧创意为主要特征的旅游活动[⑥]。赵丽华（2016）认为智慧旅游是通过新兴技术，借助网络终端，收集各种旅游信息，为旅游计划的安排和调整做出科学规划的新型旅游发展模式[⑦]。曾璐，蒋晓琴（2017）提出智慧旅游这一概念强调的是旅游信息的“互连互通”“分析预测”“主动推送”“透彻感知”，鼓励充分运用互联网技术、空间信息技术、传感器技术解决这一系列问题[⑧]。

由此可见，随着智慧旅游建设进程不断加快，学术界对智慧旅游的定义也趋向成熟。尽管不同学者对“智慧旅游”的理解角度存在差别，但是可以达成共识的是：

（1）技术支持方面，“智慧旅游”是利用最新科技成果，以物联网、

---

① 张凌云等．智慧旅游的基本概念与理论体系［J］．旅游学刊，2012，27（5）：66－73.

② 姚国章．智慧旅游的建设框架探析［N］．南京邮电大学学报，2012，14（2）．13－16.

③ 付业勤，郑向敏．我国智慧旅游的发展现状及对策研究［J］．开发研究，2013（3）：62－65.

④ 杜鹏，杨蕾．智慧旅游系统建设体系与发展策略研究［J］．科技管理研究，2013（23）：44－49.

⑤ 赵明丽，张长亮，孙素平．智慧旅游框架建设研究［J］．经济研究导刊，2014（7）：79－81.

⑥ 邓辉．智慧旅游认知重构［J］．中南民族大学学报（人文社会科学版），2015，35（4）：33－38.

⑦ 赵丽华．我国城市智慧旅游建设现状及发展对策研究［J］．旅游纵览（下半月），2016（11）：169－172.

⑧ 曾璐，蒋晓琴．智慧旅游概念及移动APP［J］．智能城市，2017（1）：257.

云计算、移动通信技术、大数据技术等技术手段为支撑。数据信息是“智慧旅游”建设的基础，在有效地搜集、处理、传输、反馈信息数据的基础上，进行体系构建，从而发现需求、满足需求。

（2）“智慧旅游”的体系建设是以旅游业中的各个参与者为核心进行的，目的是向各个参与者提供有价值的信息，向市场提供更有吸引力的旅游产品，方便旅客进行行程自主规划、个人定制旅游方案和增强旅游的愉悦感等。优化旅游服务、旅游政务，改善旅游者旅游体验，增加参与者的满意度，增强旅游企业核心竞争力。

（3）对“智慧旅游”的本质认识已由最初的智能旅游逐渐向旅游运行新模式转变，更加强调智慧旅游对信息的合成处理、主动感知、需求分析与预测，从而更多地发现有效需求，有针对性的营销旅游产品。智慧旅游的本质特点逐渐被人们所认识。

2. 智慧旅游体系框架

刘军林等（2011）以技术为支撑，通过对云计算、物联网、地理信息系统等五类主要技术的描述，提出智慧旅游系统构成可以概括为“一心、两端、三网”。“一心”主要指建立旅游超大数据库或者云计算中心。“两端”是指服务端和使用端。“三网”是指物联网、互联网和移动通信网①。姚国章（2012）认为，智慧旅游是一个综合性的系统工程，其发展框架包括服务体系、应用体系、应用支撑体系、信息资源体系、基础设施体系、制度体系、法规与标准规范体系、信息安全与运维保障体系②。张凌云等（2012）以明确各参与主体身份为目的，构造了智慧旅游 CAA 框架体系，包括能力、属性、应用三个层面③。

杜鹏（2013）将旅游业与信息技术产业紧密结合，秉承旅游业可持续发展原则，将智慧旅游体系分为社会支撑体系、旅游信息基础环境体系、

---

① 刘军林，范云峰．智慧旅游的构成、价值及发展趋势［J］．重庆社会科学，2011（10）：121－124.

② 姚国章．智慧旅游的建设框架探析［J］．南京邮电大学学报，2012，14（2）．13－16.

③ 张凌云，黎巎，刘敏．智慧旅游的基本概念与理论体系［J］．旅游学刊，2012，27（5）．66－73.

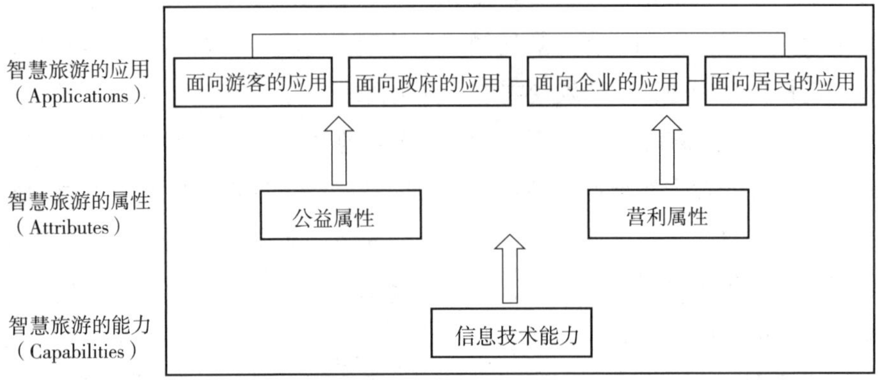

图 1-5　智慧旅游的 CAA 框架体系

智慧旅游资源管理与开发体系和智慧旅游应用创新体系①。龙毅等提出，城市智慧旅游体系框架主要包括基础设施、城市级智慧旅游应用系统、企业级智慧旅游应用系统、面向大众的一系列智慧旅游应用系统四个层次，分别以不同的受众为导向进行分类讨论②。陈彦等（2015）以江苏省淮安市为例，探讨地方政府构建智慧旅游体系框架，认为其体系涵盖感知层、网络层、数据层、应用和服务层，涉及标准规划体系、安全保障体系、运行管理体系和智慧产业体系等③。李淑娟（2017）立足于小城市智慧旅游发展，以济源市为例进行探讨，提出中国小城市智慧旅游体系包括智慧服务体系、智慧营销体系、智慧管理体系和智慧政务体系四部分④。综上所述，不同学者从不同视角，对智慧旅游的建设体系进行研究。随着研究的不断深入，学者们的研究角度逐渐分化，由智慧旅游的泛化框架逐步转向某一景区、某一地域智慧旅游单一功能框架，更加具体化，更具实用性。

本书将智慧旅游的体系框架分为后端支撑体系、前端应用体系、服务

① 杜鹏，杨蕾．智慧旅游系统建设体系与发展策略研究［J］．科技管理研究，2013（23）：44-49.

② 龙毅，葛军莲，李青等．城市智慧旅游应用体系探讨［J］．测绘科学，2014，8（39）：98-102.

③ 陈彦，鲁一伟．地方政府构建“智慧旅游”体系框架探讨-以江苏省淮安市为例［N］．吉林广播电视大学学报，2015（2）：136-137.

④ 李淑娟．“互联网+”背景下中国小城市智慧旅游体系构建——基于河南省济源市的实践［J］．改革与战略，2017（6）：143-145.

保障体系，其中前端应用体系从面向游客的服务、面向旅游企业的服务、面向管理部门的服务、面向当地居民的服务四个方面进行研究，支撑体系主要从标准规范体系、运营管理体系、安全保障体系、效果评估体系进行探讨。

3. 智慧旅游表现形式

学术界目前研究普遍认为智慧旅游的“智慧”化主要体现在智慧服务、智慧管理和智慧营销这三大方面。首先是智慧服务——旅游者是旅游活动的核心。智慧旅游从游客出发，通过信息技术提升旅游体验和旅游品质。其次是智慧管理——智慧旅游依托信息技术，主动获取游客信息，形成游客数据积累和分析体系，全面了解游客的需求变化、意见建议以及旅游企业的相关信息，实现科学决策和科学管理。最后是智慧营销——智慧旅游通过旅游舆情监控和数据分析，挖掘旅游热点和游客兴趣点，引导旅游企业策划对应的旅游产品，制定对应的营销主题，从而推动旅游行业的产品创新和营销创新。

近年来，随着智慧旅游研究热度不断升高，有学者对上述观点进行补充，扩充了智慧旅游的表现形式。姚国章（2012）提出智慧旅游具有智慧服务、智慧商务、智慧管理和智慧政务四种表现形式①。高振发等（2013）以旅游者需求为核心，提出智慧旅游主要包括导航、导游、导览、导购四种表现形式②。陈彦等（2015）认为智慧旅游是通过现代信息技术与旅游服务、旅游管理、旅游营销的融合而表现出来的③。我们相信随着智慧旅游涵盖内容不断向横向和纵向延伸，智慧旅游的表现形式也会越来越丰富多彩起来。

4. 智慧旅游的价值功能

对智慧旅游价值功能的研究最初是基于旅游者的角度出发进行探讨的，以旅游活动主体——旅游者为核心，从满足旅游者的实际需要出发，

---

① 姚国章．智慧旅游的建设框架探析［J］．南京邮电大学学报，2012，14（2）：13－16.

② 高振发，刘加凤．智慧城市背景下智慧旅游基本内涵的诠释［J］．宁波职业技术学院学报，2013（5）：70－73.

③ 陈彦，鲁一伟．地方政府构建“智慧旅游”体系框架探讨_以江苏省淮安市为例［N］．吉林广播电视大学学报，2015（2）：136－137.

讨论智慧旅游的价值，以便使旅游过程更加便捷、和谐。赵明月等（2014）强调智慧旅游具备满足游客个性化需求功能，认为智慧旅游除了虚拟旅游这种功能之外，还是一种快捷的信息化体验。在旅游之前，一款手机APP将为游客在任何时间、任何地点提供餐饮娱乐消费导引、远程资源预订、自导航、电子门票、服务信息及时推送等多种智慧旅游服务。同时，游客可通过手机客户端发布个性化旅游需要，提供商则通过旅游手机助手为游客提供个性化的旅游定制服务，游客还可以把对旅游服务的意见和投诉等通过电子导览导游机反馈到旅游企业和旅游管理部门。从旅游者角度看待智慧旅游的价值功能①。

经过对智慧旅游问题不断研究探讨，一部分学者提出智慧旅游的价值功能不仅限于对旅游者的价值，而是对包括旅游行政管理部门、各类旅游企业、旅游者等各个旅游活动参与主体，城市建设的各个方面都存在价值。智慧旅游巨大的环境效益、经济效益逐渐被人们所认识。例如，张凌云等（2012）认为智慧旅游不仅可以满足游客的个性化需求，提高其旅游满意度，同时对旅游资源与社会资源的利用共享也起着很大的作用②。凌守兴（2015）提出智慧旅游产业价值链构成主体有硬件提供商、网络提供商、软件提供商、系统集成商、业务应用商、游客、旅游管理部门。他认为智慧旅游的构成主体复杂，具有覆盖范围广、价值链条长等特点③。黄平等（2015）从城市群同城化角度延伸了智慧旅游的价值，提出智慧旅游对形成区域网络化发展形势，转变城市群经济发展方式具有重要意义④。

学者们对智慧旅游价值功能的研究视角不同，得出智慧旅游的价值功能也有所不同。但可以肯定的是，面对新兴技术的挑战，传统旅游业改革迫在眉睫，智慧旅游发展顺应时代的浪潮，是促进旅游业可持续发展的有效路径。

---

① 赵明月，贾雪．智慧旅游开启旅游业“大时代”［J］．中国经济周刊，2014（6）：76－77.

② 张凌云等．智慧旅游的基本概念与理论体系［J］．旅游学刊，2012，27（5）.66－73.

③ 凌守兴．智慧旅游产业价值链分析及对策［J］．行业探讨，2015（1）：118－122.

④ 黄平，曾绍伦．城市群同城化与智慧旅游一体化研究综述［J］．生态经济，2015，31（11）：108－113.

1.3.2 智慧旅游研究内容

1. 智慧旅游模式构建

张凌云等（2012）首先提出智慧旅游复合运营模式。由于智慧旅游建设涉及面广，资金需求量大，建设要求高，因此提出“政府主导、企业特色，政府所有、企业经营、多方受益”的复合经营模式。其次，考虑到智慧旅游系统所涉及政府管理部门、旅游者、旅游企业和区域居民四个主要主体的关系问题，平衡各方面利益，提出建立多利益主体模型。最后，从资源配置层、数据采集层、业务应用层、客户感知层四个层面建立智慧旅游评价体系，对所构建的模式进行评价和监督①。

王虹等（2014）论述了政府主导型智慧旅游发展模式：该模式将智慧旅游的发展建设分为政策层、论证层、建设层、维护层四个层次，政府主导作用与四个层次的建设过程充分融合②。

赵丽琴等（2014）以智慧旅游信息化、个性化为背景，以游客需求为核心，认为当今旅游者对旅游的需求早已脱离了盲目追求阶段，不再拘泥于形式，更多地要求旅游过程个性化，倾向于深度游、体验游。将智慧旅游的各个方面与游客需求结合，分析其如何更好地为游客提供服务，从而提出以服务游客为核心的智慧旅游未来发展模式。这种模式以服务游客为中心，最大程度上提升游客的旅游体验、自主性和个性化，具有以下特征：提供全面的咨询旅游模式、提供定制旅游模式、提供畅游旅游模式③。

李振坤（2015）从消费者视角，探究智慧旅游对原有旅游模式的影响。传统旅游过程中，旅游者搜集信息、比较旅游产品、购买旅游产品、旅游体验等基本都是由传统媒体和旅行社进行信息传递，而智慧旅游由于

---

① 张凌云．智慧旅游：个性化定制和智能化公共服务时代的来临［J］．旅游学刊，2012，27（2）：3－5.

② 王虹，廖文喆．政府主导型智慧旅游发展模式研究［J］．社会科学论坛，2014（5）：194－201.

③ 赵丽琴，黎忠文．构建以服务游客为核心的智慧旅游发展模式研究［J］．成都大学学报，2014（1）：7－9.

其智慧化特点，使旅游过程各个方面都受到影响。旅游者通过旅游前的虚拟旅游、自我定制个性化旅游产品、旅游体验中随时调整旅游计划以及旅游后反馈旅游信息，感知智慧旅游带来的智慧化变革①。

王红宝（2016）基于新型城镇化视角，提出智慧旅游城市建设目标模式具有一定的层次架构，主要可以分为基础模块、资源模块、功能模块和终端模块四部分，并以河北省为例进一步探讨。

2. 智慧旅游技术分析

学者们普遍认为智慧旅游是以云计算、互联网、物联网、大数据技术等为支持，以智能手机、平板电脑等移动端的普及应用为基础实现的。罗成奎（2013）认为智慧旅游数据具有大数据的4V特征，即大量化、多样化、快速化、价值密度低。因此，智慧旅游对数据的处理需要借助大数据处理技术，在一定时间内摄取、管理、处理并整理成为帮助企业经营决策的有效系统资料②。

郑耀星等（2014）以4G技术为支撑，分析智慧旅游背景下旅游景区的转型升级。他认为4G通信技术具有高速度的传输速度、多样化的业务整合、无缝化的漫游链接等特点，为旅游行政管理者、旅游企业、旅游者和当地居民提供服务。例如，对旅游行政管理者来说，可以高效采集信息、对信息进行分析处理，做出最优管理决策、危机应急预案、旅游目的地营销等对策，实现智慧化管理③。

刘军林（2015）提出智慧旅游构成图谱，认为智慧旅游的支撑技术很宽泛，包括信息计算与储存、信息通信、景物感知及安保、旅游资源管理、旅游产品体验、旅游营销等诸多方面，主要通过技术支撑与整合得以体现。这些技术体现在旅游产业的各个方面，是智慧旅游发展过程中不可

---

① 李振坤．消费者视角下智慧旅游对原有旅游模式的影响研究［J］．消费经济，2015（12）：112－115.

② 罗成奎．大数据技术在智慧旅游中的应用［J］．旅游管理研究，2013（8）：59－60.

③ 郑耀星．智慧旅游：未来旅游业发展新趋势——基于4G技术支撑下的景区转型升级［J］．资源开发与市场，2014，30（5）：607－610.

缺少的一部分①。

图1-6 智慧旅游技术分析

张占昭（2017）从智慧旅游应用角度分析了与之相关的四种新兴技术：物联网技术、云计算技术、智能终端、移动互联网的特点及其在智慧旅游中的运用。随着技术的不断革新，Unity3D移动增强现实技术、VR技术、数字影像技术、移动互联技术等高新技术逐渐被应用至智慧旅游的方方面面②。

3. 智慧旅游评价体系

学术界对智慧旅游评价体系的研究相对较少，目前智慧旅游建设没有认知度高、统一性强的评价体系，缺少衡量标准。刘利宁（2103）较早建立一套智慧旅游评级指标体系，该体系分为硬件支持体系、综合应用系统、应用价值评价三个部分③。以硬件支持系统为例，该系统包含基础网络、物联网应用平台、云服务平台、网站平台在内的四个一级评价指标以

---

① 刘军林．智慧旅游的技术图谱、构成体系与现实图景研究［N］．牡丹江大学学报，2015，24（11）：36-40.

② 张占昭．旅游城市可持续发展评价指标体系探究［J］．产业与科技论坛，2017，16（1）：47-48.

③ 刘利宁．智慧旅游评价指标体系研究［J］．科技管理研究，2013，33（6）：67-71.

及若干二级评价指标，通过各项指标反映用户对智慧旅游各个方面的满意程度，便于找出建设中的劣势和不足。

史慧俊（2015）对信息化评价体系、公共服务管理评价体系、综合评价体系进行讨论研究，提出目前已有的评价体系中存在的问题，指出智慧旅游评价体系发展具有以下趋势：首先，趋于对智慧旅游建设的引导作用；其次，从率先发展的领域或行业着手，并逐步发展到一个地区智慧旅游发展领域；最后，从关注智慧旅游的经济效益和管理效率向旅游体验方向发展①。高维全（2016）以大连市为例，本着客观、实用原则，构建了包含一个目标层、四个准则层（社会支撑体系、旅游信息基础设施体系、智慧旅游资产业体系、智慧旅游应用创新体系）在内共计 28 个指标构成的评价体系，通过发放调查问卷，构建判断矩阵，得到每项指标的权重，从而对大连市智慧旅游发展做出评价。李军（2017）基于 DEA – Malmquist 方法，选取十六个智慧旅游试点城市 2011—2015 年的旅游业面板数据，对智慧旅游城市旅游业效率进行静态和动态的实证分析，得出技术进步仍是智慧旅游发展关键这一结论②。

1.3.3 智慧旅游研究评述

本节上述两部分对智慧旅游分别从智慧旅游基本问题（智慧旅游基本概念、体系框架、表现形式和价值体系）、智慧旅游主要研究内容（模式构建、技术分析、评价体系）两方面，对我国智慧旅游研究现状进行总结梳理。

通过对文献的梳理发现，我国学术界对智慧旅游的研究始于 2010 年，略晚于世界水平。专家学者们对智慧旅游基本问题的研究在 2012 年前后较多。由于旅游是一门综合性学科，不同的专家学者基于不同的学科背景和研究角度，以不同的切入点对智慧旅游问题进行研究。

通过对现有文献的梳理总结发现以下研究方向：

---

① 史慧俊．智慧旅游建设评价机理评书研究［J］．河南农业，2015（16）：54 – 56.

② 李军，汪鹤飞，魏玲艳．基于 DEA – Malmquist 方法的智慧旅游城市旅游业效率评价研究［J］．数学的实践与认识，2017，47（11）：299 – 304.

1. 对智慧旅游理论研究。这类文献着重于理论基础的建立，通过对国内外文献的研究，结合当前智慧旅游发展趋势，提出智慧旅游理论内涵、体系框架、表现形式等基础问题，学者们各抒己见，提出自己的看法，是智慧旅游的基础性研究阶段。

2. 从智慧旅游评价体系、技术支撑、公共服务体系等方面进行探讨，专注于智慧旅游保障性研究，但是目前此类研究相对较少。这类文献旨在为智慧旅游体系建立提供各方面支持，保障体系和谐、健康运转。

3. 以具体城市、具体区域为例，研究特定区域智慧旅游发展。这类文献一般在基本理论研究基础之上，结合该区域特定发展环境，从政策、资源、社会、技术等各方面对当地智慧旅游发展进行分析，从而提出相应的发展路径和方法。

4. 以不同身份的旅游参与者为切入点，站在旅游管理者、经营者、游客等不同角度，探讨分析这部分参与者的角色和需求。以旅游参与者为中心，研究智慧旅游建设问题。

我国智慧旅游实践发展优于理论研究，对智慧旅游的研究受实践经验的启发，是面对实践先行的产业环境而展开的理论补充。虽然研究角度不同，但是学者们的研究无外乎着手充实智慧旅游的理论体系，并以此为基础给出“智慧”化发展的合理方案。

结合其实际发展情况发现，由于2012年前后我国许多城市刚刚开启智慧旅游建设，智慧旅游建设水平处于起步阶段，学术界对智慧旅游基本问题的探讨较多，以期建立扎实的理论基础来指导智慧旅游建设实践。对智慧旅游基本概念的探讨，学者们从不同角度进行归纳总结，虽然不是面面俱到，但也各具特色。通过交流探讨，其概念在曲折发展中不断被完善，与时俱进。对智慧旅游框架体系的研究过程，也是一个不断推陈出新的过程。智慧旅游建设框架不断丰富，由最初的“一心、两端、三网”内部主干体系，逐渐转变为包含法律体系、安全运维体系等在内的外部支撑体系，不断扩大体系范围，以期更加完善可靠，保证了系统的稳定性与安全性。对于智慧旅游表现形式的研究，最初普遍得到学者们认可的是智慧旅游包含智慧服务、智慧管理和智慧营销三种表现形式。随着研究的深入，智慧政务等也被加入其中，还有从不同角度提出的导航、导游、导览、导购的智慧旅游表现形式，使其内容得到充实。对现有文献的研究发现，文献对智慧旅游价值探讨已由最初的以满足旅游者的实际需求为出发点讨论智慧旅游的价值，转变为从智慧旅游的绿色循环、可持续发展为出发点讨论其价值。这是从微观到宏观的转变，从局部到全局的发展，充分说明智慧旅游的发展前景得到了认可，其发展路径就是传统旅游业的改革路径，需要坚定不移地沿着改革的路径走下去。

随着智慧旅游建设的不断深入，学术界对智慧旅游主要的研究内容也发生了变化，由最初的对基本概念的研究探讨逐渐转变为针对某一景区、某一区域的智慧旅游建设模式、技术分析、评价体系等方面进行研究，更好的指导了实践活动，更具实用性。在对智慧旅游的模式构建方面，由于智慧旅游具有覆盖范围广、投入资金多、前期收益少等特点，在总结国内外建设经验的基础上，张凌云提出“政府主导、企业特色，政府所有、企业经营、多方受益”的复合经营模式，得到认可。随后，针对不同地域特色、景区特点，智慧旅游发展模式不断被革新，但是无论发展模式有何差别，迎合旅游者日益变化的个性化需求成为学术界共同的出发点。智慧旅游是基于新型技术不断发展的，在建设初期，4G 技术、大数据、物联网、云计算等成为智慧旅游的技术基础，人们越来越多地认识到，高新技术的运用对智慧旅游的发展起决定性的作用。随着技术的不断革新，Unity3D 移动增强现实技术、VR 技术、数字影像技术、移动互联技术等高新技术也逐渐被应用至智慧旅游的方方面面，丰富了旅游活动，给予游客更加丰富的旅游体验。学术界对智慧旅游的评价体系研究近年来热度不断提高，随着智慧旅游建设进程不断深入，盲目跟风现象严重，导致我国智慧旅游出现建设同质化高，缺乏地区特色等问题。因此，我们亟须一套操作性强、认可度高的智慧旅游评价体系，对智慧旅游的发展做出客观准确的评价。许多学者对这个问题提出自己的看法。他们以不同的理论模型为基础，考虑到智慧旅游的实际特点，将智慧旅游的评价研究方法与心理学、经济学等社会科学研究方法相结合。例如，利用层次分析法、模糊综合评判法、结构方程模型等，提出一套更为科学、理论依据更加坚实的智慧旅游评价体系，并以不同的城市为例进行实证分析，开启了智慧旅游评价体系的研究新阶段。

总之，随着智慧旅游建设水平的不断深入，学者们的研究热点也在不断变化，与时俱进。由于实践建设领先于理论研究，我国的智慧旅游研究开始之初，学者们便专注于智慧旅游基本问题的研究，包括基本概念内涵辨析、体系框架、价值功能、表现形式等，注重理论研究。随着对智慧旅游研究的深入，学者们对智慧旅游的研究方向也逐渐转变到实践层面上来，更加注重对实践的指导作用，包括智慧旅游在建设过程中的模式构建、运用的新兴技术以及对智慧旅游建设成果的评价。但是我们要清醒地认识到，我国智慧旅游研究内容的转变是根据建设实际的需要不断变化，导致我国智慧旅游理论研究落后于建设实践。而一个良性的循环应该是理论走在实践的前面，用理论指导实践，拿理论正确地预测实践，这样才能有效避免重复建设、信息孤岛、资源浪费等一系列问题的发生，从而使我国智慧旅游产业更加积极健康发展。

1.4 研究思路和研究方法

1.4.1 研究思路

城市智慧旅游体系作为智慧旅游建设过程中的重要组成部分，其完整性、合理性、实用性对智慧旅游的建设成败起至关重要的作用。目前我国城市智慧旅游体系建设过程中出现杂乱无章、重复建设等各种问题，需要统一部署、规范市场秩序。

本书以智慧旅游为背景，以现有相关文献为基础，第一章对文献进行梳理，对智慧旅游的基本问题和文献主要研究内容（智慧旅游模式构建、技术分析、评价体系）进行总结，对智慧旅游现有研究进行评述，在构建扎实的理论基础前提下提出本书创新点。

第二章通过查阅国内外部分城市智慧旅游发展现状，借鉴优秀城市发展经验，分析城市智慧旅游服务体系建设必然性。总结了我国智慧旅游建设发展特点，从而提出我国城市智慧旅游体系面临旅游业转型升级需求、市场需求增长强劲、技术条件日趋成熟、旅游信息化与社会信息化水平逐渐提升、政策环境的日益优化的建设必然性，建设城市智慧旅游体系势在必行。

第三章采用问卷调查法，对游客的特征进行分析，得出游客智慧旅游服务需求调查分析结果，进而对城市智慧旅游服务游客需求进行统计分析，以便更好地把握市场需求动向，建立更加完善的城市智慧旅游体系。

第四章以理论体系为依据，以优秀案例为指导，结合自身情况，深入挖掘市场需求，对智慧旅游体系框架建设进行分解论述。以需求为导向，构建了包含后端支撑体系（智慧旅游感知体系、技术支撑体系、旅游信息资源数据库）、前端应用体系（面向游客的服务、面向旅游企业的服务、面向管理部门的服务、面向当地居民的服务）、服务保障体系（标准规范体系、效果评估体系、安全保障体系和运营管理体系）三部分在内的智慧旅游体系框架，提出城市智慧旅游体系构建基本思路和建设内容。

第五章对城市智慧旅游体系的定义、供给主体、服务对象以及其构建的指导思想与基本原则进行论述，指出城市智慧旅游前端应用体系构建应该包括：智慧公共服务系统、智慧旅游管理系统、智慧旅游营销系统三部分内容，并对其重点项目进行分析。

第六章对洛阳市智慧旅游服务体系建设进行实证分析，分别探讨了洛阳市智慧旅游服务体系发展现状和智慧旅游服务游客感知分析两部分内容，针对洛阳市智慧旅游发展成果，总结出洛阳发展智慧旅游的经验及优势，分析了洛阳发展智慧旅游的难点与不足。

第七章对城市智慧旅游体系建设的路径选择提出见解，提出以下九条路径：做好顶层设计，加强政策引导；推动体制创新，理顺工作机制；夯实发展基础，加快技术研发；抓好试点建设，逐步全域推广；紧密结合实际，递次推进发展；文化科技融合，体现当地特色；促进生态保护，优化资源配置；加强宣传力度，提高服务效能；强化人才建设，提升服务水平。旨在为城市智慧旅游体系建设提出明确思路，推动相关产业步入正轨，规范化、合理化发展。

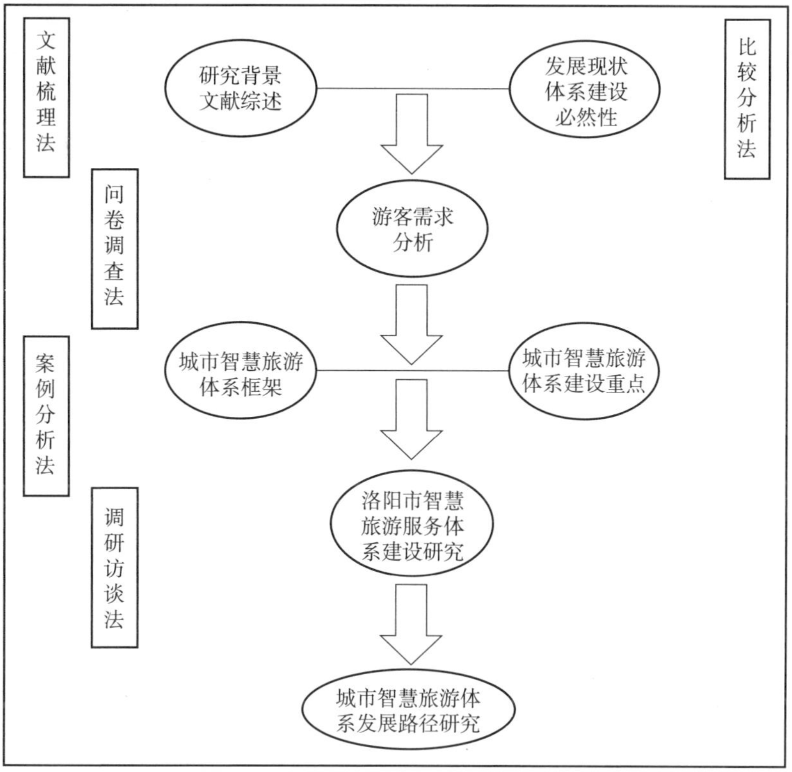

图1-7 本书研究思路图

1.4.2 研究方法

1. 文献梳理法。学术界各位专家学者的研究成果为本书的研究提供了很大的帮助。通过期刊论文的阅读、图书馆资料的查阅、网络资料的收集等途径，借助文献梳理法对本书研究综述部分进行分析整理。既对智慧旅游概念和研究内容等进行归类整理，同时又查阅了国家旅游局的相关文件资料，这些已有的研究和文献资料是本书研究的理论依据和重要参考。

2. 比较分析法。智慧旅游研究在我国刚刚起步，而国外发达国家在此方面建设比较成熟，相关理论研究和基础设施建设等方面有比较成熟的经验可以借鉴。本书第二章采用比较分析法，在查阅有关文献资料的基础上，通过总结国内外相关城市优秀发展经验，完善我国智慧旅游城市体系研究，更好地促进相关方面建设，从而为城市智慧旅游体系建设提供参考。

3. 问卷调查法。本书第三章采用问卷调查法，设计科学合理的统计问卷，通过对目标人群发放纸质问卷，对回收的问卷进行整理分析。首先对游客的基本特征进行归类总结，其次对游客的需求进行分类统计，从而得出游客智慧旅游服务需求调查分析结果，以便后期有针对性地进行智慧旅游体系框架建设，使其符合市场需求和时代要求，具有较高的实用性和可靠性。

4. 访谈调研法。本书采用访谈调研法，对智慧旅游所涉及的不同身份参与者进行访谈，调研分析其需求。并对需求进行分类总结，以需求为直接导向，将城市智慧旅游体系构建内容分为三个系统，有目的地进行城市智慧旅游体系构建，提高系统效率，以期满足不同参与者的不同需求，构建一个平衡、和谐的城市智慧旅游体系。

5. 案例分析法。本书第六章以全国首批智慧旅游试点城市——洛阳市为例，通过搜集有关洛阳智慧旅游发展建设相关资料和发展成果，客观分析洛阳智慧旅游建设的条件及现状，感知游客对智慧旅游服务的需求方向，探索洛阳市发展智慧旅游的思路，借鉴经验和不足，从而为进一步提出智慧旅游发展路径奠定实践基础。

1.5 创新点及难点

1.5.1 创新点

本书通过对现有文献资料的整理发现，不少学者着手于智慧旅游的基本概念辨析，智慧旅游的模式构建、技术分析，城市或景区智慧旅游发展现状及对策研究，智慧旅游体系构建，智慧旅游建设成果评价以及旅游者对智慧旅游的感知和需求等方面的研究。然而，对城市智慧旅游体系分模块构建和建设内容全面细致的探讨却少之又少。虽然我国一些城市已经开始了智慧旅游体系建设，但在建设过程中缺乏统一标准、盲目跟风的问题十分突出，没有形成统一的评价体系和理论指导。本书为了弥补这方面的不足，在总结前辈研究结果之上，提出以下创新点：

1. 研究内容创新。提出智慧旅游体系整体建设框架，将整个系统划分为以技术和基础设施建设为支撑的后端支撑体系、面向受众群体的前端应用体系以及服务保障体系。在明确城市智慧旅游体系内涵基础之上，全面分析各种供求主体，综合考虑各方面影响，提出城市智慧旅游体系构建要从前端应用体系（面向游客的服务、面向旅游企业的服务、面向管理部门的服务、面向当地居民的服务）、后端支撑体系（智慧旅游感知体系、技术支撑体系、旅游信息资源数据库）以及服务保障体系（标准规范体系、效果评估体系、安全保障体系和运营管理体系）三个方面入手。对城市智慧旅游体系构建具有指导作用，同时也是对相关研究的补充。

2. 研究视角创新。本书的研究视角基于城市智慧旅游体系构建问题，探讨其发展路径，着重于实践应用。目前，我国城市智慧旅游建设处于初级阶段，对智慧旅游建设过程中所涉及实际问题的研究并不成熟。本书通过查阅国内外城市智慧旅游发展优秀案例，以及问卷调查和个案访谈中游客对智慧旅游消费需求的分析，结合我国城市本土特色，阐述了详尽、具体的发展路径。

3. 建设路径方面的创新。本书最后一章，在充分总结国内外现有建设经验，客观分析市场需求，提出城市智慧旅游体系构建模型，并以洛阳市为例开展实证分析后，从顶层设计、体制创新、技术研发、试点建设、逐步推广、文化适应、环境适应、加大宣传、提高服务效能、人才建设和提高服务水平等维度，提出了全面、科学、针对性强的智慧旅游建设路径，其中每条智慧旅游建设路径的提出都是建立在客观分析的基础之上，具有切实可靠的作用。

由上分析可知，本书在研究内容和研究视角方面有所创新，在总结前辈研究成果基础之上，以实际情况为基础，创新城市智慧旅游体系构建。

1.5.2 难点

与此同时，本书在研究过程中也存在一些难点。首先，智慧旅游相关研究刚刚起步，对于城市智慧旅游体系建设的研究相对较少，可参考文献不多。研究过程中理论基础不足，需要切实的市场调研和需求分析，以此为基础探讨城市智慧旅游体系发展路径，因此对本书的创新性、实践性要求较高。

其次，在实际调研过程中，由于调研对象的年龄、性别、学历层次、性格等因素的影响，其对智慧旅游的需求也千差万别，如何在众多的需求中鉴别出有效需求，统计出大多数被调研者的需求指向，给本书研究带来了困难。同时，在研究过程，如何保证数据的可靠性和有效性也是研究过程需要重点解决的问题。这就要求我们在调研过程中，要准确理解问卷，耐心向调研对象解释问卷，减少无效问卷的比例，这对我们的研究提出了较高的要求。

最后，不同城市拥有不同的历史文化背景和旅游资源，在经济发展过程中所积累的资金基础和基础设施建设情况也大相径庭，发展智慧旅游基础不同。智慧旅游的发展涉及众多行业，需要良好的社会基础和资金支持。本书需要提取城市智慧旅游体系框架，在分析基本构成点的基础上，构造城市智慧旅游体系弹性建设标准，使有能力的城市全面健康发展，能力相对薄弱的中小城市在建设过程中也要做到“麻雀虽小，五脏俱全”。

综上所述，本书在研究过程中需要突出创新点、克服难点，为城市智慧旅游体系建设和发展路径起到指导作用。

第2章 >>> 城市智慧旅游体系建设背景分析

2.1 国内外城市智慧旅游发展现状分析

2.1.1 国外城市智慧旅游建设现状

国外对智慧旅游的研究主要集中于信息技术在旅游业中的应用及相关基础设施建设方面，对相关概念的探讨相对较少。严格来说，国外并没有“智慧旅游”这一专业术语，但是在互联网和信息技术起步较早的国家，智慧旅游早已兴起。本书将以美国、欧洲各智慧旅游发达国家为典型代表、以亚洲各旅游发达国家（韩国、日本、新加坡）为例概述国外城市智慧旅游发展现状。

早在 2006 年，美国在宾夕法尼亚州 PO – CONO 山脉的度假区引入 RFID 射频识别手腕带系统，开启智慧旅游建设。景区为进入度假区的游客配发手腕带，作为游客身份识别工具，这样简化了烦琐的手续办理，使游客凭借手腕带一次性解决在度假区内食、住、行、游、购、娱等相关活动。2012 年 5 月，华盛顿棒球联盟赛场园区开始采用 RFID 门票高频技术，大大减少了观众进入赛区的时间，免去排队验票的麻烦①。

在北美一些人工建造景点，如迪斯尼乐园、波音飞机制造工厂等，每天也有成千上万的游客慕名而来参观游玩。景区为了保障参观质量、游客安全，对景区内客流量进行实时统计并反馈给游客，限制参观人数和参观时间，并派导游人员进行讲解引导，同时实行预约政策，让游客和景区同时做到心中有数。

欧盟在2001年创办了“创建用户友好的个性化移动旅游服务”项目，全面应用开发远程信息处理技术，计划在全欧洲建立专门交通无线数据通信网，通过智慧交通网络实现交通管理、导航和电子收费等功能，重点包括：旅行信息系统（ATIS）、车辆控制系统（AVCS）、商业车辆运行系统（ACVO）、不停车收费系统（ETC）等。如今，在法国、英国等发达国家智慧旅游现代化程度高，随处可见“I”字符、大量免费旅游信息、针对不同游客提供旅游咨询服务以及由政府运营的各种旅游急救服务机构等②。

2012年6月，比利时首都布鲁塞尔正式推出基于智能手机的微电子旅游大全“标识都市”项目，使布鲁塞尔成为世界上第一个数码移动旅游城市。

图2-1　比利时“智能都市”

“标识都市”项目建设的主要内容就是建立电子数码旅游大全，使游客通过手机扫码即可实现旅游过程中的智慧化体验。该电子数码旅游大全采用近距离无限通信芯片，将通信芯片制成带条码的不干胶，粘贴遍及布

---

① 迟紫境．优秀旅游城市的转型与智慧旅游城市建设研究［D］．北京：首都经济贸易大学，2012：17－18.

② 李爽，甘巧林，刘望保．旅游公共服务体系：一个理论框架的构建［J］．北京第二外国语学院学报，2010，（5）：8－30.

鲁塞尔大街小巷的名胜古迹、博物馆、商铺及旅游酒店、餐厅等旅游活动地。来自全球各地的游客只需通过智能手机登录 I－nigma 网站下载特定的条码扫描器，即可在布鲁塞尔旅游过程中随时随地扫描“标识都市”不干胶，方便地获取相关历史文化介绍、购物优惠以及线路导航等旅游信息。目前该系统收集了包括布鲁塞尔在内的 600 多个比利时城市旅游点，而且以每周增长 50 个左右的旅游景点、商家的速度继续扩大项目信息容量。

在亚洲，韩国、日本、新加坡的智慧旅游建设走在前列，其建设成果取得了有目共睹的进步。韩国首尔开发并推广使用“I TOUR SEOUL”智慧旅游系统。该系统基于移动终端，以增进游客体验、优化旅游活动为目的，为来到首尔的游客提供各种旅游信息。“I TOUR SEOUL”智慧旅游系统可分为两部分：第一部分为 PC 端，又可分为官方旅游网站“韩国观光公社”和它的姐妹网站两部分。其中官方旅游网站主要介绍核心旅游资源，包括一些重要的节庆活动，供游客了解。它的姐妹网站提供深度化的旅游信息，如城市漫游攻略、各种类型旅游活动推荐。第二部分是移动端，快速、即时更新、主动推送不同旅游景点的旅游及交通等信息，游客可以方便定位，规划行程，免费下载周边景区应用程序，同时该平台提供五种语言服务，为国外游客提供便利①。

日本旅游向来以干净舒适、交通便利见长，而且各种自然景观全都是免费的，极大减少了旅行者的经济负担。除此之外，“智能旅游”在日本也方兴未艾，给个人旅行者提供了极大便利。

如今，在日本出游，订车、订酒店，基本上都可以在网上完成，省去了找旅行社的麻烦，甚至无须给酒店和租车点打电话，只通过上网就能办妥当。如今，在提出“观光立国”的口号后，“智能旅游”也成为日本政府大力推动的项目，主要工作由总务省下属的各地方分支机构负责。

2012 年 12 月，日本总务省北陆综合通信局召开了调查研究会，致力于将“奥能登”地区建成利用信息通信技术的先进地区，此后推动建立了“ICT（信息通信技术）奥能登‘纽带’建设协议会”，该协议会也是一个

① 迟紫境．优秀旅游城市的转型与智慧旅游城市建设研究［D］．北京：首都经济贸易大学，2012：17－18.

产官学合作项目，致力于提供用多种语言介绍能登半岛的田园风光、自然环境和旅游景点。2013 年 12 月 16 日，日本在广岛市成立了一个产官学合作的团体“山阴山阳智能观光项目推进协议会”。该协议会致力于利用最前沿的信息通信技术，通过积极利用智能手机，推出旅游客户端。该客户端只要从屏幕上点击，就能够获得诸多旅游信息，还能够阅览旅游线路，增加游客旅游的便利性。

在日本，除了政府部门牵头组织的团体外，一些非营利法人也在大力推动智能旅游。例如，“智能旅游推进机构”作为非营利法人，一直致力于提供不参加团体旅游而能享受个人旅游乐趣的各种信息，目标是普及关西地区的旅游、逛街等信息，促进当地旅游市场平衡发展。由于旅游市场信息的不确定性，旅游供应商和旅游者的信息在不断变化。例如，旅游道路的通达性、旅游酒店客房的供需情况等。在旅游活动过程中需要及时共享不断变化的信息，而这些信息如果没有当地的专人来收集就无法获得，因此“智能旅游推进机构”这样的非营利团体在让游客掌握实时的旅游信息方面也发挥了巨大作用。

2006 年，新加坡提出全面实施“从传统城市国家向‘智慧国’转型”的发展战略，开启“智慧城市”建设新篇章。基于此，新加坡在旅游业内开展智慧旅游建设。

图 2－2　新加坡门户网站 Yoursingapore

主要应用项目：

一站式注册服务。借助生物身份识别技术为商业人士免去烦琐注册等级手续，在新加坡商业会议旅游中得到广泛应用，下一步将面向医疗旅游人群进行推广。

智能化数字服务系统。该系统着眼于增加游客在新加坡的旅行体验。游客可通过互联网、手机、公用电话亭、交互式电视和游客中心等渠道获得一站式旅游信息和服务支持，包括购买相关旅游商品或专门服务。

无处不在的移动旅游服务，为游客整合旅游前、旅游中、旅游后的信息服务。游客可利用智能手机等移动终端，在任何时间、地点接收到旅游信息，并根据游客位置、需求、选择取向提供具有个性化的信息服务。

交互式智能营销平台。在“我行我有，新加坡”平台上，游客可根据个人喜好直接在互联网上定制自己的新加坡行程。可通过邮箱及时订阅新加坡最近发生的动态，了解新加坡新闻、即将举办的大型活动等信息。

总之，在欧美、日本、韩国、新加坡等发达国家，由于信息技术的普及度高、运用广泛，智慧城市建设早已兴起，其城市的智慧化程度也普遍较高。在这个生活压力大、生活节奏快的时代中，人们变得越来越焦虑。惜时如金的人们追求的是一种高效、快捷的生活方式，原有的生活节奏已经不能满足现代人的需要，人们渴望通过最少的时间和精力投入而获得最大的产出。智慧城市在这个时候应运而生，悄无声息地改变人们的生活。国外众多国家通过智慧城市的建设，使生活在其中的国民体会到了智慧城市带给他们的便捷生活。智慧城市建设受到了时代的推崇，其建设触角已由中心城市逐步向中小城市蔓延开来。然而，智慧旅游作为智慧城市在旅游业方面的延伸与拓展，发达国家的发展也走在世界前列，积累了众多宝贵的经验。在智慧旅游建设的过程中，我们不能闭门造车，而是要认真学习国外发达国家智慧旅游的建设经验教训，汲取其发展过程中的优势成果，取其精华，去其糟粕，不能完全照搬照抄国外发达国家的智慧旅游建设讨论框架，而是要在虚心学习、合理借鉴的基础上，根据自身的旅游资源、旅游者、民族文化等国情特点将其灵活运用，从而探索出一套适宜我国国情的智慧旅游建设新模式，探索出适宜我国城市智慧旅游体系建设的发展新路径。

2.1.2 国内城市智慧旅游建设现状

在我国，智慧旅游概念最早在2010年由江苏省镇江市提出，开启智慧旅游建设。随后，镇江市以“依托云计算平台，实现畅游天下，为游客提供智慧服务”为目标，建立了国家智慧旅游服务中心、智慧旅游云计算平台、智慧旅游感知网络系统、智慧旅游产业谷和产业联盟等，成功研发了智慧旅游核心技术“感动芯”技术，并在北京奥运会和上海世博会期间成功运用①。2012年，北京、南京、成都、武汉、洛阳等18个城市被国家旅游局确立为首批“国家智慧旅游试点城市”。在此之后，国内许多城市都开启了智慧旅游工程建设。

北京市：北京市智慧旅游发展在“宏观调控、政策支持、统一部署”的发展思路下，目前已取得了一定的建设成果。在政府政策支持方面，北京市先后出台了《北京市人民政府关于贯彻落实国务院加快发展旅游业文件的意见》《北京市“十二五”时期城市信息化及重大信息基础设施建设规划》和《智慧北京行动纲要》等指导性文件②。文件按照国际一流旅游城市的建设标准，紧抓互联网等现代信息技术带来的发展机遇，为北京市智慧旅游建设明确了重点内容和发展目标，为北京市全面开展智慧旅游建设提供政策规划和支持，为国内外游客提供全方位、高质量的便利旅游服务，为实现旅游“资源多样化、服务便利化、管理精细化、市场国际化”的目标奠定坚实的基础。

2012年，北京市旅发委发布的《北京智慧旅游行动计划纲要（2012—2015年)》提到，计划用四年时间建设“一张屏”“两个网”“三个体系”(智慧旅游公共服务体系、智慧旅游服务体系、智慧旅游政务管理体系)、“九个系统”（便民服务系统、电子商务系统、旅游应急指挥系统等)、“60个智慧旅游项目建设”，并制定相关支持政策和评价标准。到2015年，在

① 黄超，李云鹏．智慧旅游公共服务体系建设研究［J］．时代经贸，2013（4）：201－203.

② 李云鹏，黄超．北京智慧旅游公共管理与服务建设现状与对策分析［J］．城市管理与科技，2015（5）：65－67.

北京市基本建成集约、智能、可持续发展的“智慧旅游”支撑体系，初步实现旅游行政服务职能智能运行、旅游者“智慧旅游”、旅游企业网络运营等高度融合的旅游公共服务便捷实用的发展态势，为智慧旅游各方参与者提供发展新机遇，形成“智慧旅游”引领旅游发展的新格局①。

表 2－1　北京市智慧旅游建设目标

建设目标	具体内容
一张屏	触摸屏
一台戏	北京旅游游戏软件
两个网	无线宽带网和北京旅游信息网
三个体系	智慧旅游公共服务体系、智慧旅游服务体系、智慧旅游政务管理体系
九个系统	便民服务系统、电子商务系统、旅游应急指挥系统等
60 个智慧旅游项目建设	北京旅游门户网站、“I 游北京”手机 APP、智慧交通服务、游客反馈系统等

随后，北京市成立全国首个旅游联盟，包括旅游景区、旅游交通、旅游饭店，相关科研机构在内等不同领域的多家单位参与其中，为北京市智慧旅游发展建设出谋划策。经过几年的努力，目前北京市已建成北京旅游门户网站“北京旅游网”“I 游北京”手机 APP，为游客查询城市信息、预订住宿和门票、导航导览、旅游纪念品购买提供服务，得到游客的认可。同时，建立了“首都旅游产业运行监测调度中心”等智慧旅游管理项目，使旅游行政管理部门能更好地管理市场秩序，促进智慧旅游和谐发展。北京市智慧旅游建设过程推动了 3 星以上饭店和 A 级以上景区开展 WLAN 建设，建成首都旅游产业运行监测调度中心，实现了旅游产业与相关产业信息互联互通。北京旅游网已成为网站、微信、APP、电商等平台的网络矩阵，北京政务网已成为民政互动的重要渠道，实现了北京旅游行业管理智能化。目前，北京市智慧旅游体系建设已初步形成，成功为北京市下一步全面开展智慧旅游建设打下了坚实基础。

① 李云鹏，黄超．北京智慧旅游公共管理与服务建设现状与对策分析［J］．城市管理与科技，2015（5）：65－67.

随后，北京市根据“十二五”时期建设成果，结合“十三五”时期总体建设目标，制定了“十三五”时期旅游业发展规划。根据《北京市“十三五”时期旅游业发展规划》要求，到2020年，北京智慧旅游发展目标：按照智慧景区、智慧饭店、智慧旅行社和智慧旅游乡村提升规范，推动实行评定标准管理办法和奖励管理办法，努力提升旅游企业服务水平，推进智慧旅游市场服务体系更加完善。促进智慧旅游公共服务体系更加健全，推动以数据为核心的智慧旅游市场监管体系更加精准、规范。实现旅游者旅游活动更加便捷、智能，旅游体验快乐、享受。“十三五”期间，北京智慧旅游建设推进思路将进行六个转变：一是由政府直接参与智慧旅游建设，向政府通过制定政策、标准和规范，引导、推动、激励企业和市场开展智慧旅游建设方式转变。二是由注重技术主导，向智慧旅游服务功能主导方向转变。三是由市级旅游部门单一推动，向市、区等多级部门齐抓共推转变。四是由注重基础设施建设到注重业务系统整合、提升转变。五是由注重框架、形象建设向构建数据内容传输、共享、应用体系建设转变。六是由单纯推动智慧旅游建设向以智慧旅游为带动，推动以数据为核心，建立相关工作机制、流程的转变。

北京市作为传统旅游强市、智慧旅游名片城市，承载着旅游业智慧化试点改革的使命，通过政府的大力支持、企业的积极参与、市民的积极配合，在短短几年时间内在智慧旅游建设方面取得了一定的成果，为下一步智慧旅游发展奠定了良好的基础。

在2012年，国家旅游局发布的18个全国首批智慧旅游试点城市中，江苏省占据七席，分别是南京、苏州、无锡、镇江、南通、扬州及常州市，是我国智慧旅游的发源地，最早的开启智慧旅游建设。下面以江苏省会南京市为例，介绍其发展经验成果。

南京市：“智慧旅游”一词最早是由我国江苏镇江提出，随后在全国形成燎原之势。江苏省作为我国智慧旅游发展的根源地，智慧旅游发展一直走在前列。其中南京市作为江苏省会，拥有丰富的自然和人文旅游资源，加之优越的地理位置，其旅游业对GDP的贡献率占比不容忽视。作为传统旅游强市，南京市于2011年较早开启智慧旅游建设工程。2012年初，南京市旅游局大力推进智慧旅游建设工程，并提出南京市智慧旅游中央管理平台构成框架，如图2-3所示。

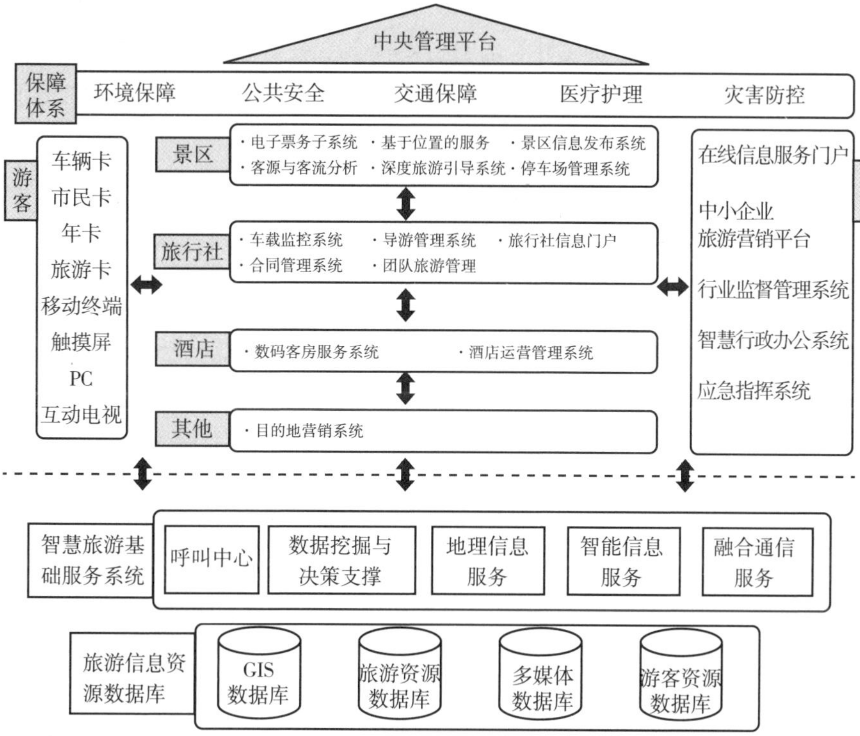

图2-3 南京市智慧旅游中央管理平台构成框架

该框架将智慧旅游管理平台分为四个部分，其中最基层的是旅游信息资源数据库建设。旅游信息资源数据库是实现智慧旅游的基础，是一切信息的汇集，是大数据、云计算等新兴技术的作用对象。它包括GIS数据库、旅游资源数据库、多媒体数据库、游客资源数据库。随着智慧旅游的发展，该数据库信息被不断更新，数据来源更加广泛，将导游信息、旅行社信息、酒店信息等一切与旅游业相关的信息都融入其中。当然，信息的爆炸式增长也给信息处理技术带来了更高的要求和挑战。基于信息数据库，经过对信息的简单处理分流，可以为旅游参与者提供最简单的智慧旅游基础服务系统。智慧旅游基础服务系统包括呼叫中心、数据挖掘与决策支撑、地理信息服务、智能信息服务、融合通信服务。这部分智慧旅游基础服务系统面对的服务对象不仅是旅游者，而是覆盖所有的旅游参与者，甚至包括给当地居民带来的隐性福利。在此基础之上，形成了完整的智慧旅游应用体系，包括旅游者旅游活动、旅游企业经营活动、旅游管理者的管理活动，均可在智慧旅游应用体系中得到高效、便捷的处理。最后，为保障整个管理平台有序安全运行，需要建立相应的保障体系，包括环境保障、公共安全、交通保障等。

2013年，南京开启智慧旅游公共服务平台建设。平台建成后，每位游客进入南京后都会收到一条欢迎信息，引导游客在移动端下载“游客助手”平台，该平台实时更新旅游信息、景区介绍、自驾游导航、商家促销活动、实时路况、火车票等信息，为旅游者提供最新的旅游资讯，满足其旅游过程中各方面的需求。之后，以“一部手机、一张卡”畅游南京、“一个平台、一张网”服务游客为目标，逐步建立了数据服务中心、南京游客助手、新型游客体验终端，搭建了乡村游营销平台、旅游执法e通等智慧旅游平台①。

南京智慧旅游从建设初期，始终以“服务游客、服务管理、服务市场”为宗旨，推进各类项目建设。一是开发了“南京智慧旅游”手机客户端，整合了各类旅游资讯，涵盖了南京全域范围内近200处旅游点，打造了“语音导览”“美丽乡村”“一键导航”“景区舒适度”“旅游攻略”等特色版块及专题，并与南京市民客户端“我的南京”成功对接。2015年新版客户端上线以来，累计访问量已达65万次。二是打造了“南京智慧旅游大数据监测平台”。将全市4A级以上景区、热门景点、部分乡村旅游点、商圈和交通枢纽等共40个点纳入数据监测范围，整合了行业基础数据，实现了对游客市民出行的指引服务、对旅游企业精准的营销服务和对管理部门的应急指导服务。三是实现了旅游公益短信推送。南京市积极协调运营商的通信资源，从2016年5月起，向主要交通站点进入南京的外地游客发送旅游公益欢迎短信，在倡导文明和平安旅游的同时，将南京旅游官方资讯平台进行了有效推广。四是实现了对旅游行业的智慧化服务。

---

① 黎忠文，唐建兵．“数据流动”视角下智慧旅游公共服务基本理论问题探讨［J］．四川师范大学学报，2015（1）：48-53.

"南京智慧旅游"客户端、微博微信新媒体、官方网站集群、旅游触摸屏、Wi-Fi热点覆盖等项目为游客打造了聚合型的旅游信息平台；智慧旅游数据运行监测平台、旅行社管理系统等项目促进了全市行业管理的高效提升；智慧景区、天猫官方旗舰店、电商扶持等项目为旅游市场营销提供了数据支持。

表2-2 南京智慧旅游重点建设项目

项目名称	项目简介
"南京游客助手"	集成"食、住、行、游、购、娱"等信息功能，依靠手机的便捷性和网络覆盖面，不仅能够随时随地查询各类旅游资讯，还能够享受查询和预订的一体化便捷服务
智慧旅游互动式体验终端	利用网络与多媒体技术，与官方网站和微博实现实时互动，为游客提供更贴心、快捷的信息服务。目前主要投放在全市高星级酒店、各景区及旅游咨询服务中心
乡村旅游营销平台	通过南京旅游网的专题页面推荐和整合营销，帮助广大乡村旅游企业拓展营销渠道，同时也向市民和游客提供各种乡村旅游产品资讯
智慧景区试点	目前试点景区主要是在玄武湖公园和红山森林动物园，游客进入景区就可以通过智能手机、景区体验触摸屏及PDA（掌上电脑）等各类体验终端，结合定位功能，实现智能化自助导览和查询服务
旅游执法e通	市旅游园林局和县区行业管理人员通过智能手机上安装旅游执法e通，实现旅游执法案例的信息现场查询及数据的现场采集，提高了管理效率
智慧旅游中央管理平台	将各个主要景区实时画面、车船客流等动态信息实时反映在该平台上，管理部门可以方便直观地了解整体运行状况，及时发现和处理各种问题

由此可见，南京市智慧旅游建设已进入全面深化阶段，智慧旅游基础设施已基本建立完成，智慧旅游框架体系搭建已初具规模。智慧旅游今后发展需要建立在智慧旅游前期建设成果之上，填充相关建设内容，补充智慧旅游建设各细化层面，在全国智慧旅游发展方面起到重要的引导作用。

成都市：成都市作为四川省会，是西南地区唯一入选的我国首批智慧旅游试点城市，自智慧旅游建设开展以来，便采取"政府牵头、企业合作、整体布局"的规划策略，以自身旅游特色和实际情况为出发点，分别从管理考核体系、组织保障体系、智慧旅游运营体系、标准规范体系四个方面出发，以基础设施建设、数据中心、支撑平台、应用系统四个角度为建设切入点，设计了智慧旅游总体规划图，如图2-4所示。

图 2－4　成都智慧旅游规划图

在智慧旅游项目建设方面，近年来成都市也取得了一定的成绩。成都市旅游局抓住机遇，成功地部署了信息化方面的改造优化措施，启动一批信息化系统，如成都旅游一点通、成都旅游全搜索、96527 成都旅游咨询服务热线、成都旅游微博、成都市旅游局 OA 办公平台等。2012 年，“成都旅游一点通”手机智能旅游服务项目投入使用。项目通过手机 APP 和 WAP 应用程序向移动手机游客发送景区信息、旅游线路、休闲活动、酒店查询、购物查询、餐饮查询、交通路况、旅游导航、意见反馈等旅游信息，且具有团队安全、景区实时视频、旅游信息轮播、行程安排、紧急救助等旅游在线查询功能，基本实现了“手机信息领引、便捷旅游成都”的目的。该项目涵盖了旅游过程中的方方面面，实现了旅行中的快捷便利，为游客提供了更加完美的旅游体验。2013 年，成都智慧旅游数据中心正式上线运行。游客随时都可以通过智能手机登录成都智慧旅游数据中心平台——成都旅游全搜索，便捷、系统地获取成都旅游信息。该平台汇集了四十多万条旅游信息，包含一百九十多家景区、近一千家宾馆酒店、二百七十余家旅行社、四百余家星级农家以及导游员信息和其他涉旅信息，其信息容量大、涵盖范围广，具备开放兼容、智能搜索、多屏同源、自主互动、统计分析五大功能，不仅为游客提供了“一站式”旅游信息资源搜索服务，为旅游行政主管部门、旅游企业提供了信息发布的渠道和标准规范的数据交换接口，也为有关单位提供了信息资源共享的载体，标志着成都旅游全面进入智慧旅游时代。2015 年，西南首个智慧城市服务平台“在成都”发布使用，这是成都市建设智慧城市的关键一步，是服务于市民的基本应用平台。在该平台上，使用者可以体验生活中各个方面的便利化和智能化，包括网签护照等旅游活动。

随着智慧旅游建设的不断深入，越来越多的新兴技术被运用到智慧旅游之中。2017 年，成都西岭雪山开发团队利用现下最吸引人眼球的“无人机 &VR”直播技术，为游客提供更加新奇的旅游方式。由于成都地形复杂，欣赏大自然的美景需要付出时间和路程的代价，利用“无人机 &VR”直播技术，游客可以从上帝的视角欣赏美景，领略自然的鬼斧神工。“无人机 &VR”直播技术为游客提供四种体验方式：第一种是实时动态飞翔观景，即无人机搭载摄像仪飞跃云海、山峰，用户戴上 VR 头盔体验飞翔的乐趣和观看实时的观景；第二种是实时动态 VR 体感，即用户借助 VR 体感设备，更加真实的体验在云端飞翔的感觉；第三种是实景叠加 AR 特效的 VR 风景体验，即用户通过 VR 头盔体验精心特效制作的航拍内容，类似“钢铁侠”的效果；第四种是结合西岭雪山的主题，在 VR 体感机上体验滑雪、跳伞、雪山飞行等内容，为智慧旅游的发展注入了新的血液。

武汉市：武汉市作为全国首批智慧旅游试点城市，其旅游信息化建设开启于 2003 年。2006 年，武汉开始建设“数字旅游”项目。在旅游信息化建设进程中，武汉市政府不断出台相关政策，为旅游信息化发展营造良好的政策环境，为其健康发展保驾护航。

表 2－3　武汉市旅游信息化相关支持政策

政策文件	内容
《湖北省旅游业“十二五”规划纲要》	推广实施景区数字化工程、智能化饭店工程、电子旅行社工程，建立和完善旅游信息平台以及加强网络营销

续表

政策文件	内容
《武汉市城市总体规划（2010—2020年）》	全面推动“数字武汉”的建设，提升信息服务水平，建成综合信息网络
《武汉市旅游业发展“十二五”规划》	加快推进旅游信息化建设，完善旅游公众信息平台建设
《关于建设国家旅游中心城市推进全市旅游产业升级的意见》	武汉智慧旅游作为智慧城市的子项目之一开始建设

由上表可见，武汉市旅游改革发展经历了旅游信息化建设、数字旅游、智慧旅游三个阶段，并取得了一定的成果。

2011 年，武汉市正式提出智慧旅游的建设计划，以创立国家智慧旅游示范城市为目标，加快推动智慧旅游建设。武汉市提出智慧旅游建设目标以“智慧旅游云数据库建设、智慧旅游公共信息服务平台建设、移动智能旅游服务系统、旅游公共信息触摸屏自助服务系统、导游（领队）带团服务系统、智慧旅游视频监控中心建设、智慧旅游体验中心建设、武汉旅游一卡通项目建设以及智慧旅游示范单位建设”九大项目为核心，全方位一体化总体布局智慧旅游项目建设。

截至 2013 年，武汉市完成了智慧旅游建设的部分任务：在全市配置了 26 台智慧旅游触摸屏；发行了大武汉旅游卡；升级了官方旅游营销网站、微博，发布了新手机二维码武汉旅游攻略；建成市、区两级旅游信息咨询中心（站）点近 20 处，通过媒体、电话及现场等方式，年接待游客咨询突破 350 万人次；健全了旅游标准化体系，完善且国际化了旅游公共服务体系，建设覆盖全面且便捷舒适的旅游交通体系；全面完成黄鹤楼首个智慧旅游示范景区建设，并启动东湖风景区、木兰文化生态旅游区智慧旅游示范景区建设工作。到目前为止，武汉市智慧旅游基础设施建设基本完成。武汉已基本建成智慧旅游大数据库；全新上线“武汉旅游网”；东湖风景区实现智能导览和智能管理；“大武汉旅游年卡”热销；一批智慧旅游试点企业的智慧管理与服务项目整体推进。

随着项目成果的不断落实，武汉市的智慧旅游建设框架不断被完善。武汉计划到 2015 年年底，建成“1 体系、1 中心、2 平台、3 门户、N 服务渠道”的智慧旅游管理和服务系统。

表 2-4 武汉市智慧旅游服务与管理平台体系

目标要求	具体内容
一体系	感知体系
一中心	智慧旅游云数据中心
两平台	旅游公共服务平台、旅游行业管理平台
三门户	旅游公共服务门户、旅游政务门户、旅游 WAP 门户
N 服务渠道	门户网站、手机、智能导览仪、咨询服务中心等

此后，将继续推进旅游公共服务门户网站、旅游行业内部职能管理系统和旅游商务预订销售系统的上线运营；进一步完善东湖和黄鹤楼智慧旅游示范景区项目建设，积极推动黄陂木兰文化生态旅游区的智慧旅游建设；推动“两江四岸”智慧旅游船与智能互动亮化系统工程建设；选择部分星级酒店、旅行社建设智慧旅游示范点；全面启动市级旅游智能导览平台的建设；加快旅游安全与应急系统、智慧旅游体验中心等项目的建设。

综上所述，自“智慧旅游”在国内提出以来，我国智慧旅游建设取得了喜人的成绩，各试点城市均积极开展相关建设，在这个时期内智慧旅游基础设施基本构建完成，智慧旅游数据库、智慧旅游各类应用以及各项保障体系已初具规模。然而，虽然我国城市智慧旅游建设取得了一定的成果，但相较于国外成熟城市智慧旅游建设，我国仍处于起步阶段，特别是在公共服务体系建设方面，发达国家旅游部门与交通、建筑、休闲等公共服务部门结合在一起，对旅游的职能定位清晰。政府投入大量资金，建设智慧旅游公共服务体系。而我国智慧旅游建设目前主要集中在新技术应用，以弥补智能旅游发展阶段的不足。另外，对虚拟旅游的建设不足，除北京市提出建设智慧旅游游戏软件外，其他省市在智慧旅游建设过程中对虚拟旅游的提及少之又少。国家智慧旅游试点城市代表了国家智慧旅游发展的最高水平，试点城市尚且如此，其他城市的智慧旅游建设水平相对偏低，虚拟旅游建设更是被忽略。这既不利于旅游产业链的进一步开发和完善，也不利于发挥智慧旅游的全面协调作用，限制了旅游产业链上相关企业的发展和智慧旅游的全面建设。在政府的积极协调和引导下，在相关企业积极参与下，在旅游者旅游方式和旅游观念的不断转变下，即使我国智慧旅游建设取得了不小的成绩，但由于智慧旅游公共服务体系建设方面不够完善，城市基础设施建设落后，虚拟旅游建设发展不足等问题的存在，给我国智慧旅游建设的进一步发展提出了一定的要求。我们需要突破发展过程中的难点，给智慧旅游的发展提供更大的空间。

2.1.3 我国智慧旅游发展特点分析

我国旅游信息化发展向智慧旅游演变的过程大体上可以分为三个阶段：

第一阶段是专业化阶段，包括20世纪80年代初期国外计算机技术引进及90年代国家旅游信息中心的建立；

第二阶段从2001年开始实施“金旅工程”，国家全面推进旅游信息化建设，电子政务、电子商务不断普及并渗透整个旅游行业，行业的办公自动化系统、业务管理系统和公众网络系统从无到有，从点到线，从简单到逐步全面，初步形成了旅游行业信息化发展的基本框架；

第三个阶段是利用物联网、云计算、地理信息系统、虚拟现实、互联网、移动互联网等先进技术，结合现代企业管理、人文科学、经济学等综合性学科，通过应用创新技术，满足游客体验需求、管理创新提升企业经营能力、服务创新促进政府职能转变，使生态、文化、社会和经济的综合价值最大化，实现旅游产业的可持续发展，即现在我们所处的智慧旅游阶段。

纵观我国智慧旅游建设进程步伐，通过对上述几个我国首批智慧旅游试点城市智慧旅游建设阶段成果的梳理，可以总结出我国智慧旅游服务发展特点：

（1）国家和地方政府予以大力支持。从我国智慧旅游试点城市的发展进程可以看出，在我国智慧旅游发展过程中，国家均给予政策上的大力支持。国家根据时代发展的需要，出台相应的宏观调控政策，在资金、技术、人力等资源分配上予以倾斜，全方位、立体化支持智慧旅游建设使其在国内全面开展。各个省市也紧抓发展机遇，在国家政策的指导下，依据自身旅游发展特点和资源优势，出台相应支持智慧旅游发展的政策，对智慧旅游的建设做出整体规划，积极响应国家号召，建设智慧旅游。由于智慧旅游涉及面广、产品包罗万象，需要众多部门协同发展，政府出台相应的政策法规对智慧旅游的发展进行调控和监管，平衡了各参与体的责任利益，维持了稳定的市场秩序，从而保障全国智慧旅游发展“一盘棋”，促进了其全面稳定发展。

（2）由沿海城市向内地城市扩张，由中心城市向中小城市辐射。智慧旅游最早由江苏省镇江市提出，江苏省较早开启智慧旅游建设。随即智慧旅游在全国形成燎原之势。纵观智慧旅游的发展进程，我们可以清晰地看到，由于沿海城市开放程度高、外来资源广，对新事物的接纳能力强，我国沿海城市较早开启智慧旅游建设，典型城市有上海、厦门、广州等。相比之下，中西部城市由于地理位置的原因，开放程度相对落后，智慧旅游的发展相较于沿海城市起步较晚，地区之间智慧旅游发展不平衡问题突出。

为了平衡智慧旅游的区域发展差异，使我国智慧旅游建设多点开花、形成新的增长极，我国于2012年和2013年先后两次公布了两批智慧旅游试点城市。两批试点城市中不仅包含了北京、上海、广州等沿海发达城市，也包含了武汉、成都、郑州等中西部省会城市，还包括了大连、镇江、洛阳等在内的二三线中小城市。此举正是为平衡我国智慧旅游区域发展而设立，希望在全国形成以点带面、区域联动、协同发展的智慧旅游发展新局面。

以河南省为例进行研究，河南省地处中原，其智慧旅游发展相对落后于江苏、浙江等沿海省份，建设时间较短。仅仅几年的发展，在河南省内部就出现了智慧旅游发展失衡问题。尽管河南省各个城市争相与各大电商进行合作，开发在线旅游业，但相较而言，智慧旅游发展的程度并不一致。洛阳市和郑州市分别为国家首批、第二批智慧旅游试点城市，在智慧旅游建设方面远超于其他城市。目前河南省内除了洛阳市和郑州市出台了建设规划外，其他城市尚处于重视和宣传的初级阶段。洛阳市在2013年出台了《洛阳市智慧旅游城市建设方案》，在全国各地的智慧旅游创建活动中已经走在了前列，并取得了不错的口碑。郑州市出台了《郑州市智慧旅游城市建设总体规划（2014—2018）》及《郑州旅游产业运行监测与公共服务平台建设方案》等文件，并且加快了智慧建设的步伐。焦作市的云台山景区编制了《景区旅游景区数字化应用规范》，开封市也同样在加强旅游标准化建设。省内其他城市的智慧旅游建设则刚刚起步。

诚然，智慧旅游在实际建设和运用中应因地制宜，只有与当地实际相结合，解决现实的亟须问题，才有利于推广和展开工作。一些地方的智慧旅游发展慢是需求不紧迫的缘故，各地之间发展不平衡也有其内在的原因。但是，智慧旅游毕竟代表高新技术对传统旅游业所造成的变革和创新，是未来旅游业升级发展的必然趋势。而且，智慧旅游建设不均衡，也不利于我国对旅游公共信息的采集、旅游监管信息的收集和旅游大数据的集成分析工作。只有共同发展才能达到信息的互联互通，并有效避免信息的“孤岛”化和“碎片”化。因此，我国需以试点城市和试点景区为样板，加快智慧旅游的论证和扩展，最终实现整体的智慧化改造。另外，还需要尽快编制统一的智慧旅游城市发展规划和行动计划，为各地的智慧旅游建设提供强有力的政策保障。

（3）第三方旅游网站发展较快，社会认可度高。随着我国互联网经济的快速发展，我国产业结构不断得到优化调整，传统产业竞争力得到提高，各生产要素不断优化配置，生产效率得到提高。旅游业开启智慧化建设的大门后，传统旅游企业在不断改革自身经营管理模式的同时，第三方旅游网站如雨后春笋，不断推陈出新，趋于稳定。例如，携程网、去哪儿网、同程旅游等第三方电子商务平台的建立，实现了景区票务资源、景区硬件设施、旅游交通、旅游住宿等旅游活动中各个要素和互联网 OTA 的无缝对接，将旅游产业的信息化建设提高到一个新的高度。伴随着人们外出旅游行为方式的转变，第三方旅游网站给予游客自由化、个性化的旅游服务，满足了游客的需求，得到了游客的认可。如今选择网络预订旅游要素的游客越来越多，给传统旅游企业带来了不小的冲击，要想在变革的浪潮中站稳脚跟，就必须迎合时代的发展需要，紧密结合新兴技术与自身产业，发挥自身优势。

然而，互联网经济的发展也不是一帆风顺的，互联网 OTA 在发展过程中存在一些亟待解决的问题，值得重视。首先，法律保护滞后。我国互联网经济起步较晚，发展时间较短，互联网 OTA 在运营过程中网络交易方面的法律保护制度并没有完全成熟，加之互联网经济的虚拟性、旅游产品消费的滞后性等问题，为其立法也存在一定的难度。旅游者事先缴纳旅游款项，在旅游过程中出现对产品或服务不满意，旅游欺诈等事件层出不穷，而保障旅游者合法权益的法律法规并不完善，使旅游者的投诉无法得到有效解决。其次，互联网经济的安全问题。网络上的病毒、网络黑客入侵等行为可以盗取消费者个人信息，从而给消费者带来不小的经济损失，大大阻碍了互联网经济的发展，以至于在线旅游的发展出现“瓶颈”。如果个人账户和财产安全问题不能得到有效解决，互联网 OTA 的发展也将止步不前。包括基础设施建设不完善、信用问题等在内的一系列问题，都需要在今后的发展过程中予以高度关注。

（4）景区智慧旅游建设较完善，旅游酒店、旅行社等旅游企业智慧化建设相对落后，大多数旅游企业的智慧化建设水平较低，对于智慧旅游的认识也比较模糊或片面。我国城市智慧旅游的建设基本都是以智慧景区建设为切入点开展工作的，在智慧旅游建设的初级阶段，建立景区门户网站、景区实景地图等具体的智慧化工作，从旅游活动的主体——旅游者的角度入手，直接提升旅游活动的智慧化感知，而旅游酒店、旅行社等智慧化建设步伐相对滞后。目前，我国的旅游星级酒店拥有的门户网站数量覆盖率低，消费者对旅游住宿的预订习惯通过第三方互联网旅游平台实现，通过酒店自身网站或客户端预订住宿的消费者少之又少。旅游酒店通过客户端和门户网站进行营销活动受到极大制约，只能通过与第三方合作，委托第三方进行宣传销售，因此投入大量人力、物力和财力。旅行社面临的处境亦是如此。

其实，传统旅游企业智慧化建设不必千篇一律，盲目追求建设自己的门户网站、移动客户端等，要根据企业自身情况量力而行。

首先，智慧旅游建设的成本高昂，一些大型旅游企业和景区能够凭借强大的资源实力进行全方位的智慧化改造，采用电子门票、APP 自助掌上服务、客流量监控、LED显示屏等提升旅游体验。五星级酒店可以凭借自身拥有雄厚的实力建立起集酒店服务、咨询信息、一体化无线覆盖、智能化控制和休闲娱乐于一身的信息化智能平台。而对于融资难的中小旅游企业，无论是现代技术的改进，还是更新换代后的维护成本、技术人才的缺乏等问题都成为发展的掣肘，而且中小企业的游客接待量有限，对于硬件的信息化提升需求不足，盲目的技术升级或加入电商平台可能只是无谓的投入。

其次，旅游企业还缺乏成熟的经验和标准。像智慧酒店的建设还处于简单的信息化技术改造和智能提升，与国外先进水平差距很大。旅行社的现代化转型更是步履艰难。尤其对于传统旅行社来说，开发APP投入颇高，风险太大，而应用又难以定位。在线旅行社（OTA）对于传统旅行社的空间挤压和业务链颠覆迫使旅行社也涉足发展智能门店。当前科技发展的日新月异和在线旅游市场到无线市场的迅速转向，也都让企业的转型不堪重负。因此，旅游企业要根据实际情况，结合自身发展，准确定位发展目标，找到成本低、效率高的智慧旅游发展途径。

同时，伴随智慧景区建设的进一步深入，城市管理者逐步意识到智慧旅游的发展要融入智慧城市的建设当中，二者并不是相互孤立的，需要建立适合城市智慧化发展的智慧旅游体系框架，将智慧旅游建设更好地融入其中，于是出现了各种智慧旅游建设体系框架，其共同点大致包括基础设施建设（网络覆盖、互联网、通信设施、云计算等）、数据层建设（数据的收集、分类、处理、输出）、应用层建设（智慧交通、智慧酒店、智慧景区、游客服务集散中心等）以及支撑层建设（安全保障体系、运营管理体系等）四个层面。

（5）盲目跟风现象严重，缺乏特色。智慧旅游建设在全国迅速兴起，很容易导致建设城市之间盲目跟风现象。建设初期，城市旅游业渴望朝着智慧化方向发展，不断学习国内外先进的建设经验，为自身的发展开拓思路，寻找出路。然而对国内外建设经验缺乏深度挖掘，价值利益驱动下出现心态浮躁，导致项目之间盲目抄袭，景区之间盲目跟风，丝毫不考虑其建设项目是否符合自身特色，能否保持自身原有的价值和吸引力。

例如，为了加强智慧景区建设，各大景区纷纷建立网站、采购门票系统、电子监控等设施，部分景区在合理科学的管理下，成为智慧景区示范点。但有的景区也为了踏上智慧的列车，不根据自身情况做任何规划设计，盲目购买电脑、科技终端设备，于是购买了电脑却不联网，建了网站却不维护，买了设备而不使用，不仅造成资源的浪费，还对景区的形象产生负面影响。据调查显示，大部分景区网站都是委托网络公司代为维护的，但日后由于工作人员岗位变化、资金欠缺等方面原因，已经与网络公司失去联系，所以网站也很久没有更新。游客留言板块是景区网站与游客互动并促进景区建设的重要手段，然而景区管理处的回复往往要等到第二天，甚至更久，不能即问即答或迅速回复，无法及时为游客解决问题，使景区网站建设成为摆设，这已经成为制约景区网站与游客互动的“瓶颈”。

2.2 城市智慧旅游体系建设的必然性

2.2.1 旅游业转型升级需求

目前，“互联网＋”时代已经到来，新兴技术改变着传统行业的发展进程，我国经济发展正处于重要的转型期。为了一改我国经济传统高耗能、高污染，以牺牲环境为代价，以生产要素大规模投入为动力引擎的发展模式，各行各业都在谋求新时代下的新发展路径，实施创新驱动发展战略，以便在供给侧实现突破。

旅游业要想突破发展“瓶颈”，在改革浪潮中占领发展先机，迫切需要与新兴技术产业结合，推动自身转型发展。传统旅游业依赖中间商售卖产品、集中游客，在旅游参与者中存在信息不对称等发展弊端，消费者市场已不满足于传统的旅游模式，而是寻求更加人性化、个性化的旅游服务体验。因此，无论是从消费者市场的角度来看，还是从旅游业自身发展的角度来看，旅游业的转型升级需求迫在眉睫。

目前，我国智慧旅游建设主要集中于智能化设备建设、新技术在旅游业中的应用，对主动感知受众需求、公共服务体系建设方面较为缺乏。城市智慧旅游服务体系在建设过程中盲目跟风、概念炒作现象严重，缺少完善的评价标准和体系。据调查，除住宿、景区等旅游设施之外，游客在整个旅行过程中感到最担心最不满意的是与旅游相关的交通信息咨询、沿途休息、公共卫生间、社区环境以及紧急情况下的救援和投诉等①。由此可见，受众对目前城市智慧旅游服务体系建设状况并不满意，缺乏必要的配套设施，不具备必要的安全感和信任感，相关体系建设相对落后，需要加以改善。

城市智慧旅游服务体系建设是目前智慧旅游发展的重中之重，是智慧旅游发展的必然趋势。市场竞争就是大浪淘沙，受众需求就是生存法则，因此如果不重视这方面的建设，必然在旅游业重要转型时期被淘汰。

2.2.2 市场需求增长强劲

旅游参与者是旅游活动的核心，是创造各种旅游活动的主体。城市智慧旅游服务体系是直接面对旅游参与者的重要环节，是智慧旅游体系的服务终端，是智慧旅游建设过程中的重要部分。如今，随着新兴技术的发展和大数据时代的到来，游客信息流通更加顺畅、游客出行更加便捷。2016年1月国家旅游局明确表示“取消导游必须经旅行社委派”，提高了导游执业自由度，降低了旅游者对旅行社的依赖性，游客“散客化”趋势明显。在这一趋势下，旅游者更多地选择自由行方式出游，旅游过程需要做更多的准备。例如，通过网络查询景点情况、路况，预订门票、酒店，旅游过程中对游览、购物、娱乐信息的查询等，对智慧旅游项目的依赖性增加。与此同时，旅行社、旅游酒店等相关旅游企业迫切需要通过更加智慧化的方法进行营销推广，改变产品形式，使之更加灵活。旅游行政管理部门需要采取智慧化方法进行管理，高效、快捷、便利地开展工作，与市场进行对接，从而规范市场秩序，保障旅游业健康发展。面对市场的迫切需求，开展城市智慧旅游服务体系建设势在必行。

---

① 窦群．中国旅游公共服务体系：从理论到实践的探索［J］．旅游学刊，2012，(3)：5－6.

2.2.3 技术条件日趋成熟

智慧旅游的发展是以大数据、云计算、物联网、GIS 系统、VR 技术等新兴技术产业的发展为基础的，如果没有了相应的技术支撑，智慧旅游的“智慧”二字也就无从谈起。大数据、云计算技术为智慧旅游建设过程中出现的庞杂冗长的数据提供有效、安全的处理方式，将数据搜集、分类、分析、加工后再将其输出，同时将其储存在云端，使片段化的数据具有价值并得到保存，为智慧旅游的服务提供数据基础。物联网则基于互联网、传统电信网络等载体，将所有能够被独立寻址的普通物理对象实现互联互通。具体到智慧旅游的建设来说，物联网将旅游活动中的各个参与体有效地连接在一起，实现其信息传输、数据查询、信息交换等方面的互联互通。GIS 系统主要运用在智慧旅游交通领域，旅游者利用客户端 APP 对旅游过程中各个要素（旅游景区、旅游酒店、旅游交通）进行准确定位，极大地方便了旅游活动，充分体现出了旅游智慧化的进步。AR 技术、VR 技术等与智慧旅游的完美结合，充分增强了旅游活动的感官享受，给旅游者带来不一样的视觉体验，拓宽了旅游渠道和方式。

智慧旅游在建设过程中，越来越多地融入了新兴信息技术，技术的日益进步和成熟逐步驱动着智慧旅游向技术含量更高的级别发展，推动着传统旅游业由劳动密集型向技术密集型转变，改变着旅游业的发展方式。

2.2.4 信息化水平逐渐提升

智慧旅游作为旅游信息化的高级阶段，其建设发展是建立在旅游信息化和社会信息化水平达到一定高度的基础之上的。随着社会信息化水平的提高，互联网、4G 通信走入千家万户，无线 Wi－Fi 覆盖面越来越广。在新兴信息技术给人们生活带来便利的同时，人们的生活、办公等活动对信息技术的依赖性加大，无线客户端的普及程度提高，基于客户端的 APP 种类大幅增加。

社会信息化基础设施建设不断完善，导致旅游信息化水平水涨船高。旅游信息化的表现形式主要是旅游网站、旅游呼叫系统、数字化管理以及支持信息化的基础设施建设。

其中旅游网站是最基础、最直接的旅游信息化建设标志，旅游供应商和经销商可以通过旅游网站在线展示旅游资源和旅游产品，使旅游目的地的形象以多种表现形式、多样传递手段，在最短的时间内传送到全球范围的潜在游客的面前。旅游者则可以通过旅游网站了解旅游资源和产品，有针对性地预订符合自己需求的旅游产品，实现便捷、快速、安全的游前预订。如今，大多数景区和旅游企业都已建立成熟的自己的旅游网站，他们一改往日的经营模式，在网站上进行展示营销，不仅为消费者提供了更多的旅游信息，更提高了自己的办公效率。

旅游呼叫系统，是旅游服务业与游客沟通的桥梁。旅游呼叫系统采用一个特别易记的特别服务号码，向社会公布，游客打此电话号码进行旅游线路等信息资料查询、自动语音应答、商务代订、散客或团体旅游业务受理、建议与投诉、满意度调查、语音信箱留言服务等。例如，国家旅游局2007年提出的12301全国统一旅游服务热线，现已在多个城市开始使用。

数字化管理，是指利用计算机、通信、网络等技术，通过统计技术量化管理对象与管理行为，实现旅游目的地的管理活动和方法。常见的旅游目的地数字化管理方法有：景区电子门禁系统、景区电子售票系统、景区监管信息系统、文物数字化管理系统、环境监测系统和卫星遥感系统、GPS车辆调度系统、森林防火监控网络系统、LED信息发布系统、背景音乐智能广播系统、公用信息总监控中心等。

基础设施主要指支持信息化必需的硬件设施，如电力、电信设施、手机无线信号覆盖等。在社会信息化逐渐发达的今天，信息化基础设施建设不断被完善，大众的需求不断被引导，这都使城市智慧旅游体系建设刻不容缓。

2.2.5 政策环境日益优化

智慧旅游由于其自身内容的广泛性，在建设过程中需要政府牵头、统一指导，这样才能有效地避免重复建设、信息孤岛、资源浪费等问题的产生。2011年，国家旅游局局长邵琪伟提出，开展“智慧旅游城市”试点，争取用10年时间，在我国初步实现“智慧旅游”，之后在智慧旅游的建设过程中，国家和各省市相继出台一系列政策和促进办法，支持智慧旅游的发展。

表2-5 智慧旅游发展相关支持政策和促进办法

时间	政策名称	内容
2010年	《中国旅游业“十二五”发展规划纲要》	充分发挥信息化对旅游产业的引领作用，通过信息化建设全面推进我国旅游产业向新的阶段发展
2012年	首批智慧旅游试点城市	北京、武汉、成都、南京、福州、大连、厦门、洛阳、苏州、黄山、温州、烟台、无锡、常州、南通、扬州、镇江和武夷山
2013年	第二批智慧旅游试点城市	天津、广州、杭州、青岛、长春、郑州、太原、昆明、贵阳、宁波、秦皇岛、湘潭、牡丹江、铜仁
2014年	中国智慧旅游年	以旅游信息化建设促进旅游业管理、服务与体验的全新升级
2014年	《国务院关于促进旅游业改革发展的若干意见》	制定旅游信息化标准，加快智慧景区、智慧旅游企业建设，完善旅游信息服务体系
2015年	《国务院办公厅关于新一步促进旅游消费的若干意见》	积极发展“互联网+旅游”，我国旅游业的发展进入“互联网+”时代
2016年	《国家旅游局关于实施“旅游+互联网”行动计划的通知》	到2020年，旅游业各领域与互联网达到全面融合，互联网成为我国旅游业创新发展的主要动力和重要支撑，网络化、智能化、协同化国家智慧旅游公平服务平台基本形成；在线旅游投资占全国旅游直接投资的15%，在线旅游消费支出占国民旅游消费支出的20%

2.3 相关理论基础

2.3.1 马斯洛需求层次理论

马斯洛需求层次理论最早于1943年美国心理学家亚伯拉罕·马斯洛在《人类激励理论》论文中提出，是行为科学的理论之一。在论文中，马斯洛将人类的需求分为生理需求、安全需求、社交需求、尊重需求和自我实现需求五种，并像梯一样从低到高排列。只有低层次的需求得到满足后，人们才会追求更高层次的需求，不会出现跳跃式地发展。

旅游需求属于较高级需求，人们实现空间上的位移而达到外出游览、观光、娱乐、社交等目的。以旅游目的作为区别分类，可将旅游需求归属为社交需求、安全需求和自我实现需求不同种类，是在实现较低层次需求（生理需求、安全需求）的基础上对更高层次社交需求的追求。而智慧旅游的建设是旅游业发展到一定阶段，与新兴技术发展相结合的产物，符合马斯洛需求层次理论的需求划分。因此在智慧旅游的建设过程中，要注重其基础设施建设和安全保障体系建设，以旅游过程中的饮食和住宿问题为切入点，加大力度开展旅游饮食和旅游住宿的智慧化建设，保障旅游者的基本需求。同时，加强安全保障体系智慧化建设，包括旅游过程中的食品安全、财物安全、人身安全、环境安全等，加大力度铺设安全监控装置，解决旅游者的后顾之忧，给旅游者带来全新的旅游体验。

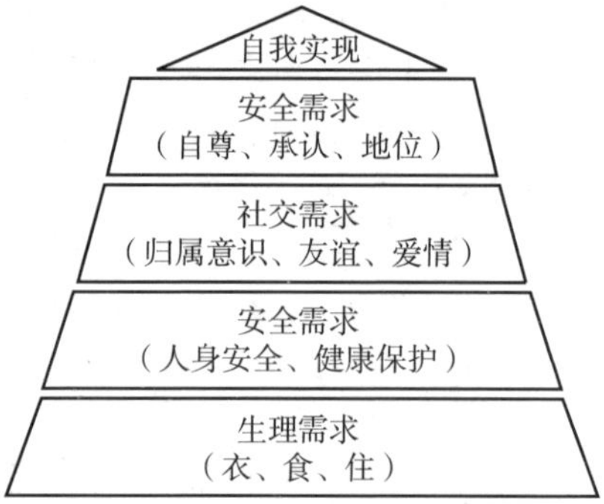

图 2-5　马斯洛需求层次理论

2.3.2　系统论

1937 年，生物学家 L. V. 贝塔郎菲创立了系统论。系统论是研究系统模式、结构和规律的方法，用来研究系统特征、描述系统功能、确立系统所遵循的原理。通常系统被定义为：若干要素以一定结构形式构成的具有某种功能的有机整体，具有整体性、关联性、等级结构性、动态平衡性和时序性等基本特征。在系统中，各个单元之间有信息与能量、人员与物质、资金的流动，通过单元之间的有机结合，达到统一的目标，从而具有了独立要素所不具备的性质和功能，即整体的性质和功能不等于各个要素的性质和功能的简单相加。

智慧旅游建设过程中涉及面广、参与者众多，是一个复杂庞大的整体系统，具备系统特征，要保持智慧旅游体系的平衡发展，就要整体地看待智慧旅游所包含的各种要素，利用系统论总结其特点，描述其功能，指导其健康发展。传统旅游系统包含：旅游主体——旅游者、旅游客体——旅游产品、旅游媒介——旅游企业以及将这三者联系在一起的旅游活动四个要素，整个旅游系统中四个要素处于动态平衡状态中。在研究智慧旅游的过程中，要将其看成一个完整的系统，而不能将其中要素孤立出来。在智慧旅游建设过程中，更要有系统观念，统筹安排，避免资源浪费。

2.3.3 公共产品理论

公共产品是指能为所有人消费和共享的服务或产品。对于公共产品的定义，从理论上来说需要具备两个特征：非排他性和消费的非竞争性。其中，非排他性是指不论提供者意愿如何，公共产品一旦产生并投入使用，就需要被所有人共享，且一部分人对产品或服务的消费并不影响其他人对该产品或服务的使用；消费的非竞争性是指在公共产品数量一定的情况下，将其多分配给一个消费者的边际成本为零。

智慧旅游产品具备上述特征，其建设成本高、效益回收期长，成果福利能够被整体游客和当地社群共享，需要政府顶层设计、宏观把控，以政府资助为主，以企业支出为辅；并由政府组织协调，进行顶层设计和总体规划。

2.3.4 旅游业可持续发展理论

旅游业可持续发展观来源于循环经济理论，强调旅游资源在开发过程中要注重资源保护，发展速度要与发展质量相协调，发展规模要与自然承载能力相协调，经济效益要与生态效益相协调，实现“生态—经济—社会”的良性互动。如今，国家经济发展进入新常态，对经济发展的拉动逐渐向供给侧方向转变，努力摆脱传统高耗能、高污染、低产值的经济发展模式，全社会都朝经济绿色健康、可持续发展的方向不断努力。在环境资源逐渐恶化的今天，我们对旅游业的认识早已脱离了最初的“无烟产业”“绿色产业”，旅游业对环境的破坏、对资源的消耗需要被人们重视。凡是旅游者到访之处便有环境污染，有些地方在看到旅游业发展带来的经济效益之后便不惜一切代价开发当地资源环境，对资源环境造成了不可逆转的损害。另外，由于旅游者的“入侵”，当地的民风民俗等非物质旅游资源也逐渐消失殆尽，旅游地不断商业化，这些都是今后旅游业在发展过程中要加以重视环境保护和可持续发展的问题，注重选择合理的开发方式，注重旅游产品和废物的再利用。

智慧旅游作为旅游发展新模式，是基于新兴技术对旅游信息进行采集，对旅游资源进行整合，通过创造出不同于传统的新型旅游方式（虚拟旅游、VR 观景等），实现旅游发展由粗狂型发展模式向集约型发展模式转变，适应时代的发展。

智慧旅游正是在这样的环境下应运而生，是实现旅游业健康、快速、稳定发展的有效措施。

第3章 >>> 城市智慧旅游服务游客需求分析

游客是推动旅游行业发展的主要动力，《中国旅游发展报告（2016）》显示，2015年，我国国内旅游突破40亿人次，国民人均出游2.98次，旅游收入超过4万亿元人民币。我国目前已拥有全世界最大的国内旅游消费市场，全民旅游时代正悄然来临。人们对旅游品质、旅游创新提出了更高要求，愿意花更多钱购买更好的体验，享受型需求正成为国内游客旅游方式的新趋势。同时，随着网民规模、互联网普及率、手机网民规模等的大幅提升，以及旅游在线服务、网络营销、网上预订、网上支付等业务的迅速开展，通过智慧旅游平台数据分析和导向功能进行细分市场和深度挖掘，使越来越多的游客自己做攻略并选择自由行的方式出行。

表3-1 在线旅游市场相关数据

项目	截至2016.12	截至2015.12	截至2014.12	截至2013.12	截至2012.12
网民规模（亿人）	7.31	6.88	6.49	6.18	5.64
互联网普及率（%）	53.2	50.3	47.9	45.8	42.1
网络购物用户（亿人）	4.67	4.13	3.61	3.02	2.42
网上支付用户（亿人）	4.75	4.16	3.04	2.6	2.21
预订机票、酒店、火车票及旅游行程的网民规模（亿人） 同比增长率（%）	2.99 15.3	2.60 17.1	2.22 22.7	1.81 61.9	1.12 166.7

续表

项目	截至 2016.12	截至 2015.12	截至 2014.12	截至 2013.12	截至 2012.12
手机网民规模（亿人）	6.95	6.20	5.57	5.00	4.2
手机网民比例（%）	95.1	90.1	85.8	81.0	74.5
手机网购用户（万人）	4.41	3.40	2.36	1.44	—
手机预订机票、酒店、火车票及旅游行程的网民规模（亿人）	2.62	2.10	1.34	0.46	—
同比增长率（%）	24.7	56.4	194.6	—	—

资料来源：根据CNNIC发布的《中国互联网络发展状况统计报告》整理所得。

可见，网络时代的信息获取方式、消费方式等旅游需求正处于持续的动态变化中，游客对高品质旅游产品需求的不断扩大，迫切需要通过智慧旅游的建设，来提高游客的旅游感知和体验程度。因此，城市智慧旅游的建设应该以游客为核心，真正做到以游客需求为出发点，而不仅仅是技术和设备的大量投入，甚至造成资源浪费、设施闲置。当前，智慧旅游的建设应首先回归到了解游客的需求，其次通过技术层面的支撑和更加便捷的工具，提供游客所需的服务，提升旅游过程中的体验，实现供需结合。

3.1 旅游需求的发展与定义

作为旅游市场的重要研究板块，西方旅游学者对于旅游需求的研究始于20世纪60年代，研究文献主要侧重于对旅游需求模型与旅游需求预测的理论探索与案例研究。斯蒂芬·史密斯曾指出，需求有多种解释，旅游分析者所用的定义至少有四个。第一个定义是新古典主义经济学的定义，需求是以不同的具体价格进行消费的商品和服务的数量一览表；第二个定义为需求指实际消费；第三个定义是指潜在需求，即潜在消费水平同观察消费水平之差量。这种差量可能是由于供给不足、价格过高、安排不当或其他障碍所引起的；第四个定义是需求也用来指未来消费预测①。从未来

① Sevgin Akls. A Compact Econometric Model of Tourism Demand for Turkey [J]. Tourism Management, 1998, 19 (1): 99-102.

参与这一意义来讲，需求可以被看作是许多变量的功能，不仅仅是价格[①]。

我国对旅游需求的研究始于20世纪80年代，这时期的旅游需求研究以理论研究为主。目前国内所引用的旅游需求定义主要有以下三种：第一种是北京第二外国语学院的张辉教授的观点，“在一定时间里，旅游者具备一定支付能力和余暇时间所表现出的对旅游劳务需要的数量”[②]。第二种是谢彦君教授的观点，“一定时期内核心旅游产品的各种可能价格和在这些价格水平上，潜在旅游者愿意并能购买的数量关系”[③]。第三种是中山大学的保继刚教授的观点，“在一定时期内，一定价格上，旅游者愿意而且能够购买的旅游产品的数量，即旅游者对某一旅游目的地所需求的数量”[④]。但王艳萍分析了以上观点，指出其混淆了“旅游需求”和“旅游需求量”二者的概念，并认为旅游需求是一种态势，不仅包括“需求多少”问题，也包括“需求什么”的问题[⑤]。

本书从游客自身的旅游需求内容和资源供给角度，更多从旅游需求内容研究和定义旅游需求，即心理学意义上“需求什么”的问题，因此结合王艳萍的定义，认为旅游需求是指人们在特定的社会环境和经济条件下为满足某种目的而进行的游历、旅行的愿望和要求，以从中获得成就感、自信心及身心释放等需求，受参与者欲望的影响。旅游需求只是旅游者对旅游产品的购买欲望，并不是实际购买旅游产品的数量，但在特定的情况下会转化为现实需求。

需求常具有时效性，尤其是游客的旅游需求，常会因为时间的改变而产生新的需求产生，因此在发展智慧旅游时，应该随时掌握游客的旅游需求。

---

① Paul R. Saunders, Herman Senter, James Jarvis. Forcasting Recreation Demand in the Upper Savannah River Basin [J]. Annals of Tourism Researeh, 1981, 8 (2): 236 - 256.

② 张辉. 旅游经济学 [M]. 西安：陕西旅游出版社，1991：89 - 100.

③ 谢彦君. 基础旅游学（第一版）[M]. 北京：中国旅游出版社，1999. 76 - 123.

④ 保继刚，楚义芳，彭华. 旅游地理学 [M]. 北京：高等教育出版社，1993. 33 - 51.

⑤ 王艳萍. 对旅游需求概念及其影响因子分析的深度认识 [J]. 桂林旅游高等专科学校学报，2005，16 (3)：10 - 12.

3.2 旅游需求相关研究进展

3.2.1 国外旅游需求研究

国外学者大多通过建立旅游需求模型和定量分析方法体系等分析影响旅游需求的主要因素。根据本书的定义，主要对旅游主体——游客的需求进行研究。

1. 旅游需求影响因素研究

国外对旅游需求的影响大多从人口特征，如居住地、收入、年龄、教育程度等研究，此外还有目的地、价格等方面的影响。Bergstrom&Cordell（1991）提出旅游需求的决定因素包括人口、居住地、收入、年龄、价格等①。

行销大师 Kotler 提出影响旅游需求的因素可以归纳出四点，其中包括人口变数，即性别、年龄、收入、职业、教育等。Geoffrey Crouch 研究了 30 年来收入、价格对国际旅游的影响，发现价格、收入对国际旅游需求影响程度在不同的研究对象中会有大相径庭的结论②。

Isabel（2005）通过聚类分析、多重 Logit 回归模型对西班牙乡村旅游住宿类型的需求进行了研究，认为旅游者会选择乡村作为其旅游的目的地，很重要的一方面是为了品尝和体验到与众不同的乡村风味的特色食宿，满足游客对食宿的需求无疑可以扩大其宣传③。Royo - Vela M（2009）对西班牙乡村旅游者做了研究，他认为典型的西班牙乡村文化旅游者是受

① Bergstrom John C. & Cordell H. Ken. An Analysis of the Demand for and Value of Outdoor Recreation in United States [J]. Journal of Leisure Research, 1991, 23 (1): 67 - 86.

② 陶伟，黎碧茵. 国外游憩需求研究 20 年——《Annals of Tourism Research》所反映的学术态势 [J]. 热带地理，2005，25 (2)：128 - 137.

③ Isabel Pilar, Albaladejo Pine, Mari's Teresa Diaz Delfa. Rural Tourism Demand by Type of Accommodation [J]. Tourism Management, 2005, 26 (6): 951 - 959.

过教育的成年人，旅游目的主要是希望暂时远离日常生活，放松身心[①]。

2. 旅游需求预测模型的研究

国外对旅游需求的预测主要以定量分析为主，分析方法包括德尔菲法、逻辑推断法、回归模型法、时间序列法、计量经济学模型等。Ramesh Durbarry 和 M. Thea Sinclair 使用 AIDS 模型预测了法国人的旅游需求[②]。Song 和 Witt（2000），Song 等（2003）将传统 VAR 法应用于预测旅游需求和旅游就业[③]。Kuan－Yu Chen 等（2007）以 1985—2001 年到中国的旅游者为样本，研究应用了支持向量回归（SVR）新的神经网络技术，来预测旅游需求[④]。

3.2.2 国内旅游需求研究

目前我国大陆关于旅游需求的研究主要包括旅游需求影响因素和旅游需求预测两个方面。其中，学术界很少对影响旅游需求因素进行直接的阐述，主要从游客自身因素、目的地、客源地因素三部分进行分析。

1. 游客需求的研究

从个人层面对旅游需求影响分析中，同国外一样，大多从性别、年龄、受教育程度、职业、收入等因素分析旅游者的旅游需求。朱明芳（2005）为了了解广州居民不同人群之间在旅游休闲需求方面的差异及原因，对被访者基本人口特征与阻碍因素之间做了关联度的统计分析，结果表明在不同人群之间仍然存在差异[⑤]。滕丽等对中国 39 个城市的旅游需求

---

① Royo－Vela M. Rural－cultural Excursion Conceptualization：A local Tourism Marketing Management Model Based on Tourist Destination Image Measurement［J］. Tourism Management，2009，30（3）：19－428.

② Ramesh Durbarry. Market Shares Analysis：The Case of French Tourism Demand［J］. Annals of Tourism Research，2003，30（4）：927－941.

③ Koon－foo Wong，Haiyan Song，Kaye S. Chon. Bayesian models for tourism demand forecasting［J］. Tourism Management，2006（27）：773－780.

④ Chen K Y，Wang C H. Support Vector Regression with Genetic Algorithms in Forecasting Tourism Demand［J］. Tourism Management 2007（28）：215－226.

⑤ 朱明芳. 广东居民旅游休闲需求的实证研究［J］. 特区经济，2005（7）：175－177.

分类，深入分析了收入、旅游消费占收入的比例、区域旅游供给强度与交通条件4个因素对不同类型城市居民旅游需求的影响[①]。许春晓等（2006）发现长沙市居民城郊旅游需求以观光旅游和度假休闲为主要目的，不同职业群体旅游目的差异并不明显[②]。黄燕玲，黄震方（2007）研究南京城市居民休闲度假旅游需求，发现偏爱休闲度假的居民在旅游资源喜好、旅游活动偏好、购买行为、信息来源渠道、出游方式等方面与一般居民有明显差异[③]。

2. 目的地和客源地需求的研究

牛亚菲（1996）研究旅游供给与旅游需求的地域分布规律和空间联系特征，提出旅游需求与旅游资源正相关、同旅行距离成反相关的关系，并指出了旅游区位对旅游需求的影响[④]。苟自钧（2001）将旅游需求进行分类，根据不同的旅游需求对旅游资源、旅游产品进行开发设计[⑤]。彭华（2005）运用抽样调查方法，从客源地的出游偏好、居民出游时间对丹霞山的客源市场需求进行分析，从而预测出丹霞山客源市场旅游需求的发展趋势[⑥]。杨丽等（2009）从旅游需求的角度分析了旅行社产品同质化的原因，最后提出提高旅行社产品质量的建议[⑦]。

大多数学者针对特定类型的游客进行问卷调查，通过实地调研对旅游目的地和客源地进行实证研究，运用统计学方法进行实证分析，总结不同类型群体的需求特征，从而提出相应的对策。

---

① 滕丽，王铮，蔡砥．中国城市居民旅游需求差异分析［J］．旅游学刊，2004，19（4）：9-13.

② 许春晓，张欢，柴晓敏，等．城市居民城郊旅游需求的职业分异研究-以长沙市为例［J］．旅游学刊，2006，21（7）：75-78.

③ 黄燕玲，黄震方．城市居民休闲度假旅游需求实证研究-以南京为例［J］．人文地理，2007（3）：60-64.

④ 牛亚菲．旅游供给与需求的空间关系研究［J］．地理学报，1996，51（1）：80-87.

⑤ 苟自钧．旅游市场需求与旅游产品的开发设计［J］．经济经纬，2001（5）：91-93.

⑥ 巧彭华，赵飞，周婷婷．丹霞山客源市场旅游需求的调查与分析［J］．桂林旅游高等专科学校学报，2005，16（1）：30-35.

⑦ 丁杨丽，李帮义，兰卫国．旅行社产品低质量水平同质化的原因及其对策研究-从旅游需求的角度分析［J］．旅游论坛，2009，2（2）：254-257.

3. 多种类型旅游需求的研究

随着旅游业的不断发展和旅游产品类型的不断增多，不同类型旅游需求的研究也在不断增加。章怡（2005）[①]、周慧（2005）[②]、肖宁宁（2007）[③]、韩强（2009）[④] 分别对商务旅游需求、自驾车旅游需求、体育旅游需求、网络消费者旅游需求影响因素及特征进行了研究。

4. 旅游需求预测研究

国内对旅游需求的预测主要是借鉴国外旅游需求预测方法的基础上，做进一步的探索与分析。赵西萍等（1996）分析了三种国际上常用的旅游需求预测方法，并对旅游需求预测的研究趋势做了展望[⑤]。王娟、曾昊（2001）探究了人工神经网络作为一种新型的预测系统在旅游市场需求研究中的重要性[⑥]。孙睿君、钟笑寒（2005）运用旅行费用模型估计典型消费者需求函数与收益[⑦]。

3.2.3 智慧旅游游客需求研究

智慧旅游建设的核心是“为游客服务”，最终目的是通过技术手段的探索，为游客提供舒适、便捷的旅游体验，提高游客满意度，在建设过程中，要将游客的需求作为出发点，已经成为学界和业界的共识。近年来涌现出大量从游客需求角度研究智慧旅游的文献，主要包括以下两

---

① 章哈，林刚，李丰生．商务旅游需求影响因素分析［J］．黄山学院学报，2005，7（2）：60－63.

② 周慧．都市自驾车旅游市场需求特征研究－以长沙市为例［J］．长沙大学学报，2005，19（6）：25－27.

③ 肖宁宁，郭芙茉．黑龙江省不同年龄群体体育旅游需求状况调查分析［J］．广州体育学院学报，2007，27（6）：57－59.

④ 韩强．旅游网络消费者旅游需求特征及营销对策研究［D］．中国海洋大学，2009.

⑤ 赵西萍，王磊，邹慧萍．旅游目的地国国际旅游需求预测方法综述［J］．旅游学刊，1996（6）：28－32.

⑥ 王娟，曾昊．人工神经网络：一种新的旅游市场需求预测系统［J］．旅游科学，2001（4）：24－27.

⑦ 孙睿君，钟笑寒．运用旅行费用模型估计典型消费者的旅游需求及其收益：对中国的实证研究［J］．统计研究，2005（12）：34－39.

个方面。

1. 智慧旅游背景下游客行为模式研究

智慧旅游时代，旅游信息的透明化和旅游产品预订的便捷化，使游客不再依赖传统的旅行社模式，越来越多的通过网络渠道开展旅游活动，自由行已经成为未来发展的趋势，散客市场空间巨大。市场和游客需求的变化，带动游客行为模式的变化，因此越来越多的学者通过问卷调查，从旅游行为模式分析游客旅游需求。王俊等（2012）结合问卷分析结果，指出智慧旅游时代，丰富的网络信息，使旅游者在收集信息方式、线路选择、出游时间、旅游方式及旅游范围方面均发生了很大的变化。旅游者大多通过网络获得旅游资讯，路线选择、旅游方式、旅游范围、旅游预订受携程网、途牛网等第三方旅游电商平台影响较大，团购旅游产品也在增多①。王刚等（2015）通过访谈法和参与式观察，从信息搜索渠道和信息搜索内容两个方面总结了自助旅游者信息搜寻行为特征。在结伴自助旅游中，对网络依赖度高的是组织者，但食宿信息主要是通过旅游目的地驴友获得；组织者和参与者所关注的搜索内容大相径庭②。王莹莹（2015）主要从出行方式、信息搜集渠道、旅游时间、旅游伙伴和旅游目的地等方面研究智慧旅游背景下游客出行的消费决策行为。游客在旅游中最基本需求大致可以分为：线路的设计、餐厅和酒店的预定、交通的选择、旅游景区门票的购买、保险的购买、签证的办理、路况的提醒以及旅行中的服务③。

孙悦（2017）认为智慧旅游已经进入大数据时代，可以通过大数据获得游客的基本信息、旅游动态、旅游需求，进而对不同特征人群进行分析、研究，旅游景区应根据游客的需求和偏好来调整和创新经营模

---

① 王俊，刘邵宁．智慧旅游时代旅游者消费行为倾向研究［J］．科技致富向导，2012（21）：60－60.

② 王刚，等．对自助旅游者信息需求与智慧旅游信息提供的研究启示［J］．旅游世界·旅游发展研究，2015（3）：75－80.

③ 王莹莹．基于智慧旅游时代旅游者消费行为的旅行社发展应对策略研究［D］．河南大学，2015.

式[①]。赵芸（2017）从确认需求、搜集信息、评价选择、购买决策、购后评价五个阶段，分析了智慧旅游背景下，游客消费行为的改变，主要表现为旅游需求更主动，决策更迅速；信息获得方式更加便捷，渠道呈现多样化趋势；可以通过网络全程、全方面进行评价；智慧旅游背景下，信息的公开、透明，使游客的决策更加理性化；购后评价主要通过社交网络分享实现。最后，针对以上五个步骤，提出了有针对性的营销策略[②]。

2. 基于游客需求的旅游业发展对策和产品创新研究

研究游客需求是为了促进智慧旅游有序、快速的发展，在分析游客需求变化的基础上，学者们开始“精耕细作”，研究进一步深入到旅游目的地、景区、旅行社等细分领域，以寻求有针对性的旅游产业发展对策和产品创新途径。旅游目的地方面，陈彦（2015）将旅游目的地看成综合产品，认为游客的旅游诉求主要包括旅游产品和平台，即旅游六要素的全面智慧化和便于操作的一站式网络平台，在此基础上构建了以服务游客为核心的“智慧旅游”发展思路[③]。旅行社方面，王莹莹（2015）在研究游客消费决策行为、消费需求行为的基础上，提出了应该提高旅行社产品质量、扩大市场占有率、大力发展出境游、完善产品销售渠道等旅行社应对智慧旅游发展的对策。

智慧旅游应用平台方面，曹洋洋等（2014）从游客需求出发，通过问卷调查，统计游客对智慧旅游应用平台感知的重要性得分和满意度得分，并进行IPA分析，总结各个应用系统的重要性和存在的问题，从而为智慧旅游应用平台的建设提供有的放矢的建议[④]。周文丽等（2017）通过问卷调查，分析了智慧旅游背景下乡村旅游游客的消费特征，指出当前乡村旅

---

① 孙悦．大数据引领智慧旅游发展新模式［J］．中国商论，2017（3）：62－63.

② 赵芸，李雷．智慧旅游背景下游客的消费行为分析［J］．中国商论，2016（7）：120－122.

③ 陈彦．构建以服务游客为核心的“智慧旅游”发展思路探析——以江苏省淮安市为例［J］．黑河学刊，2015（3）：1－3.

④ 曹洋洋，王蕾．新媒体背景下游客对智慧旅游应用平台系统感知研究［J］．旅游纵览，2014（11）：35－37.

游APP覆盖范围小、知名度不高、服务不能满足游客需求等问题，提出加大宣传力度、提供更全面信息、首要解决住宿和交通问题、重视游客点评、改变广告推动方式等对策[①]。

基于游客需求的智慧旅游发展策略是当前研究成果较多的方向。田璐等（2014）以山西皇城相府为例，构建游客智慧旅游满意度指数模型，分析出“智慧旅游的基础建设”是对游客满意度影响最大的因素，并据此为景区的发展提供建议[②]。张红英（2015）以无锡灵山景区为例，从游客对智慧旅游的感知、期望服务、期待程度、对景区智慧旅游的接受程度等方面分析游客的需求特征。根据调研统计结果，提出了智慧景区的营销策略[③]。阚如良等（2016）指出到访前信息搜寻与决策、游览中体验和游览后评价分享三个不同阶段，游客对于智慧景区的需求截然不同。到访前，主要是游览咨询和景区预览的需求；到访中，以快速排队、景区畅游、互动体验、便捷消费为主要需求；游览后，变为景区评价和旅游分享需求。针对不同阶段游客需求特征，构建了智慧景区管理的内容和构架[④]。

综上所述，对于旅游需求内容的研究往往包括了信息来源渠道、出游组织方式、出游交通工具、停留时间、旅游消费结构等旅游需求影响因素，对游客心理层面上的需求，如需要提供哪些智慧旅游服务、智慧旅游平台是否需要建设、建设过程中存在哪些问题等，内容涉及较少。因此，本书旨在从游客心理层面来探讨，构建合理的量表，结合深度访谈，更注重对旅游需求内容的研究。

---

① 周文丽，孙丰达．乡村旅游APP使用意愿及开发对策研［J］．齐鲁师范学院学报，2017，32（3）：75－83，149.

② 田璐，等．基于SEM的智慧旅游满意度研究——以山西皇城相府为例［J］．国土与自然资源研究，2014（4）：83－86.

③ 张红英．无锡灵山景区智慧旅游的需求特征及营销策略研究［J］．中国商论，2015（36）：7－10.

④ 阚如良，等．基于游客消费行为的景区智慧管理研究［J］．三峡论坛：三峡文学·理论版，2016（2）：96－101.

3.3 游客智慧旅游服务需求调查结果及分析

3.3.1 问卷设计与调查

1. 问卷设计

为了准确了解游客对智慧旅游的需求和体验情况，更准确地发现城市智慧旅游建设的问题，掌握第一手资料，在借鉴相关文献的基础上，设计了“游客智慧旅游需求调查问卷”。此问卷由四个部分共13道问题组成，第一部分为游客基本信息，包括性别、年龄、受教育程度、月收入水平；第二部分主要是了解游客对智慧旅游的认知程度，是否了解智慧旅游、获得旅游咨询的途径、体验过的智慧旅游服务以及对智慧旅游的理解；第三部分为基于李克特量表的游客智慧旅游应用平台系统感知研究，将非常不重要、不重要、一般、重要、非常重要五个刻度，分别记为1分、2分、3分、4分、5分，以便于统计分析。第四部分调查游客智慧旅游体验存在的问题和改进建议。

2. 问卷的发放与回收

（1）调研地点选择

本次调研选择在洛阳市龙门石窟景区发放，龙门石窟景区作为智慧景区的典范和先行者，已经成为行业智慧旅游发展的标杆，较好的智慧旅游体验有助于游客更好地理解问卷内容，从而有效填写问卷，提高问卷的回收率。根据2016年公布的龙门石窟智慧旅游大数据报告显示，龙门石窟景区客源地分布较广，河南省省内游客数量最多，省外游客主要集中在经济较发达的京津、长三角、珠三角城市群，以及陕西、山西、湖北、山东、安徽、河北等周边城市，几乎涵盖了全国各省（市）自治区。因此，在龙门石窟景区随机发放问卷，样本来自全国各个地区，具有一定的代表性，能够反映出不同城市、不同层次游客对于城市智慧旅游服务的需求。

表 3-2　2015 年 7 月至 2016 年 7 月龙门石窟游客来源

游客总数排名	省市	游客总数排名	省市
1	河南	6	湖北
2	广东	7	江苏
3	北京	8	山西
4	陕西	9	河北
5	山东	10	上海

（2）问卷的发放与回收

问卷调查主要集中在 2017 年 4 月 20 日至 2017 年 4 月 30 日，在龙门石窟白园出口处随机向游客发放问卷。为了保证所得数据的真实性和有效性，填写过程中，对于游客不理解的题项，及时进行解释，当场回收后检查问卷，尽量避免漏填情况。同时，征得部分旅游者同意，对其进行了深度访谈，以深入游客的智慧旅游体验。本次调查共计发放调查问卷 300 份，回收 291 份，回收率为 97%，其中有效问卷为 275 份，有效率为 94.5%。用 SPSS 和 Excel 对问卷内容进行统计分析，得出相应的数据。

3.3.2　游客人口学特征分析

通过 Excel 和 SPSS 软件统计对有效问卷进行分析，男性游客 145 人，占 52.73%，女性游客 130 人，占 47.73%，男性游客多于女性游客，就整体而言，男女比例较为均等。在所有被调查的游客中，年龄阶段在 19—24 岁的有 125 人，占 45.45%，年龄阶段在 25—44 岁的有 70 名，占 25.45%，这两个年龄阶段的游客占总数的 70.90%。究其原因，在调查过程中，老年人很少有智慧旅游体验，对问卷中的问题很难客观回答；中年人大多带着孩子来游玩，且相对来说警惕性高，不愿意填写问卷；而年轻人，是互联网和现代通信工具的主要使用者，更易于接受和使用新兴的网络技术，已经开始利用移动终端设备开展旅游活动，智慧旅游体验度较高，参与调查的热情较高，所以，调查样本中，中青年游客较多，他们是当前智慧旅游的体验主体，也在一定程度上反映今后的游客智慧旅游需求。

从被调查游客的学历来看，大多集中在大专及本科，占76.36%，初中及以下占7.27%，高中占5.45%，研究生及以上的比例略高于初中及以下和高中，占10.90%，可以看出，游客的受教育程度普遍比较高，有一定的文化背景。而从被调查者职业分布来开，职业相对分散，其中，学生共90人，占32.73%，企事业单位工作人员和服务业人员次之，分别占16.36%和12.73%，教育工作者和公务员均占7.27%，个体营业户占5.45%，退休人员、农民、军人、自由职业者、文体工作者人数相对较少，均占3.64%，样本的职业结构合理，可以为旅游业制定有针对性的营销策略提供数据依据。从收入构成方面来看，2001—4000元最多，占40.73%，4000元以上共占31.64%，2000元以下大部分为大学生，可以看出，虽然被调查游客的经济基础有一定差距，但均有外出旅游的需求。调查样本在不同人口特征均有分布，符合统计需求和软件操作需要，有一定的代表性。

表3-3 游客人口特征统计

基本属性	类别	样本数（人）	百分比（%）
性别	男	145	52.73
	女	130	47.27
年龄	18岁以下	5	1.82
	19—24岁	125	45.45
	25—44岁	70	25.45
	45—65岁	65	23.64
	65岁以上	10	3.64
受教育程度	初中及以下	20	7.27
	高中	15	5.45
	大专及本科	210	76.36
	研究生及以上	30	10.90
职业	农民	10	3.64
	军人	10	3.64
	学生	90	32.73
	服务业人员	35	12.73
	教育工作者	20	7.27

续表

基本属性	类别	样本数（人）	百分比（%）
职业	自由职业者	10	3.64
	企事业单位人员	45	16.36
	公务员	20	7.27
	文体工作者	10	3.64
	个体营业户	15	5.45
月收入	2000 元及以下	76	27.64
	2001—4000 元	112	40.73
	4001—6000 元	52	18.91
	6000 元及以上	35	12.73

3.3.3 游客智慧旅游需求分析

1. 游客对智慧旅游的认知情况分析

（1）智慧旅游了解情况

当被问及是否知道智慧旅游，56.73%的游客选择“不知道，第一次听说”，34.18%选择“听说过，具体是什么不清楚”，9.09%游客选择“知道，并清楚具体内容”，可以看出，虽然智慧旅游的建设如火如荼，游客也在一定程度上体验到了部分智慧旅游项目，但是智慧旅游的概念并未普及，大部分游客并不了解，也不清楚体验的智慧化服务属于智慧旅游的建设范畴。

（2）智慧体验情况分析

获得旅游信息的途径中，60%游客选择了媒体网络，主要是通过互联网、智能手机或平板电脑等移动智能设备获取旅游信息，已经成为游客获得旅游信息的首选媒介，18.91%选择了亲朋好友推荐，15.27%选择旅行社咨询，5.82%的游客通过电视广告及报纸杂志。从统计结果可以看出，更多的游客倾向于通过网络新媒体了解旅游信息，而不是通过旅行社咨询和电视广告、报纸杂志等传统的方式。在访谈过程中，游客表示，身边亲朋好友的推荐是获得旅游咨询的重要方式，但当前更多的是通过微博、微信、QQ 中亲朋好友的分享了解旅游信息，因此将这种方式选择为媒体网络选项。在网络媒体方式中，游客表示更倾向于通过携程网、艺龙网、途牛旅游网、飞猪旅行、马蜂窝旅游网等第三方网站了解旅游信息，参考其他游客的旅游攻略、游记、评价，从而筛选出需要的旅游信息，进行旅游产品的预订。游客很少通过政府和景区的官方网站、微博、微信了解旅游信息，首先，认为其知名度不高，吸引力不够大，更多的是官方性质的宣传资料，旅游信息同第三方网站相比，不够全面、丰富；其次，游客去旅游目的地往往是到此一游，第三方网站的旅游信息已经满足其需求，手机里关注的公众号已经很多，不愿意为了一次出游而关注更多的公众号。因此，政府和景区的官方网站、微博、微信在今后的内容设计、宣传中，要注意针对游客需求进行有针对性的提升，以提高游客的使用率。

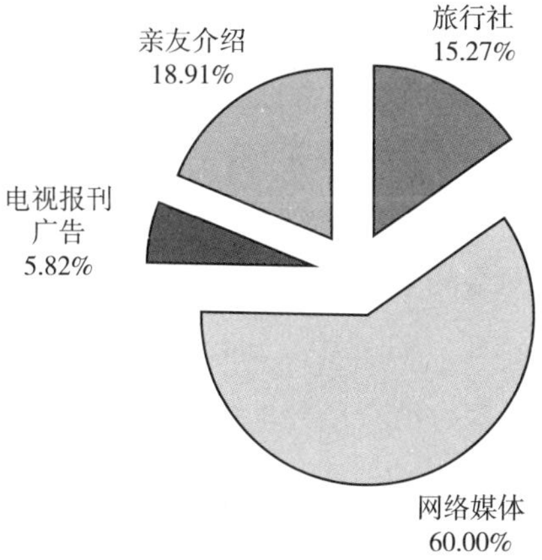

图 3－1 游客获得旅游信息的途径

了解游客使用网络提供的哪些服务，有助于分析游客智慧旅游的参与程度，通过此题的选项，结合自身体验，加深被调查者对智慧旅游的认知，有助于问卷后续内容的有效填写。从结果来看，分别有 82.91%、78.91%、70.18%游客选择了酒店预订、搜索查询相关信息、交通票务预订，仅仅浏览、购买旅游度假产品比例分别是 23.27%和 21.45%，与前者相差较大。可以看出，大部分游客已经在不同程度上体验过智慧旅游服务，但当前智慧旅游的应用并未普及，游客使用的仍然是住宿、交通的预订以及信息搜索等服务，众多为旅游业细分服务而开发的智慧旅游应用项目利用率不高，推广度不够。

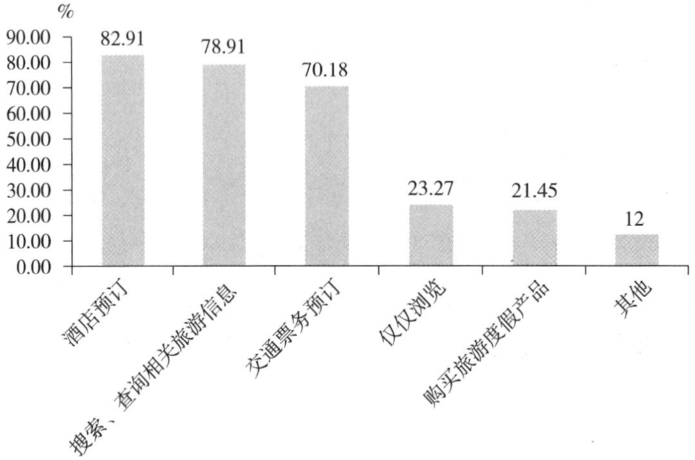

图3－2　游客使用的网络服务

（3）需要智慧旅游提供的服务类型

需要智慧旅游提供的服务方面，调查统计结果显示，选择便捷的旅游信息查询、免费无线网络的全覆盖、门票、住宿等旅游产品预订的比重分别达到87.64%、86.18%、83.64%，远远高出其他选项。游客从信息获取到旅游产品的预订等旅行消费已经非常依赖网络媒介，无线网络的全覆盖则是满足其需求的基本依托，如何让游客便捷获取信息、预订产品则是智慧旅游建设中需要重点考虑的问题。紧随其后的是旅游线路规划、周边景点、酒店、特产等推荐、导航服务，比例分别达到76.73%、73.82%、73.09%，游客到达旅游目的地后，所获得的往往是当地知名景点的信息，很难获得周边景点、酒店、纪念品等相关信息，能够向游客推送相关信息的手机软件很少，信息不对称现象依然存在；游客通过手机查询地图导航或者车载GPS导航，搜索出的交通线路不够准确，及时性不够强，在景区内游览，只有少数景区有电子导航图，但功能不完善，操作不便；如何提升线路规划、信息推送和导航服务，提供精准的信息服务，也是智慧旅游建设中亟须解决的问题。选择电子自助导游和便捷交通应用软件的游客分别占68.36%、60.00%，游客对于知识和教育方面的需求逐渐增加，因此更愿意通过电子自助导游获得目的地和景区的相关信息；交通应用软件主要是便于在旅游目的地的出行，游客表示，北京等城市都已经开发了实时公交、北京地铁APP等软件，实现公交、地铁运行状况的实时查询，方便游客的智慧出行，而很多城市未建设相关项目，游客在异地出行很不方便。如何优化电子自助导游和交通应用软件，也是智慧旅游建设中需要关注的问题。57.09%游客选择需要社交分享的需求，他们希望能够随时与好友互动，分享旅游经验，在智慧旅游应用平台的建设中，要适当设置相关栏目。分别有36.36%、29.09%、27.27%的游客选择客流疏导、安全监管、旅游咨询热线、便捷的智能结账系统，虽然所占比例不大，但可以看出已经呈现多样的个性化需求，是智慧旅游未来发展的方向。21.82%的游客选择了其他，在访谈内容统计中，主要包括实时旅游信息发布服务、智能停车场服务、智慧旅游公交卡、充电桩等旅游设施的增加、虚拟旅游等，满足游客多样化的需求，为智慧旅游的建设提供了更多的思路。

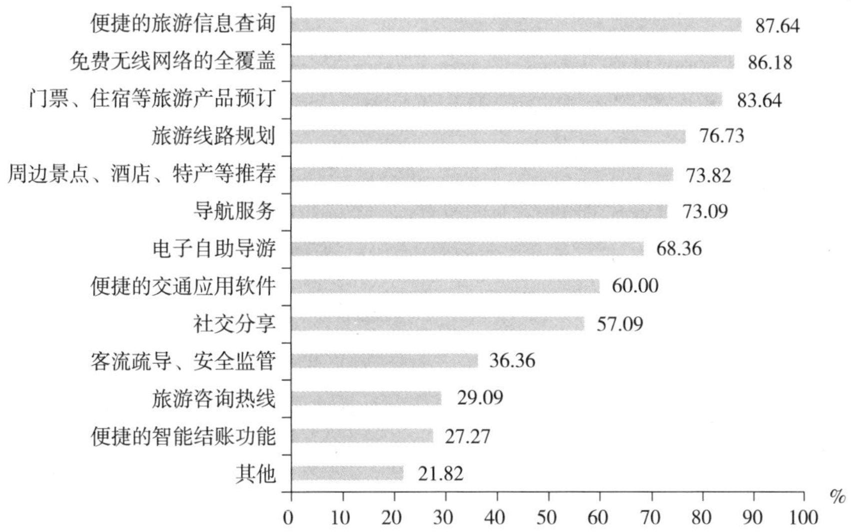

图3-3 游客需要“智慧旅游”提供的服务

2. 游客智慧旅游应用平台系统感知分析

按照游客“了解旅游目的地——到达旅游目的地——旅游目的地游览——离开旅游目的地”全过程中的关键节点，找出旅游前、旅游中、旅游后三个阶段中比较重要的应用平台系统，构成智慧旅游应用平台系统问卷的内容，以了解游客在旅游过程中对各个应用平台的需求。其中，问卷内容包括游前对应用系统重要性的期望值和实际体验值评价，通过李克特量表进行打分，更加客观的了解游客需求，有助于在智慧旅游建设中发现目标偏离，及时调整。

在应用平台系统重要性排序中，免费的无线网络全覆盖平均值为4.13，周边旅游信息智能推送系统、旅游动态信息发布系统、方便在线预订、自助导游讲解系统平均值在3.9～3.99，这与游客需要“智慧旅游”提供服务问项的统计结果基本一致，再次说明，以上应用项目是智慧旅游建设的重中之重。旅游规划系统、景区电子门票和电子门禁平均值均在3.8～3.9，实时的旅游行程规划系统能够给游客在旅游目的地的出游带来极大的便利，电子门票和电子门禁选项，游客认为电子门票比较方便购买，且节约排队买票的时间，特别是年轻的游客，更倾向于通过微信或者支付宝消费，不愿意带大量现金，电子门票就显得尤为重要。智能停车场管理系统、便捷的智能结账系统、手机旅游应用软件的平均值均在3.6～3.7，自驾游游客普遍存在停车难、收费慢、找车难的问题，需要通过智能停车场来解决，便捷的智能结账系统和针对细分市场、多样化的手机旅游应用软件也是游客旅游过程中需要的。智慧旅游游客咨询中心、客流引导控制系统、酒店自助入住/退房系统、旅游官网网站平均值在3.5～3.6，12301等旅游投诉平台平均值为3.45，虚拟旅游体验系统、安全防护监控系统、智能点餐系统、酒店智能客房系统平均值在3.4以下，可以看出以上应用平台系统中，与游客出行过程中刚性需求有关，如携程网、艺龙网、飞猪旅行网等一站式服务的网络营销平台对其屏蔽作用比较明显，游客精力有限，虽然有需求，但是以上系统缺少知名度或没有为游客的出行带来直接的益处，因此，短期内旅游需求较低，但这可以作为未来智慧旅游优化、提升的方向。

游客体验智慧旅游后，对应用平台系统满意度排序中，满意度平均值最高的是客流引导控制系统，为3.67，景区电子门票和电子门禁、旅游行程规划系统、方便在线预订、智能点餐系统的平均值均在3.6以上，自助导游讲解系统、虚拟旅游体验系统、智慧旅游游客咨询中心、酒店自助入住/退房系统的平均值均在3.5～3.6，酒店智能客房系统、便捷的智能结账系统、旅游官网网站、智能停车场管理系统的平均值均在3.4～3.5，免费的无线网络全覆盖、周边旅游信息智能推送系统，平均值分别为3.29和3.27，手机旅游应用软件、旅游动态信息发布系统、12301等旅游投诉平台、安全防护监控系统的平均值均在3.2以下。可以看出，游客对于客流引导系统、智能点餐系统、虚拟旅游系统、游客咨询中心、酒店自助入住和退房系统、智能客房，需求和期望较低，在体验过程中，对其要求不高，因此表现出来较高的满意度。而旅游需求平均值排名前三的免费无线网络全覆盖、周边旅游信息智能推送系统、旅游动态信息发布系统，满意度较低，差值较大。其他应用平台的需求和实际体验差距相对较小。

通过比较重要性平均值和满意度平均值，可以看出，总体而言，游客对应用平台系统的期望值要高于体验后的满意度。其中，客流引导控制系统、虚拟旅游体验系统、酒店智能客房系统、智能点餐系统四者的游客需求较低，部分游客对其并不了解，在评价过程中，满意度要高于期望值，旅游体验超过了旅游需求。而其他系统的体验平均值均低于游客需求平均值，可见，游客对新兴技术旅游方式的改变，有较强的期待，其中，免费无线网络全覆盖、周边旅游信息智能推送系统、旅游动态信息发布系统差值较大，这些都是在智慧旅游建设中亟待优化的项目。

表3－4　游前需求和游后满意度平均值

智慧旅游项目	重要性平均值	满意度平均值	重要性平均值－满意度平均值
免费的无线网络全覆盖	4.13	3.29	0.84
旅游行程规划系统	3.89	3.63	0.26
智慧旅游游客咨询中心	3.57	3.51	0.06
手机旅游应用软件	3.61	3.21	0.4
景区电子门票和电子门禁	3.82	3.66	0.16
旅游动态信息发布系统	3.92	3.20	0.72
自助导游讲解系统	3.90	3.58	0.32
客流引导控制系统	3.55	3.67	－0.12

续表

智慧旅游项目	重要性平均值	满意度平均值	重要性平均值－满意度平均值
安全防护监控系统	3.36	3.07	0.29
虚拟旅游体验系统	3.37	3.54	-0.17
周边旅游信息智能推送系统	3.99	3.27	0.72
酒店自助入住/退房系统	3.55	3.51	0.04
酒店智能客房系统	3.29	3.46	-0.17
智能点餐系统	3.34	3.60	-0.26
智能停车场管理系统	3.68	3.41	0.27
便捷的智能结账功能	3.67	3.46	0.21
方便在线订购（景区门票、酒店、机票等）	3.92	3.61	0.31
旅游官网网站	3.54	3.43	0.11
12301 等旅游投诉平台	3.45	3.13	0.32
总平均值	3.66	3.43	0.23

3.3.4 智慧旅游游后满意度和游前需求 IPA 分析

“重要性—表现程度”分析法（Importance performance Analysis，IPA）由 Martilla & James（1977）提出，因其直观易懂、操作方便、便于分析，而迅速被应用于服务型行业。为了进一步通过满意度和重要性平均值的差异，分析游客旅游需求，明确智慧旅游建设中应优先改进的项目，以表 3-4 中数据为基础，对满意度平均值和重要性平均值进行 IPA 分析。19 个项目重要性和满意度平均值分别为 3.66 和 3.43，以（3.66，3.43）为原点，重要性为横轴，满意度为纵轴，通过 SPSS 软件制作二维坐标图，整个图表分为四个象限，各个应用平台系统按照其重要性和满意度的平均值确定其坐标位置。

IPA 分析图中，第Ⅰ象限为继续保持区，是客人非常重视，同时对从业者绩效感到满意的产品或服务，相应的对策是继续保持；第Ⅱ象限为客人不重视，但是产品或服务所表现的服务，让客人比较满意，对此类产品或服务，适宜顺其自然；第Ⅲ象限为客人不重视，同时对产品或服务不满意，属于优先顺序较低区域；第Ⅳ象限是游客重视，但满意度不高的产品

图3-4 IPA定位分析图

或服务，应当作为加强和改善的重点区。图3-5是本书中游客智慧旅游需求的期望值与实际体验满意度IPA分析的具体情况。

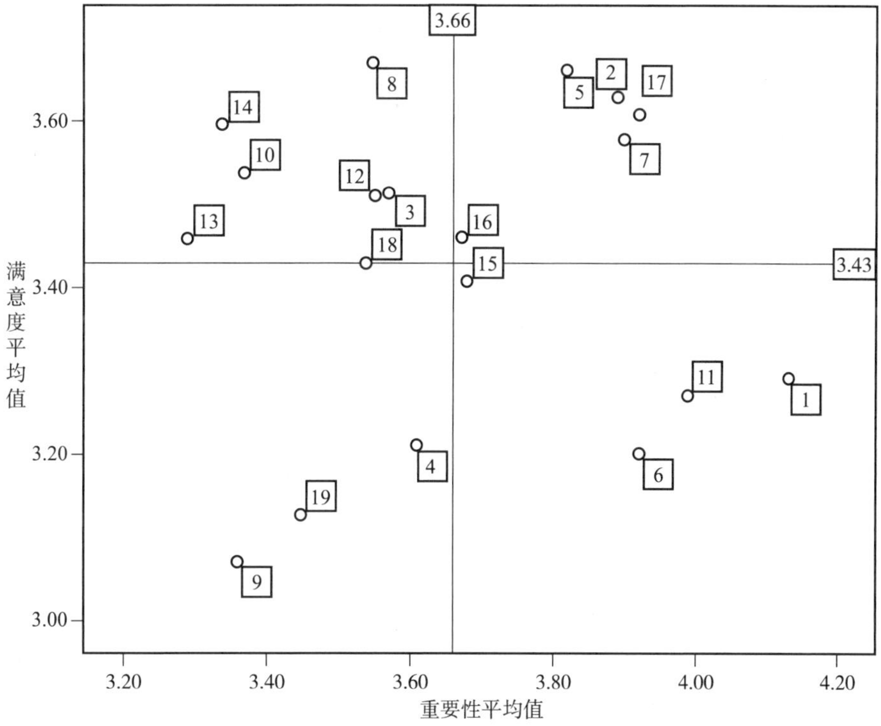

图3-5 游后满意度和游前需求IPA分析图

注：1. 免费的无线网络全覆盖 2. 旅游行程规划系统 3. 智慧旅游游客咨询中心
4. 手机旅游应用软件 5. 景区电子门票和电子门禁 6. 旅游动态信息发布系统
7. 自助导游讲解系统 8. 客流引导控制系统 9. 安全防护监控系统
10. 虚拟旅游体验系统 11. 周边旅游信息智能推送系统 12. 酒店自助入住/退房系统
13. 酒店智能客房系统 14. 智能点餐系统 15. 智能停车场管理系统
16. 便捷的智能结账功能 17. 方便在线订购（景区门票、酒店、机票等）
18. 旅游官网网站 19. 12301等旅游投诉平台

1. 继续保持发展的项目

第Ⅰ象限内的点表示游客重视且满意的项目，本次调查中，位于此象限的项目有：旅游行程规划系统、景区电子门票和电子门禁、自助导游讲解系统、便捷的智能结账功能、方便在线订购（景区门票、酒店、机票等）。这些项目已经取得了较好的成果，在今后的建设中应当继续保持、不断完善。

在访谈中，游客对以上项目的改进方向也提出了相应的建议。旅游行程规划系统方面，大部分游客反映智能更多的是在第三方网站上查询信息，缺少知名度高、专门针对旅游目的地设置的旅游规划系统。

景区电子门票和电子门禁方面，游客的体验度较高，因此对此也有较多的意见。游客纷纷表示，由于信息的不对称，会出现捆绑消费、信息错误、操作不便等现象，网上购票除了进园速度比较快，其他方面与现场买票没有区别。以龙门石窟为例，美团上推出 108 元套餐，绑定了收费语音讲解，很多游客购买时并不知情，但在实地游览过程中，可以通过景区 APP 接收到免费的讲解服务，感觉受到了欺诈；网站显示的门票相关信息与实地门票信息不统一，导致错误现象频发，龙门石窟景区电子门票显示营业时间截止到 21 点，有游客特地选择傍晚去参观，却被告知 18 点就闭园了，只能无奈而归，而电子订单显示已经消费，只能联系客服进行退款；电子门票的一个弊端是，如果景区有很多个独立景点组成，要多次扫码。在龙门游览的游客表示，电子门票在入口处刷过后，到香山寺景区刷票入园时，系统显示二维码失败，联系客服后，几个小时才能解决问题，服务效率较低，严重影响了旅游体验。

自助导游讲解系统方面，游客认为存在的主要问题也比较多。内容层面上，与人工导游相比，讲解内容过于简单、不够生动、趣味性不足，机械式、单调的讲解，仅仅停留在文化普及层面上，不能让游客更好地理解景区的文化内涵，难以满足游客求知的需求；讲解方式层面上，还停留在传统的语音讲解方式上，形式不够多样，部分游客表示可以通过添加背景音乐、增加视频讲解等方式来创新讲解形式，后期能够与游客进行互动，并智能回答问题；范围覆盖层面上，电子导游系统往往只有主要景点内容的讲解，不够全面。例如，龙门微信平台上的免费语音讲解，包括了西山石窟，东山石窟和香山寺在内的大部分景点，却没有白园的电子讲解，很多游客认为白园值得一看，没有讲解是一种遗憾；操作层面上，当前的电子导游讲解系统大部分是显示景区全景图，游客手动操作，点击景点后才能进行讲解，定位和导航功能较弱；宣传层面上，部分游客表示，不知道景区提供自助导游讲解系统或者听说过，但不知道怎么使用，宣传力度不够大，知名度需要提高。

便捷的智能结账功能和方便在线订购（景区门票、酒店、机票等）方面，游客希望实现吃、住、行、游、购、娱一体化便捷旅游，认为这是未来智慧旅游的发展方向，但当前体验度较低，能够在线预订车票、门票和酒店已经基本满足了当前的需求。

2. 加强改进的项目

第Ⅱ象限内的点表示游客不重视但是满意的项目。本次调查中，位于此象限的项目有：智慧旅游游客咨询中心、客流引导控制系统、虚拟旅游体验系统、酒店自助入住/退房系统、酒店智能客房系统、智能点餐系统、旅游官方网站。智慧旅游建设还处于初期阶段，游客对智慧旅游的期待还处于最基本的需求，从而弱化了对较高层次需求的整体期望。但随着智慧旅游项目的普及，将会带动游客对此方面需求和期望的变化，是后续可以加强改进的项目。

在访谈中，游客表示，虽然游客咨询中心在城市和景区已经基本覆盖，但很难发挥有效作用，如洛阳火车站对面的旅游资讯中心，触摸屏长期黑屏，服务人员不热情，很多设施均处于闲置状态；景区的游客咨询中心，更多的是实现卖票功能，设施闲置比较严重，很难吸引游客停留，因此，对此项目期待并不高。

客流引导控制系统、虚拟旅游体验系统、酒店自助入住/退房系统、酒店智能客房系统、智能点餐系统方面，游客表示对这些项目有体验的欲望，但从目前看来，仅仅是旅游过程中锦上添花的项目，不是必备项目。

旅游官方网站建设方面，同本研究中“获得旅游信息途径”的分析相契合，游客很少通过政府和景区的官方网站、微博、微信了解旅游信息。为探究为何对游客吸引力小的原因，以龙门石窟为例，对其官网、官方微信、微博进行了分析。龙门石窟官网还是以政务公开和景区宣传为主；微信平台侧重于景区宣传和推广，忽视了满足游客周边信息和景区动态的需求，大部分文章的阅读量基本在200～300人次，点赞数最多为几十个人；官方微博于2012年开通，虽每天均有更新，但粉丝只有4万人，评论量和点赞数大多为个位数，很难与粉丝有效互动。如何最大程度发挥旅游官网的作用，也是智慧旅游建设中需要考虑的问题。

3. 适当开发的项目

位于第Ⅲ象限的点表示游客不重视也不满意的项目，主要包括手机旅游应用软件、安全防护监控系统、12301等旅游投诉平台三项。很多游客表示并未使用过以上系统，没有听说过12301旅游投诉平台，更谈不上了解，因此，以上项目的诉求未普及，期望值和满意度相对来说较低。但随着智慧旅游的快速发展，如何开发更多的应用软件、怎样确保游客安全、如何通过信息化技术处理投诉等都是今后旅游发展过程中即将面临的问题，所以也是智慧旅游中需要关注、适当开发的项目。

4. 重点改进的项目

第Ⅳ象限内为游客重视但是却满意度不高的项目。本次调研中包括免费的无线网络全覆盖、旅游动态信息发布系统、周边旅游信息智能推送系统、智能停车场管理系统四项。对于以上项目，游客高度重视，但是旅游体验却不能满足需求，直接影响游客对旅游满意度的评价，是在智慧旅游建设中需要重点改进和完善的应用系统。

鉴于对以上系统的需求度较高，在深度访谈中，游客反映此方面问题也较多。在免费的无线网络全覆盖方面，中青年游客对无线网络依赖度很高，普遍表示，当前旅游过程中，移动数据信号普遍较好，但无线网络并未完全覆盖。部分发展较好的景区虽然实现了无线网络全覆盖，但基本上很难连接上，或者无线信号很弱，网速很慢，难以使用。以龙门石窟景区为例，虽然在国内率先建成Wi－Fi全覆盖的大型景区，但据游客反映，无线网络常年不稳定，旅游淡季勉强可以使用，旺季时，远远不能满足游客的上网需求，其他景区无线网络的覆盖和便捷使用就更难实现。

旅游动态信息发布系统和周边旅游信息智能推送系统方面，游客表示，当前获得的旅游信息时效性不够强，不便于出行；旅游计划提早完成时，很难获得周边旅游信息，不能有效利用时间。

智能停车场管理系统方面，自驾游游客表示，目前很多景区管理方信息共享不透明，不能及时公示剩余车位数，疏散车流不及时，特别是节假日期间，拥堵比较严重，造成停车需要等待较长时间，离开时找车也要花费很长时间。希望今后能够实现线上缴费，即开即进，即出即走。

3.3.5 智慧旅游制约因素分析

在旅游过程中，影响游客使用智慧旅游应用系统的因素中，68.73%的游客选择“网络旅游信息的不可靠”，如景区开放时间错误、门票信息不准确、交通线路有误、旅游网站的捆绑消费和虚假宣传等。66.91%的被调查者认为“个人信息、支付手段等的安全问题”是比较重要的制约因素，他们担心个人信息会被泄露，担忧支付手段有漏洞，造成财产损失。56.73%的游客选择“网络服务不完善”，首先，无线网络很难实现全覆盖。在旅游目的地使用手机APP软件操作时，需要使用手机流量现场下载，速度慢、费流量，使游客不愿意尝试。其次，很多应用系统网络信息不够全面。再次，在消费过程中，旅游投诉途径不畅通，解决问题不及时。30.55%的游客选择“习惯于传统的旅游方式”，这部分游客年纪比较大，尝试新技术的意愿不够强烈，这也是未来智慧旅游需要进一步开发的客户。25.45%的被调查者选择“应用软件的操作难易程度”，旅游相关应用软件未来应该向着方便又好用的方向发展。以上制约因素都是智慧旅游建设中需要解决的问题。

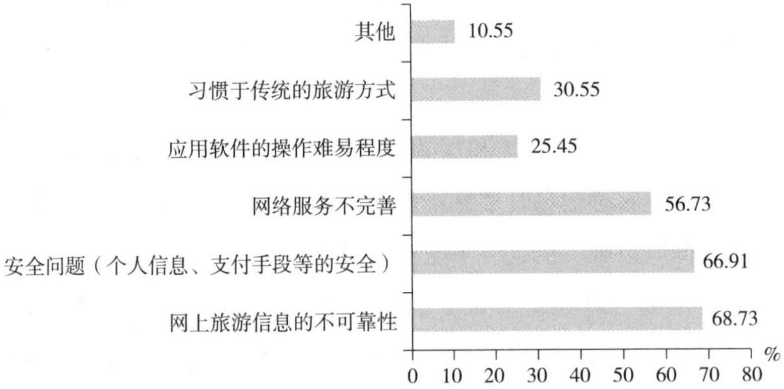

图 3－6　影响游客使用智慧旅游服务的制约因素

3.3.6　分析总结

此次调研问卷设置有不合理之处，但对游客旅游需求的统计数据，在一定程度上反映了智慧旅游建设现状及存在的问题，为城市智慧旅游服务体系的建设提供了方向和工作重点。

1. 智慧旅游普及度不高

本次调研中，超过一半的游客第一次听说智慧旅游，对于智慧旅游服务项目的满意度偏低，很多智慧旅游相关项目并未听说过，或者虽然体验过某些服务，但不知道属于智慧旅游的范畴，不能切实感受到智慧服务所带来的便利。智慧旅游存在不足之处，很多游客认为应当加大宣传，提高普及度。因此，在城市智慧旅游建设中，应当创新营销方式，让游客能够了解、愿意接受、乐于体验智慧旅游所带来的便利和实惠。

2. 游客需求呈现出多样化和个性化

在“需要智慧旅游提供哪些方面的服务”问项中，游客的选项包含了免费无线网络的全覆盖、便捷的旅游信息查询、门票、住宿等旅游产品预订、旅游线路规划、导航服务、周边景点、酒店、特产等推荐、电子自助导游、社交分享、便捷的交通应用软件、客流疏导、安全监管、便捷的智能结账功能、旅游咨询热线等多个方面，体现了多样化的需求。

访谈中游客提出了专门针对细分旅游市场的手机软件、个性化定制、实现个性化信息推送、便捷的投诉渠道、旅游预订的便捷化操作、注重人性化设计等建议，个性化的需求不断增加。部分游客提出，智慧旅游不能仅仅关注技术层面上的开发，更应该注重与文化结合，通过技术手段增加文化、教育功能。在城市智慧旅游服务系统的建设中，应不断优化，以适应游客多样化和个性化的需求。

3. 注重智慧旅游应用系统实用性和安全性的需求

从问卷统计结果可以看出，游客智慧旅游应用项目的体验率较低、满意度不高。游客认为存在“自助导游服务不够人性化”“网上旅游信息的不可靠性”“个人信息不安全”“网络服务不完善”“应用软件应能不稳定”等问题，在访谈中，游客表示智慧旅游的建设应该更多从实用的角度，与游客需求相结合，注重游客体验，便于操作、保障安全，在城市智慧旅游的建设中，应当有所侧重，不能片面追求成果、华而不实，而忽视其应用价值和安全问题。

4. 游客需求的阶段性

伴随智慧旅游服务的持续发展和普及应用，从智慧服务的零体验到不断深入，游客的需求也会不断升级。从 IPA 分析可以看出需要重点改进的项目和继续保持发展的项目，是当前智慧旅游服务发展的重点；加强改进的项目和适当开发的项目，是为满足游客更高层次的需求，也是智慧旅游未来发展的方向。因此，在城市智慧服务体系建设的过程中，不能一蹴而就，要适应和了解游客需求的动态变化，分阶段、分层次、分区域，结合城市实际发展情况，有针对性地实施。

表 3－5 IPA 分析统计结果

继续保持发展的项目（第Ⅰ象限）： 旅游行程规划系统、景区电子门票和电子门禁、自助导游讲解系统、便捷的智能结账功能、方便在线订购（景区门票、酒店、机票等）	加强改进的项目（第Ⅱ象限）： 智慧旅游游客咨询中心、客流引导控制系统、虚拟旅游体验系统、酒店自助入住/退房系统、酒店智能客房系统、智能点餐系统、旅游官网网站

续表

适当开发的项目（第Ⅲ象限）： 手机旅游应用软件、安全防护监控系统、12301 等旅游投诉平台	重点改进的项目（第Ⅳ象限）： 免费的无线网络全覆盖、旅游动态信息发布系统、周边旅游信息智能推送系统、智能停车场管理系统

3.4 基于调研结果的游客智慧旅游体验情景模拟

问卷调查和访谈结果表明，越来越多的游客开始依赖网络，通过智慧旅游应用平台开展自由行。为了更全面地展现智慧旅游服务系统可以为游客提供的服务，描画清晰的路线图，本书试图从“旅游前——旅游中——旅游后”三个阶段，模拟智慧旅游全程，以更加系统地反映游客各个阶段的旅游需求，总结智慧旅游服务体系当前和未来建设中所包含的应用平台及其所发挥的功能，为本书构建科学、合理、全面的城市智慧旅游服务系统奠定基础。

3.4.1 准备阶段

游客准备前往某城市旅游，可以通过不同的在线旅游服务商（Online Travel Agent，简称 OTA），如携程、去哪儿、飞猪、途牛、驴妈妈等旅游网进行选购，也可以通过不同平台选购，如城市微信公众号（带有微商城功能的）、城市旅游 APP、城市旅游官网等，同样还可以通过实体旅行社选购，主要完成以下准备工作：

首先，获得旅游信息。游客在以上 OTA 网站或城市旅游手机 APP 查询“城市旅游攻略”“城市各景区信息查询”“各景区虚拟漫游”“城市旅游的特色活动”“游玩攻略”“城市娱乐”“城市餐饮”“城市购物”“城市天气及环境情况”等信息，通过信息的查询，游客对目的地城市的景区及娱乐情况有一定的了解。

其次，开始进行“行程定制”。包括智能定制与自助定制两种方式，智能定制状态下，游客可以输入出生年月、性别、选择抵达方式、住宿标准、旅游偏好、餐饮口味喜好、出行方式等，旅游贴身管家会自动为游客生成适合客户的套餐，供游客考虑，游客可以在套餐基础上再做修改；自助定制状态下，游客可以对套餐中的旅游时间安排、游玩地点、住宿、餐饮、娱乐、出行方式、购物地点等进行选择，同时旅游APP软件的“旅游贴身管家”服务还可以根据游客选择的活动安排给予合理建议，如两个景点相距特别远，它会自动预计从此处抵达下一景点时间，标明提示，并提醒游客可重新组合景点，分区游览，游客可从中选择适合自己的行程定制方式，并自动生成行程单。

再次，完成产品预订。游客核对行程单所乘交通的出发和到达时间、景区安排等信息，确认无误后，进入支付界面，可选择跳转支付宝、微信、信用卡、银联卡等进行支付。完成支付后，生成用于身份识别的二维兑换码、微信兑换码。

最后，出行前信息提醒。旅游贴身管家，会在出行前将往返航班车次信息推送短信、微信、APP至各游客，告知天气情况，建议增减出行携带的衣物等，如果出现重大自然灾害天气，则会通知游客更改行程。

3.4.2 旅游阶段

游客到达目的地后，在游玩过程中，可以体验的智慧旅游服务主要有以下几个方面：

旅游一卡通服务。游客抵达目的后，短信或APP会自动推送信息对游客的到来表示欢迎并提示游客办理旅游一卡通。游客可在飞机场或车站的旅游咨询服务中心办理，是游客进行整个城市旅游“吃住行游购”的一卡通工具，一卡在手即可玩遍全城。

智能、快速入住服务。酒店将房间号等房间信息直接推送到游客的APP内并以短信形式发至游客手机，游客通过刷旅游一卡通入住，也可通过旅游APP或者微信在线入住功能入住，采用微信或APP方式自动开锁，直接免房卡方式入住，也可预先开关房间内的空调、电视等设备。

智能订餐服务。游客可通过APP或微信选择餐厅，并确定菜品套餐、就餐桌位，设置到店时间、上菜时间等信息，按照预定时间准时到店用餐，或者在酒店等待外卖服务。

智慧景区服务。智慧景区为游客提供电子门票预约系统，实现分段旅游，提高旅游的舒适度；电子门禁系统，实现智能检票；景区无线网络全覆盖，游客可以通过手机号或微信等多种途径连接网络，保证游客可以边旅游边发旅游照片和视频，及时分享旅游信息；实时信息发布系统，显示景区内各景点的实时人数、公共卫生间、工艺品商店、食品饮料商店、电动车上车点、设施租用点等信息，所有信息均在智能地图上一览无余，并且游客可根据自己需求进行筛选屏蔽；客流引导系统，引导游客合理安排游览路线，在空间上实现有效分流；智能导游 APP，对需要人工讲解的游客，将各个导游位置、讲解价格、导游信息、导游好评一一呈现在旅游 APP 的智能地图上，游客可根据需求挑选。对于需要电子导游的游客，提供生动、有趣、展现景区文化的讲解服务；旅游信息推送系统，及时为游客提供景区周边及城市的景区、酒店、娱乐（演唱会、话剧、展览等活动信息）、购物等信息，丰富旅游行程。

智慧旅游会客厅，也可称为智慧旅游体验中心，游客在此可自助打印账单、开发票等，完成旅游一卡通结算；体验科技景观，全面感受生动的旅游目的地美景实况；购买地方名牌名品，体验一键下单快递回家的智慧购物服务；通过智能点餐，一站品尝旅游目的地特色美食；乘坐集散中心的交通工具前往附近的地铁站、高铁站。

3.4.3 结束阶段

游客离开旅游目的地，旅游活动的结束，并不代表旅游服务的结束，还要做好以下后续工作：

旅游质量评价系统。行程结束后，游客可在此系统通过评论、投诉等方式，反馈旅游中食住行游购娱等方面的服务质量。

旅游信息分享平台。为游客提供，如马蜂窝网等游记、攻略分享平台，游客再次分享旅游心得、行程路线、必去景点、美食推荐、旅游花费、当地特产等信息。

旅游 APP 信息推送服务。根据游客的旅游数据、旅游属性等旅行大数据，形成游客画像，向游客推送其他旅游服务、产品等信息，如通过游览虚拟景点，激发游客的出游兴趣，吸引游客前往新的旅游目的地游玩。

图3－7　智慧旅游服务流程

第4章 城市智慧旅游体系框架构建

4.1 城市智慧旅游体系构建思路

4.1.1 建设目标

随着散客时代的不断发展，游客对旅游信息化的需求不断增强，传统的服务模式已经难以有效应对，迫切需要旅游供给方借助最新的技术手段，以信息化、智能化作为主要途径，满足其诉求。城市智慧旅游体系的建设，以满足旅游者、旅游企业和旅游行政管理部门需求出发，围绕完善对旅游者的公共服务功能、提升旅游企业核心竞争力、提高旅游行业管理水平等重点目标，从智慧旅游公共服务、智慧旅游政务管理、智慧旅游市场营销、智慧旅游电子商务、智慧旅游业态等重点工作入手，通过建设一批智慧旅游项目，着力打造互联互通、高效便捷、功能丰富的城市智慧旅游系统平台和智慧旅游云计算中心，逐步建立起特色鲜明、运转高效的智慧旅游公共服务平台、智慧旅游综合监管平台、智慧旅游市场营销平台、智慧旅游电子商务平台和智慧旅游业态，使旅游者享受便捷智能的旅游服务，形成旅游企业数字化运营，旅游政务管理智能运行的智慧旅游格局。

总体而言，在建设过程中，重点要实现为游客提供智能化的旅游服务和体验；提高旅游政务和相关企业管理与服务的效率与质量；通过大数据的收集，实现精准营销，最终改变游客的行为模式、企业的经营模式和行政部门的管理模式。

1. 旅游公共服务智慧化

推动旅游基础设施的建设，通过智能设备搜集和监测相关数据，建成智慧旅游数据库和公共服务平台，最大程度上实现公共管理资源的整合，解决当前旅游基础设施不足，信息搜集难、不全面、不准确、更新难等问题，有效整合相关信息，不断提升硬件基础设施的稳定性和安全性，为游客提供全面、准确、动态、便捷、个性化、凸显旅游目的地特色的信息服务。

2. 旅游政务管理智慧化

在建立涉旅企业基础信息库、日常运营信息库、监测预（告）警信息库、安全应急信息库的基础上，与其他部门实现信息共享，对内实现日常工作的智能化办公，提高办事效率；对外及时发布旅游资讯、了解旅游目的地状态、监督企业运营、监控游客行为、规范市场秩序，实现行业监管由被动、事后管理向全程管理及实时管理转变，由粗放式管理向精细化管理转变，从而科学管理和决策，实现智能化政务管理。

3. 旅游企业运行智慧化

旅游企业层面主要包括旅游景区、旅行社、酒店等传统的为游客提供相关产品的商业组织。智慧旅游的发展改变了游客的信息获得途径、旅游消费方式，颠覆了旅游企业传统的运营模式，如果不在企业的管理理念、经营手段和商业模式上及时调整，旅游企业将很难生存。通过运用信息技术，旅游企业能够使用手机并分析旅游产品和服务信息，及时做出决策并采取适当措施，使旅游企业的经营活动全面信息化，针对游客需求，关注用户体验，改善经营和服务流程，优化旅游体验，大幅度提升旅游企业的产品质量和服务水平，推动旅游企业整体的转型升级。

4. 旅游市场营销智慧化

智慧旅游为旅游城市提供了低成本、高效率、全面迅速的宣传和销售平台，利用旅游舆情监控和大数据分析挖掘游客旅游行为，利用新媒体传播特性吸引游客参与旅游的传播和营销，挖掘游客兴趣和需求，策划对应的旅游产品，制定对应的营销主题；与在线旅游平台、电子分销机构和旅游企业建立信息交换机制，及时了解和掌控旅游市场的情况，实现旅游产品的精准营销。借助云数据中心实现对数据的有效聚合，利用大数据实现“深度挖掘，重视感知，及时分析”的细分化、精准化、智能化营销。

5. 游客旅游体验智慧化

智慧旅游建设最重要的目的就是满足游客不断升级的需求，提供智慧化的旅游体验，因此，游客在获取旅游信息、形成旅游决策、制定旅游计划、预订旅游产品、目的地旅游体验、返程后分享与评价整个过程中，对智慧旅游的感知就显得尤为重要。从游客的旅游体验角度来看，整个旅游过程要便捷、顺畅，获取服务的方式和种类更加多样化，最大化地利用旅游时间，能够感受到智慧旅游带来的全心服务体验。在导航、导游、导览、导购环节，借助于大数据的行为偏好分析，提供个性化的旅游信息和旅游产品，为游客提供智慧化、私人订制的旅游体验，提升旅游体验和旅游品质。

图4－1 游客旅游体验的智慧化

4.1.2 服务对象

为游客提供服务、促进旅游业的信息化发展、带动当地社区发展是智慧旅游体系构建的最终目的，因此，智慧旅游体系的服务对象主体众多，范围广泛，当前旅游研究中，部分学者认为智慧旅游建设的主要服务对象为游客、旅游行政管理部分、旅游企业、景区四个方面，认为景区是智慧旅游建设和发展的主要原动力，因此从旅游企业中单独列出来。城市智慧旅游体系的建设主要是为了方便游客的出行，提高旅游行政管理部门的服务效率，改善旅游企业的服务水平和动态促销及管理，通过智慧景区的打造，带动城市智慧旅游的发展和服务能力的提升。

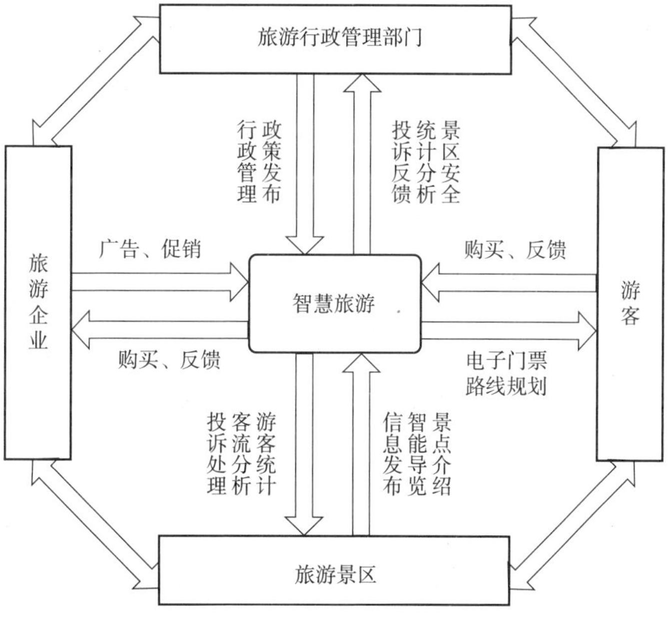

图4-2 智慧旅游服务对象

但在本书中，认为智慧旅游的服务对象应该从游客外延到当地居民，在发展过程中，不仅要满足游客的需求，还要充分考虑当地居民的休闲需求，实现智慧旅游服务的全域覆盖。因此，本书认为智慧旅游体系的服务对象主要包括游客、旅游企业、政府管理部门和当地居民四个部分，在体系建设中应当满足不同主体的需求。

1. 游客

智慧旅游系统将食、住、行、游、购、娱六大旅游业要素信息进行有效整合，为游客提供出游前的信息查询、线路设计、预订服务，旅游中智能导航、导游、导览、导购服务，游后的信息反馈、质量评价服务，能够弥补旅游信息在空间上的不对称性和时间上的滞后性，提供全程的实时旅游信息服务，满足游客个性化的旅游需求，实现便捷、便利的智慧之旅。

2. 旅游企业

景区、酒店、旅行社、购物、娱乐等旅游企业走智慧化发展道路是未来发展的方向，只有旅游企业的智慧发展才能推动智慧旅游的发展。通过发展智慧旅游提高旅游企业的管理能力和服务效率，科学保护和利用旅游资源，实现旅游服务、旅游管理、旅游营销、旅游体验的智能化，促进旅游企业的全面转型。

3. 旅游管理部门

智慧旅游的发展离不开管理部门资金、政策、规划、部门合作、基础设施建设等方面的支持。同时，就政府而言，可以获取行业市场监管、旅游信息与其他公共服务信息共享与协同运作、旅游目的地营销等价值，实现指挥决策、实时反应、协调运作，政府可以更合理地利用资源、做出最优的城市发展和管理决策，及时预测和应对突发事件和灾害，形成产业发展与社会管理的新模式①，向智慧政府转变。

4. 当地居民

当地居民是旅游业中很重要的一部分，智慧旅游的发展要能够惠及当地居民，让居民受益。在智慧旅游体系的建设中，在政策调整、信息资讯、客流量调节、交通、购物、休闲、基础设施建设等部分要考虑到当地居民的需求，为当地居民提供便利，增加当地居民的社会福利，营造当地居民与游客和谐共处的良好氛围。

---

① 张凌云，黎巎，刘敏．智慧旅游的基本概念与理论体系［J］．旅游学刊，2012，27（5）：66－73.

4.1.3 构建原则

当前，智慧旅游的建设蓬勃发展，各地都在如火如荼地尝试开展智慧旅游，但学界和实践中尚未形成统一、标准、科学的智慧旅游体系，因此，智慧旅游体系的构建应当遵循基本的原则，以保证系统的完整性和科学性，从而更好地指导实践。

1. 科学性原则

智慧旅游体系的建设必须要符合旅游发展规律和技术发展规律，经过案例总结、理论分析、实地考察等科学的方法和手段，结合《关于促进智慧旅游发展的指导意见》《国家旅游信息化建设技术规范》要求、《中国智慧旅游城市（镇）建设指标体系》标准、智慧旅游建设理论研究及城市智慧旅游发展现状，借鉴当前的成功案例、《北京智慧景区建设规范（试行)》《北京智慧饭店建设规范（试行)》《北京智慧旅行社建设规范（试行)》等旅游智慧建设的内容、要求、评价标准及评分细则，选取指标，以便构建真实、有效、科学的建设体系。

2. 综合性原则

智慧旅游体系的构建涵盖食、住、行、游、购、娱等多个行业和部门，内容复杂、主体众多、涉及面广。在构建过程中要整体规划，有效整合资源，形成包含完整产业链的完整、综合服务体系，以有效引导和推进智慧旅游目的地的建设。

3. 系统性原则

智慧旅游体系包含多个服务对象，就要有若干个不同功能的子系统与之对应，各个子系统根据自身特色，有不同的发展目标、发展内容、发展标准，但又统一协调、联动发展。构建城市智慧旅游服务体系，应按照系统论观点，全面、系统反映研究对象的整体情况和各个部分的关系，推动智慧旅游的快速发展。

4. 阶段性原则

智慧旅游体系是一个综合性、系统性的庞大体系，建设周期长，各个地方基础参差不齐，难以在短期内完成该体系的建设。各城市要根据自身实际情况，制定切实可行的智慧旅游体系建设方案，优先建设迫切需要和投资小、见效快的项目。故本书中在后续章节中对该体系做出了详细的建设顺序以及重点建设项目，以引导智慧旅游体系的分阶段、分步骤、分层次实施。

5. 标准化原则

当前智慧旅游的建设中缺乏统一的规范指导，而智慧旅游体系的构建每个环节都需要遵循科学合理的建设标准，以防止生成重复建设、资源浪费、政绩工程等弊病，本书中在后续章节中将对其标准化和评估体系进行详细介绍，以便量化评定智慧旅游建设成果，促进系统的标准、规范操作，从而发挥最佳效果。

4.2 城市智慧旅游体系整体框架

本书所构建的智慧旅游体系框架主要包括三个部分：前端应用体系、后端支撑体系和服务保障体系，如图 4－3 所示。前端应用体系面向游客、旅游行政管理部门、旅游企业、当地居民，从旅游体验的角度满足各方需求；后端支撑体系主要提供技术方面的支持，建立支撑服务应用和信息资源的技术基础环境；服务保障体系，主要从规范化建设、准确评估、有效运营和安全保障四个方面，确保智慧旅游体系的建设有序、高效、实用、可持续发展。

1. 前端应用体系（智慧旅游服务体系）

在网络建设的大环境下，推动旅游业和餐饮业、交通运输业等其他产业的交叉发展，能更好地满足旅游者的需求，促进智慧旅游系统在各行各业的应用[①]。因此，发展智慧旅游不但要关注中游的旅游运营服务商（酒店、景点），而且还应关注上游的旅游资源供应商（人、财、物等资源供

---

① 黄思思. 国内智慧旅游研究综述［J］. 地理与地理信息科学，2014，30（2）：97－101.

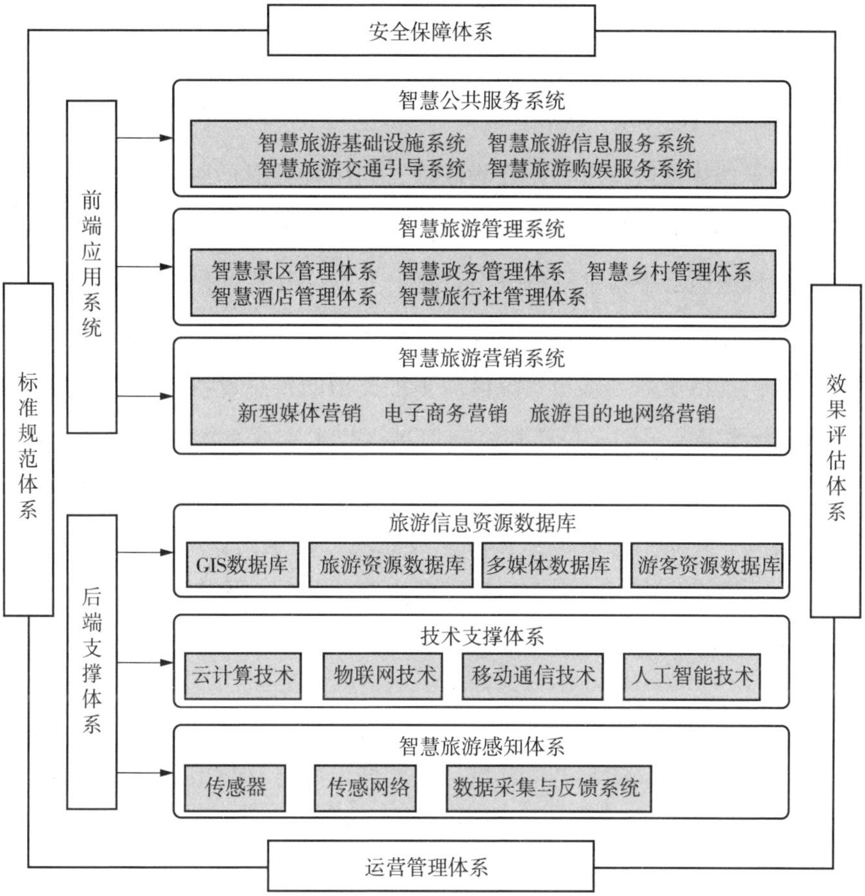

图4－3　智慧旅游体系框架图

应商）和下游的旅游分销渠道商，以期打造贯通旅游产业链上中下游的全方位智慧旅游平台①。所以，城市智慧旅游应用体系的建设应当包括食、住、行、游、购、娱六大要素相关行业的信息化和智慧化发展，通过建设智慧公共服务系统、智慧旅游管理系统和智慧旅游营销系统，以实现智慧管理和服务的完善和提升，为各地的智慧旅游提供面向游客的公共支撑服务，规范和引导智慧旅游的建设内容和发展方向，并为旅游目的地的精准营销提供精确的数据支持。智慧旅游服务体系直接面向游客提供服务，是

① 高天明．热旅游、冷思考：智慧旅游之我见［J］．旅游学刊，2012，27（9）：3－4.

智慧旅游建设中最重要的部分，主体多样、涉及面广、项目繁多、体系复杂，因此，具体重点建设项目将在下一章节阐述。

2. 后端支撑系统

后端支持体系依托云平台及物联网，利用各种通信网络，将分散在个人电子设备和企业、景区、政府部门的信息系统中的各类旅游信息进行连接，适时传送至云平台进行整合与处理，实现交互式共享，进而支持各类应用①。主要包括感知系统、技术支撑系统和信息资源数据库，为前端应用系统提供支持服务。感知系统借助多种类型的传感设备，结合物联网技术、GIS 技术等，感知、传递和控制信息；技术支撑系统主要包括云计算技术、物联网技术、人工智能技术等，是实现旅游信息和旅游服务智慧化的主要途径；旅游信息资源数据库，按照统一的规则获取采集旅游信息，按照统一的数据标准进行集中存储，并按照统一的交换标准通过各种平台发布，实现多个信息资源系统的整合。

3. 服务保障系统

智慧旅游的建设涉及多个领域，不同城市由于自身旅游资源禀赋、企业发展水平、技术支持条件、经济条件等方面的差异，使智慧旅游在地域、业态、企业层面的发展差距较大，迫切需要通过标准和评价体系，作为其信息化和智慧化发展的有效依据和定位标杆，从而规范和引导城市智慧旅游体系的建设内容和发展方向。目前在全国各个城市智慧旅游的建设中，普遍存在基础设施薄弱、数据分享程度低、亟须建设有统一标准规范的支撑服务体系，以实现智慧旅游的可持续发展，解决智慧服务水平差的问题。服务保障体系主要包括标准规范体系、效果评估体系、运营管理体系和安全保障体系，将抽象的智慧旅游建设标准化、具体化、指标化，有助于管理部门和旅游企业对智慧旅游的建设情况做出科学、合理、有效的判断，从而科学指导和切实有效推进城市智慧旅游体系的建设。

---

① 韩坤，王剑锋，薄静仪．基于物联网的秦皇岛生态旅游管理模式研究［J］．商场现代化，2012（17）：61.

4.2.1 前端应用体系

前端应用体系以服务游客为中心，主要包括为游客提供信息和服务的各项系统，因此也被称为“智慧旅游服务体系”，关系到游客的旅游体验和潜在游客未来旅游目的地的选择，是智慧旅游建设的重点和基本动力。2015 年国家旅游局发布的《关于促进智慧旅游发展的指导意见》中指出，到 2016 年，建设一批智慧旅游景区、智慧旅游企业和智慧旅游城市，从而实现旅游服务、旅游管理、旅游营销、旅游体验的智能化，促进旅游业向综合性和融合型转型并提升，也为城市智慧旅游服务体系的发展指明了发展方向和提出了参考标准。

当前，智慧旅游服务体系的建设还处于起步阶段，智慧旅游景区的发展程度参差不齐，优秀案例可谓凤毛麟角，大部分景区尚处于起步、探索阶段，对智慧景区建设内容认识不足，缺少可以借鉴和参考的对象及标准。此外，部分旅行社、饭店等旅游企业进行了不同程度的信息化尝试，大都建立了网站，但水平不一，缺少知名度高、标志性的智慧旅游企业。分行业来看，有实力的旅行社开办了自己的网站，并在市场营销、线路预定、信息咨询、电子行程单等方面取得了较大进展，但中小型企业信息化程度低；三星级以上的饭店大多设立了网站，开展在线预订、市场营销和电子商务等业务；少数城市在车辆 GPS 监控、公共职能自行车方面进行了探索，但并未普及。可见，当前城市智慧旅游服务体系重在智慧景区的建设上，尚未打通旅游产业链，实现网上销售和在线支付的少之又少，在酒店、旅行社、交通、购娱、电子商务等智慧旅游的建设方面基础较弱，但有很大的发展潜力和提升空间，后发优势明显。

本书认为前端应用体系涵盖了游客行前、行中和行后各类咨询、导览、导游、导购和导航等智能化旅游服务产品，主要包括智慧公共服务系统、智慧旅游管理系统和智慧旅游营销系统，其中智慧公共服务系统主要包括智慧旅游基础设施系统、智慧旅游信息服务系统、智慧旅游交通引导系统、智慧旅游购娱服务系统；智慧旅游管理系统主要包括智慧景区管理系统、智慧酒店管理系统、智慧旅行社管理系统和智慧政务管理系统，鉴于当前城郊乡村旅游的快速发展和国家层面的重视，将智慧乡村管理系统也纳入其中；智慧营销系统包括新媒体营销、电子商务营销、旅游目的地营销，具体见图4－4。

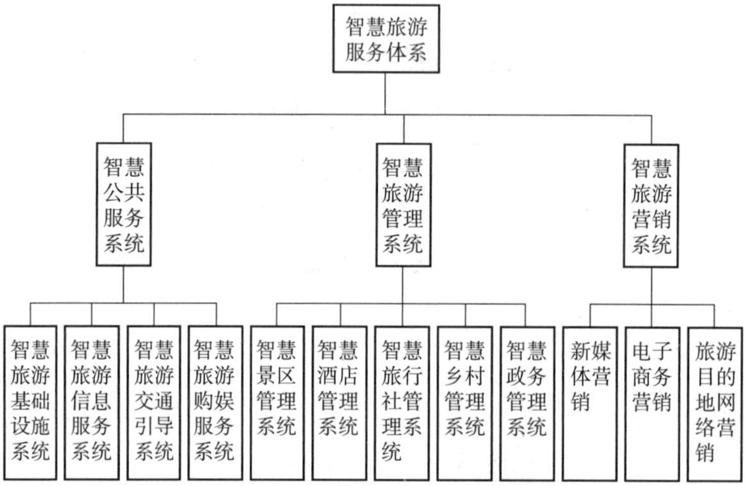

图4－4　城市智慧旅游服务体系框架图

1. 智慧公共服务系统

旅游公共信息服务是智慧旅游发展的基础，是旅游产业升级转型的助推手，是旅游服务水平提升的支撑，只有做好旅游公共信息服务建设，才能谈发展智慧旅游[①]。智慧旅游支撑服务体系的建设并未全面发展，存在基础设施薄弱、数据分享程度低、整体智慧服务水平差等问题，很多环节处于初级阶段，成效显著的项目发展程度差别巨大，这是当前智慧旅游建设的首要问题。不同于公共服务，结合当前城市智慧旅游实践现状及智慧旅游支撑服务体系发展现状，本书认为主要包括智慧旅游基础设施系统、智慧旅游信息服务系统、智慧旅游交通引导系统、智慧旅游购娱服务系统等子系统，为智慧旅游的整体规划、全盘布局及具体项目的操作提供标准和路线。四个系统的构成，主要包括以下子系统，在后续章节中，会重点

① 乔海燕．关于构建旅游公共信息服务系统的思考——基于智慧旅游视角［J］．中南林业科技大学学报（社会科学版），2012，6（2）：27－29.

介绍各个系统的重点建设项目。

智慧旅游基础设施系统：主要包括无线网络全覆盖、中央管理平台、旅游刷卡无障碍、二维码识别普及系统。

智慧旅游信息服务系统：主要包括旅游信息服务系统（在线信息门户网站、新型媒体公共服务平台）、旅游信息咨询系统（智慧旅游体验中心、智慧旅游呼叫中心、旅游咨询服务中心、触摸屏自助咨询服务）、旅游信息指示系统（旅游信息主动推动服务系统、智慧信息发布系统、智慧旅游表示系统）。

智慧旅游交通引导系统：由旅游行程设计系统、旅游智能公交系统、公共智能自行车、智能旅游车辆定位、智能停车场管理系统组成。

智慧旅游购娱服务系统：由信息服务于体验系统、旅游特产购物系统、统一支付结算系统组成。

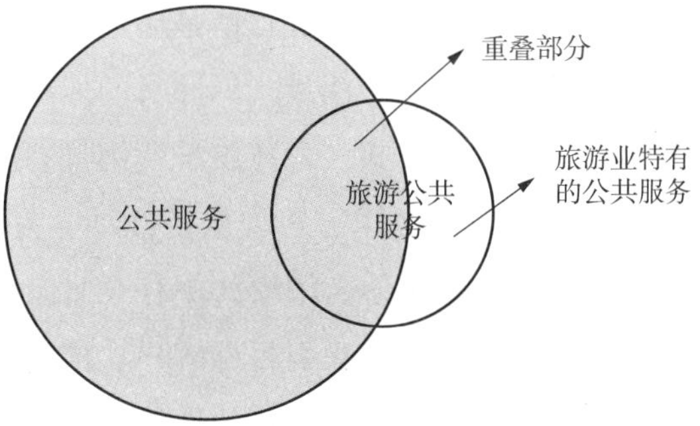

图4－5　公共服务和旅游公共服务之间的关系

2. 智慧旅游管理系统

智慧旅游管理就是智能化管理，它实现了传统旅游管理向现代化管理方式的转变；它是通过信息技术，准确掌握游客活动信息，企业经营信息，实现行业监管由被动、事后管理向全程管理及实时管理转变。本书认为智慧旅游管理系统主要包括智慧景区、酒店、旅行社、政务管理系统和智慧乡村管理系统，每个系统又包括以下子系统。

智慧景区管理系统：景区综合管理系统、电子门票和电子门禁系统、景区门户网站、动态信息发布系统、自助导游讲解系统、客流引导控制系统、安全防控监控系统、虚拟旅游体验。

智慧酒店管理系统：酒店运营智能管理系统、酒店自助入住/退房系统、酒店智能客房、酒店智能点餐、酒店智能结算、酒店安全监控、酒店食品安全溯源、智能会议管理等系统。

智能旅行社管理系统：信息服务系统、业务管理系统、供应商管理系统、导游管理系统、游客管理系统。智慧乡村管理系统：无线宽带系统、村级网站、民俗旅游接待户建设、智慧应用、安全防控监控。

智慧政务管理系统：智慧电子政务系统、在线行政审批系统、产业统计分析系统、旅游安全监管系统、旅游客流动态监测系统、旅游投诉管理系统、旅游人才管理系统。

3. 智慧旅游营销系统

旅游产业不断升级换代，消费者需求持续变化，新业态不断涌现，使旅游营销系统面临更多的挑战。智慧旅游营销是通过旅游市场分析和网络大数据分析，挖掘旅游热点，游客关注点，引导目的地旅游营销机构、旅游企业策划营销对应产品的营销方式。智慧旅游营销具有成本低、覆盖面广、高效的传播渠道、抓住游客需求、实现旅游互动、覆盖旅游全过程、精准定位营销的特点，能够弥补传统营销模式中存在时间、空间限制和交互性传播等方面的局限性，更便捷地吸引目标客户、推销旅游产品、提高旅游目的地的知名度和美誉度、打造旅游目的地的品牌。智慧旅游营销系统主要包括以下三个子系统：

新媒体营销。新媒体涵盖了所有数字化的媒体形式，包括所有数字化的传统媒体、网络媒体、移动端媒体、数字电视、数字报纸杂志等。全媒体时代来临，面临数字化、文件化、网络化催生海量多媒体资料。通过新媒体营销，与潜在的游客形成有效互动，打造良好的口碑，提升城市旅游的整体形象。

电子商务营销。旅游电子商务营销主要是旅游企业与电商企业合作，电商企业负责在线商城的建设和运营管理，旅游企业将产品和服务从线下转移到线上经营，实现旅游产品和服务的在线推广和销售，可以弥补线上购物体验不足、线下购物优惠与便捷不够的缺陷。

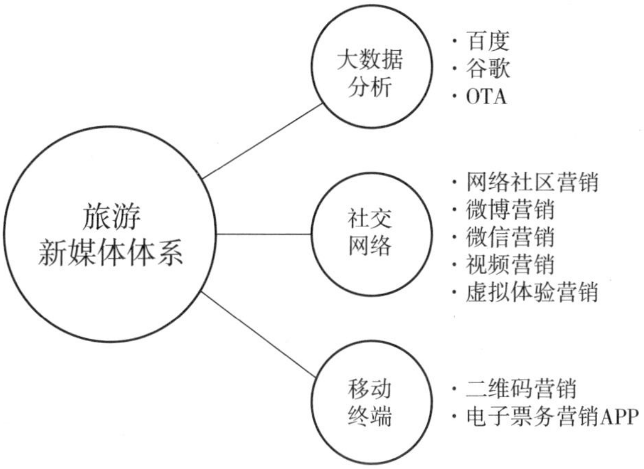

图 4－6 旅游新媒体体系

旅游目的地网络营销。所谓旅游目的地网络营销，主要是指旅游目的地的旅游主管部门为了能够吸引到更多的游客到旅游目的地进行旅游活动，立足于网络而实施的旅游目的地旅游资源的宣传、介绍、推广等活动，并通过网络平台来了解旅游者在旅游方面的需求和愿望，并为各位旅游者提供关于旅游目的地的各类信息以及个性化、定制化服务的过程①。通过旅游目的地网络营销系统，建设统一的电子商务平台和信息服务平台，调动各方面的积极性，形成联合营销合力，为新媒体营销和电子商务营销提供支持和服务，打造凸显地域个性化、特色化的目的地营销系统。

4.2.2 后端支撑体系

现代信息技术是推动智慧旅游快速发展的内在动力，因此后端支持系统的建设是智慧旅游发展的基础和技术保障。对技术层面系统的梳理和把握，了解其概念、原理、在旅游中的应用，是促进智慧旅游快速、有序和可持续建设的重要支撑，也为智慧旅游的技术选择和系统开发提供了指导。

① 李湘云，王雄．基于网络时代的旅游目的地营销模式研究［J］．中国商贸，2012（16）：113－114.

1. 智慧旅游感知系统

基于物联网技术，在吃、住、行、游、购、娱相关的各类旅游资源中设多种类型的传感设备，用于感知旅游资源的ID、属性、状态、位置等各类信息，形成智慧旅游感知体系的神经末梢；采用最先进的无线传感自组网络技术，与互联网结合，用于传递各类感知或控制信息，形成智慧旅游感知体系的传入/传出神经网络；结合GIS技术、信息资源整合技术与商业智能技术，整合各类感知信息，进行数据分析等加工再利用过程，形成智慧旅游感知体系的大脑。智慧旅游感知系统主要由智能手机、无线网关、PC、摄像头、RFID、传感器网络等传感器件组成，用以收集旅游资源的物理属性、状态及其他各类有用信息，并将产生的数据上传至处理层，进行分析、挖掘、整理后以提供服务。

基于该感知体系，可以为游客提供餐饮娱乐消费导引、远程资源预订、自导航、自导游、电子门票、服务信息即时推送等多种智慧旅游服务；可以为旅游企业提供服务资源管理、游客流量控制、车辆调度、远程监控、自动收费等多种智慧经营管理服务；可以为管理部门提供环境监测、交通管理、资源调度、应急处理等多种政务管理服务。

图4－7　智慧旅游接入感知层

2. 信息技术支撑系统

现代信息技术为旅游信息的获得、储存、分析和利用提供了技术支持，是智慧旅游发展的支撑和保障，其中以物联网技术、云计算技术、移动通信技术和人工智能技术最为重要，在智慧旅游发展全过程中广泛应用，是智慧旅游发展的基本前提。

（1）物联网技术

物联网技术（Internet of Things）近年来发展较快，已经广泛应用于智慧旅游的建设中。一般被定位为：通过射频识别（RFID）、红外感应器、

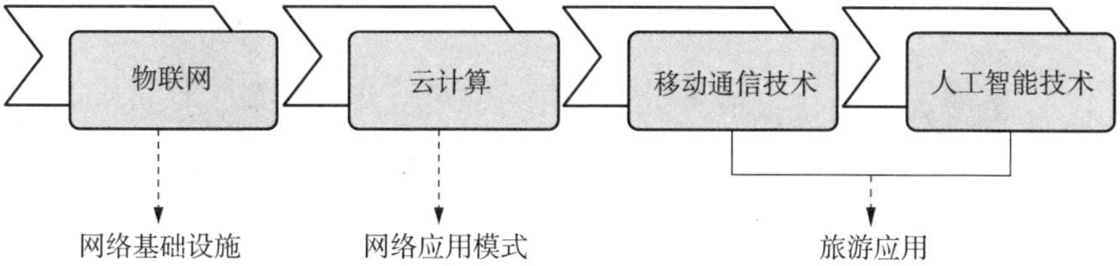

图4-8 智慧旅游技术框架

全球定位系统、激光扫描器等信息传感设备，按约定的协议，将任何物品与互联网相连接，进行信息交换和通信，以实现智能化识别、定位、追踪、监控和管理的一种网络技术。物联网实现了人与人、人与物、物与物的互联和沟通。其中，M2M码（二维码）、射频识别技术（RFID）、移动LBS、网络与通信技术均已被单独使用，在智慧旅游的应用主要包括以下方面：

射频识别技术（RFID）可以实现全球范围内物品的跟踪和信息的共享，因此当前应用较多的是RFID票务系统，通过电子门票实现景区门票管理功能；通过游客定位管理功能，实现确认游客所处位置和客流量实时统计；自助导游讲解系统中，通过RFID定位功能，可以及时获取所在景点的相关信息。当前，很多城市都在探索的城市一卡通，也是利用RFID技术，城市内食住行游购娱等消费均可通过一卡通完成，实现了旅游消费便利的统一结算。

传感技术能够实时监测、感知和采集环境或监测对象的信息，并对其进行处理、传输。当前较多的应用在旅游资源监控中，把所有旅游资源标识为唯一的ID，通过对大气、水、森林、地址以及景点建筑屋内温度、湿度的实时信息收集、分析和传输，对异常情况迅速反馈，以掌握旅游资源的动态变化，形成完善、科学的监测管理系统。

网络与通信技术可以实现传输器节点或者其他职能物体的互联。此项技术已经被应用于移动支付，即用户用手机等移动终端，完成结算功能，也在改变游客的消费习惯。

LBS（基于位置的服务）在智慧旅游实现旅游路线优化、实时位置跟

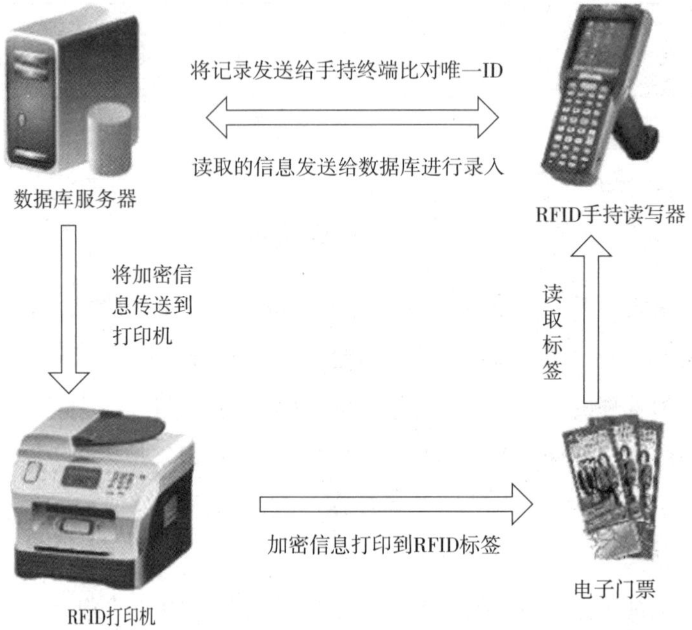

图 4－9　RFID 电子门票

踪、行程智能引导、应急智能保障、分享旅游体验五大服务①，通过对用户行为、偏好、消费习惯、区域位置、意见表达等信息的挖掘和研究，为商家经营活动提供参考，向潜在目标消费者推送适时实地的精准信息，实现有效的客户关系营销。

物联网技术涵盖范围很广，除了以上应用外，在酒店管理中也取得了较大的成功，如国内智慧酒店的典范——黄龙酒店，就是利用物联网技术，为游客提供智慧化的服务和入住体验，提高酒店工作效率。总之，物联网技术在旅游移动搜索、智能定位、旅游安全、旅游资源保护、远程监控、移动支付等方面发挥了重要的作用。国家旅游局《关于实施“旅游＋互联网”行动计划的通知》指出，推动旅游物联网设施建设。到 2020 年，全国所有旅游大巴、旅游船和 4A 级以上旅游景区的游客集中区域、环境敏感区域、旅游危险设施和地带，实现视频监控、人流监控、位置监控、

① 陈兴，史先琳．基于 LBS 的旅游位置服务思考［J］．技术与市场，2013（4）：214－215，219.

环境监测等设施的合理布设，将旅游服务、客流疏导、安全监管纳入互联网范畴，可见，在国家层面上，也在大力推动旅游物联网的发展。

（2）云计算技术

云计算技术（Cloud Computing）是当前智慧旅游建设过程中应用较多的技术，能够有效解决能源消耗量的激增以及对数据中心容量需求的爆炸性增长，为旅游行业信息资源开发以及产品服务创新提供重要的数据基础。在智慧旅游发展中主要有以下优势和应用。

首先，存储安全，运算能力强，有效整合旅游信息。云服务的计算与存储均存放于高安全的大型数据中心内，具有严格的运维制度，抗 DDOS 攻击、数据实时备份不丢失等功能。同时，有着海量的信息聚合与处理能力，可以将食住行游购娱六大要素的数据和信息集中在一个平台上，进行存储和高效运算，效率远远高于传统的数据处理方式，从而促进旅游产业的整体升级。

其次，资源共享方便，提升旅游服务。云计算技术可以支持用户在任意位置，使用各种终端获取云中的服务和信息，便于各方从中获取所需信息，实现资源共享；旅游管理部门和相关企业可以根据游客的位置、个人偏好、个性化的信息，动态调度和平衡服务资源，使政府旅游管理部门和旅游企业的服务与管理决策科学化，全方位提供满足游客需求的服务。

再次，优化游客旅游体验。游客所需要的各类服务资源均可通过旅游服务云获取，不必受到时空局限和资源获取渠道狭窄的限制，为游客提供大量的旅游信息，使游客的出游更加便捷，也为散客旅游市场的发展奠定了技术基础。

最后，资源利用率高，成本较低。云计算技术使资源利用率比传统数据中心大大提高，可以实现旅游信息的最大化利用；从图 4 - 10 可以看出，云计算三种类别的服务，都是采用外包的方式，降低企业服务的成本投入、管理、维护服务器硬件、网络硬件、基础架构软件和应用软件的人力成本，达到提高企业经营能力，提升旅游产业链整体智慧程度的目的。中小型旅游企业在云平台注册后，就可以以自主服务的方式，使用云平台的各项公共服务，可以减轻中小型旅游企业智慧旅游建设中人力、财力、物

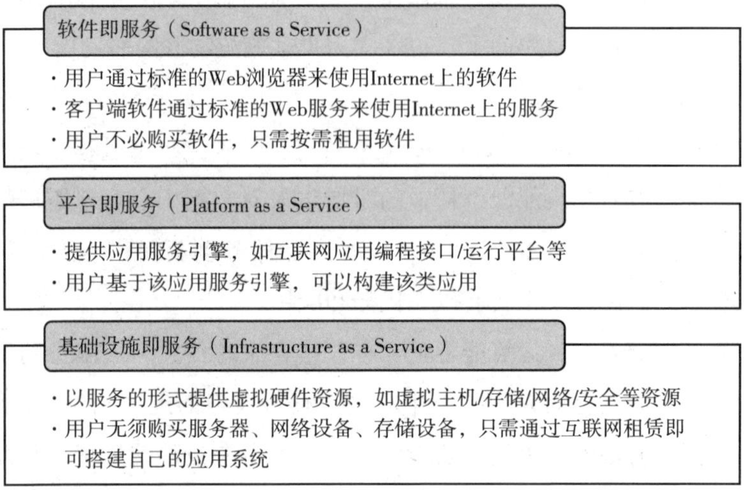

图 4－10　云计算平台技术架构

力的负担，以低成本获得高水准、集约化的智慧旅游服务，告别拍脑袋经营的时代。

（3）移动通信技术

移动通信技术的产生，是为了满足人们随时随地从互联网获取信息和服务的需求。当前主要是通过电脑或手机进行操作，随着智能终端的逐步普及，网络传速速度也从最初 2G 网络的 9.6K 提升至当前 4G 网络 100M，已经实现具备观看高清视频、快速实现大数据传送的流畅网速。4G 网络时代，覆盖范围更广、运行速度更快的移动通信技术，为人们不受场地和时间限制、随时上网提供了技术支持，因此，更多的用户开始习惯于通过手机上网获得相关信息和接受服务。

移动通信技术可以随时、随地为游客提供旅游信息和相关服务，已经广泛应用在智慧旅游的各个系统中。在景区游览中，游客可以通过移动通信技术的手机、平板电脑等终端，进行智慧搜索，提前获取景区信息、预订景区门票、景区智能导览、基于语音语义识别技术的即时翻译；在住宿服务中，通过智能终端应用提前预订酒店、对客房进行智能化调控；在旅游交通方面，手机等智能终端的导航已经成为游客出行的最优选择，公共交通出行过程中，通过手机等智能终端的 APP 应用进行查询和预订，也已成为游客的首选；在餐饮购物娱乐方面，通过移动 APP 搜索相关内容，即可获得全面详尽的信息，通过移动支付完成交易，最终在移动终端，对服务进行评价和旅游体验的分享。

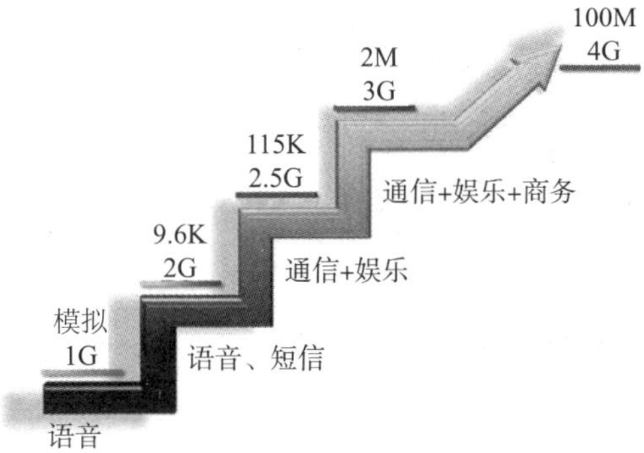

图 4-11　网络传速速度提升图

（4）人工智能技术

人工智能（Artificial Intelligence）简称 AI，是研究理解和模拟人类智能、智能行为及其规律的一门学科，虽然不是人的智能，但能像人那样思考、也可能超越人的智能。可以实现以下四个方面的功能：智能感知，用于手写字符的识别、图像识别、指纹识别和语音识别；智能学习，表现为新知识结构的不断建立和修改，数据分析和处理能力不断增强；智能推理，通过模拟人脑思维活动的规律，推理和判断来分析和解决问题；智能行动，最重要的表现是数据挖掘技术的应用，将旅游产业获得的渠道复杂、类型多样的数据和信息，利用电脑自动分析数据，获得有用信息，总结其中的规律及问题。

人工智能技术是智慧旅游的关键技术，在智慧旅游中主要有以下几个方面的应用：

首先，优化游客的旅游体验。人工智能技术实现了对文本、视频、图像、音频等多种信息的大数据自动处理、分析、提取和呈现，可以为游客提供旅游目的地信息、基于游客评论的景区推荐、个性化行程定制、旅途中基于位置的信息服务。当前，智慧旅游信息推送系统正是基于此项技术，分析、获取游客行为信息，根据游客偏好的大数据分析，为游客推荐有目的地资讯、景区周边信息等，提供更加个性化、智能化的信息推送服务；智能语音助手，如苹果公司的 Siri 语音服务，可为游客解答旅途中的问题，为游客提供方便的预订、天气预报和设定提醒等服务。未来的人工智能将会提高旅游解说系统的智能化，游客只需将需要翻译的地名、路标、菜单等标识拍下来后，即可自动识别，将会大大提升出国旅游游客的体验；人工智能技术还将推动路线规划的快速发展，不再是简单的机票、酒店价格的搜索和组合，而是根据游客输入的出游时间、交通工具、个人偏好等信息，设计合理、最优的旅游线路。

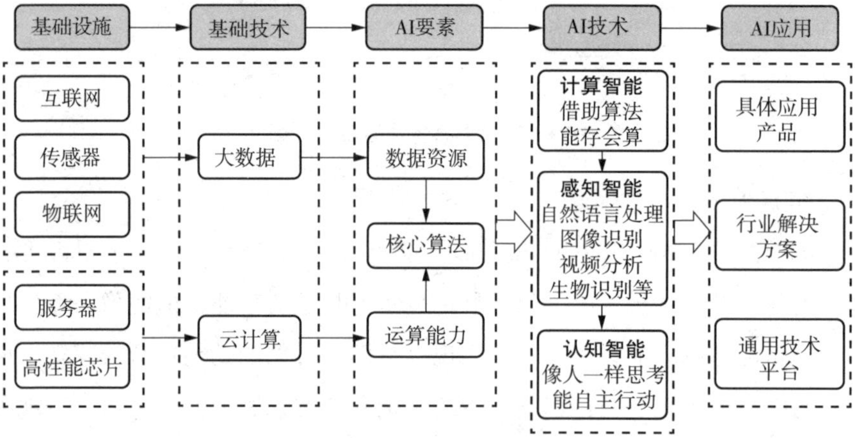

图 4-12　人工智能框架图

其次，促进旅游企业的转型升级。对景区、酒店等旅游服务企业来说，人工智能技术提供了新的管理、服务方式，如目前人工智能技术完全可以满足旅游目的地、旅游景区、酒店游客数量的预测功能，可以智能分析区域范围内的游客数量、游客密度、游客空间分布特征以及饱和情况，从而根据实际情况和模拟预测做出合理的管理决策①，提供优良的服务；酒店未来的预订和呼叫系统将会逐渐被智能系统所代替，为游客提供更加精准、符合个性化偏好的信息和服务。

最后，提高旅游行政部门管理的效率。人工智能技术对信息处理和分

① 柳红波. 人工智能技术在智慧旅游中的应用 [J]. 自动化与仪器仪表，2016 (2)：147-148.

析的准确性高、时效性强，可以将旅游行业“碎片”化的信息有效过滤、筛选、深度分析和匹配。目前旅游行政部门在监控调度、突发事件预警、旅游需求预测、产业统计分析、旅游投诉处理方面已经逐渐尝试人工智能技术，未来将会大大提高旅游行政管理部门的管理效能。

3. 旅游信息资源数据库

数据中心是智慧旅游建设的关键，为智慧旅游的各项应用提供数据支持。借助物联网技术、移动通信技术、云计算技术、人工智能技术建设旅游中央数据库平台，统一标准录入旅游数据。对中央数据库不断细分，构建一批战略性、宏观性、基础性和公益性的旅游信息基础数据库子系统，主要包括 GIS 地理信息数据库、旅游资源数据库、多媒体数据库、游客资源数据库等系统。将分散在各部门和各行业的数据进行整合、组织和利用，储存在统一的数据库中，政府管理部门、旅游企业、游客可根据需求获得相应的旅游专题信息，打造智慧旅游体系的支撑平台。

地理信息数据库（Geographic Information System，简称 GIS），主要包括旅游景点的空间分布、旅游线路信息、相关服务设施的具体位置、道路信息及通信信息等地理属性，可随时调用数据库中数据，实现对旅游信息的统一管理和快速检测、查询。

旅游资源数据库由食、住、行、游、购、娱六大要素的相关业态和企业数据信息组成。信息要图、文、声、像并茂，保证完整性和全面性，按照标准和规范数字化，同时要突出当地的资源特色，为智慧旅游的发展提供科学、准确的高质量旅游资源数据库。

多媒体数据库包括文本、图形、图像、声音、视频图像和动画等多种多媒体数据类型，信息量庞大，因此要将文本、图像和视频等不同形式的信息，有序分布，从而为智慧旅游的建设提供完整的数据集。

游客资源数据库主要是搜集游客消费偏好方面的数据，如游客的个人信息、选择产品的渠道、旅游产品的类型和偏好、消费水平、游后评价等，以便及时了解游客的行为、偏好、新需求和服务中存在的问题，利用大数据分析，形成用户画像数据，从而有针对性地满足游客需求，提供产品和服务，提升管理和服务效率。

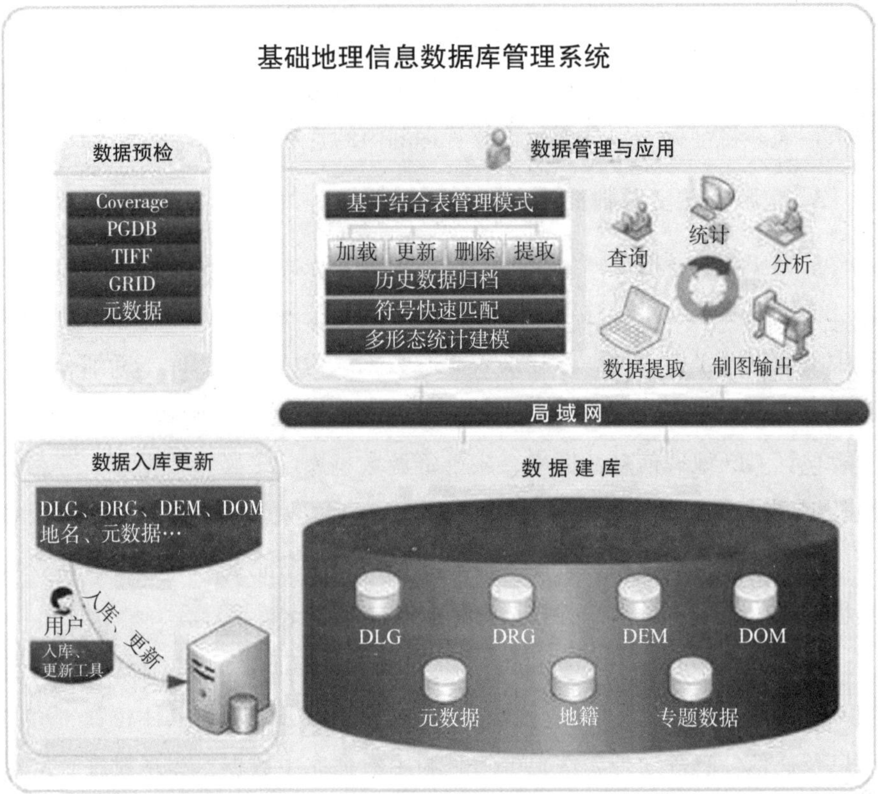

图 4－13 地理信息数据库管理系统

4.2.3 服务保障体系

智慧旅游的建设是一项综合复杂工程，不仅可以使旅游活动智能化，而且可以实现量化、监控、预测等，也可以节约资源、引导变革、催生创新。鉴于城市智慧旅游的发展现状，以及存在的问题和不足，当前迫切需要加快对智慧旅游的标准化工作、评估体系、运营管理和安全保障建设，以保障城市智慧旅游体系的建设顺利发展。无论是各大景区、旅行社、酒店、电商等旅游业态，还是政府相关各部门的智慧服务项目，都应遵循科学合理的建设标准。服务保障体系能够防止智慧旅游重建设、轻实效的发生，防止不计成本的大包大揽，突出便民惠民的取向和优势。经过讨论和研究，本书认为城市智慧旅游的保障措施应当包括标准规范体系、效果评估体系、安全保障体系和运营管理体系这四大部分，下面分别进行阐释。

1. 标准规范体系

我国的智慧旅游建设总体处于起步阶段，尽管出台了《国家旅游信息化建设技术规范》等标准化文件，但智慧旅游涉及的专业领域极为复杂，在许多方面的标准化建设还很滞后。因此，发展智慧旅游不能被动等待国家标准出台后再去执行，而应鼓励各城市、景区和企业制定相关标准，用实际行动去推动标准化建设工作。一个明显的例子是，2014 年云台山景区制定的《数字化应用规范》被上升为国家标准，成为我国第一个由景区编制的国家标准。该标准规定了景区数字化技术应用的术语和定义、数字化技术的基础数据平台、应用服务平台等标准，规范了景区的现代信息技术手段的具体应用。该标准于 2014 年 12 月 1 日正式实施，其代表了景区在推动旅游标准化建设方面的一个贡献。另外，也可以借鉴外部的一些成功经验，如 2014 年 6 月 21 日由中国智慧工程研究会研究公布的智慧旅游城市（镇）建设指标体系。该体系分为四级，一级指标 5 项：平安、诚信、服务、智能和宜游；二级指标 19 项，三级指标 42 项，四级指标 237 项，最终评价目标是“宜游”，又被称为“宜游指标体系”①。这些已有的建设指标体系也是我国发展智慧旅游时需要注意和参考的。通常而言，智慧旅游的建设标准体系大致可以划分为四点内容：

（1）应用系统标准

应用系统标准是指旅游行业各类应用系统需要遵循的标准和规范。根据智慧旅游的三大应用领域——智慧服务、智慧管理和智慧营销来划分，应当分别包括三大应用系统：智慧服务方面，包括面向游客的各类服务系统的标准②，即信息技术和工具在导航、导览、导游、导购以及餐饮、娱乐等各个方面的相关标准建设，如服务评价标准、电子购物标准等；智慧管理方面，既包括行业管理统一标准、旅游行政管理部门的行业数据统计

① 中国智慧旅游城市（镇）建设指标体系发布．新华网［EB/OL］，（2014－06－22）［2017－07－10］．http：//news. xinhuanet. com/travel/2014－06/22/c_ 126654033. htm.

② 刘发军，赵明丽．智慧旅游标准体系建设研究［J］．标准化研究，2013（8）：51.

和分析规范、旅游市场监控标准等，又包括旅游企业的客户信息监管标准；智慧营销方面主要是针对旅游企业的营销管理平台的标准建设，如旅游电子商务平台和旅游网的建设标准、旅游信息推送规范、旅游舆情监控规范等相关标准。通过加强智慧旅游应用系统的标准化建设，进行科学规范，管理才能促使智慧城市、智慧景区和智慧企业的发展模式实现标准统一、网络互连、数据共享①。

应用系统标准的确立是为了保障城市智慧服务系统、智慧管理系统和智慧营销系统都能依据一定的标准和规范建立并健全，有利于旅游行业各类应用信息系统的规范完善，也有利于系统之间的衔接和数据对接，便于统一管理。

（2）安全保障标准

智慧旅游借助监控、监测技术等高新科技手段，显著增强了对旅游活动的安全保障功能，但对这些智能安全系统也要制定标准化规定。比如，在智慧旅游建设工程中，出于环境承载安全的目的，应当建立视频监控和预警系统，对客流量进行监控，以便必要时进行游客分流，确保在环境承载力范围之内；出于生态安全的目的，应对景观资源进行环境监控，确保资源环境的可持续性；出于旅游市场安全的目的，应对旅游市场的舆情进行监测，并及时反馈调整；在危机管理问题上，预备应急处理方案，设有应急广播装置、应急报警装置、应急消防装置等，并且安排好应急装置响应和处理事宜。另外也应在网络媒介上及时发布旅游安全注意事项和旅游安全保障工作的有关信息。

智慧旅游在预示旅游行业的创新机遇和旅游安全的智能保障同时，也给旅游行业埋下了新的安全隐患，带来了一些新的风险，最显著的就是信息安全问题。为了维护海量旅游信息数据和客户信息的安全，还须对网络平台进行安全防护，以免受到网络攻击、感染病毒程序等，应当制定各操作系统的安全管理技术标准，一旦出现问题能够确保在可控范围之内。

① 国家旅游局.《关于促进智慧旅游发展的指导意见》第二款第五条、第十条，2015-01-10.

设立安全保障标准，能够保证旅游行业的智能安全系统达到一定的标准，确保各信息系统的操作和管理符合一定的安全技术标准，从而防止出现诸多方面的安全问题或进行预警处理。

（3）管理服务标准

为确保智慧旅游的顺利建成和良好运行，旅游部门的行政管理和旅游企业管理均需制定管理服务方面的行业标准和行为规范。

信息管理方面：除了传统的热线电话、短信，还要增设微信平台、手机移动终端等；回复信息咨询要方便快捷，热线服务要热情周到，信息推送要及时准确等；旅游相关各部门、各行业的信息发布要规范化、专业化，包括价格、天气、产品、项目和优惠信息等；各门户网站能够提供多语种介绍，以及准确、及时、丰富的旅游信息资源；建立旅游资讯网的信息平台，监管所辖区域发布旅游信息的真实性和完整性。

行业管理方面：实现旅游公共服务信息的采集、处理和利用，综合集成旅游大数据，便于行业监管、规划、分析、预测和决策等；通过各部门间的沟通交流，形成部门间的信息共享，确保旅游企业完成上下游信息的对接和相互协作；旅游行政主管部门要实行在线监管，建立旅游预测预警机制，维护旅游市场的良好秩序等；旅游企业和旅游部门要提高旅游在线投诉的处理率，提高游客的满意度；旅游景区和旅游企业的智能管理服务项目和设备齐全。

系统管理方面：建立电子政务网站，实现高效、透明的政务管理；与网商合作，搭建电子商务平台和旅游信息平台，实现电子门票预定；建立起客流量动态监测系统、旅游车辆 GPS 运行监控系统、远程视频监控系统等，以及对这些系统进行良好的日常管理和系统维护，打造区域内全方位的智慧旅游管理体系。

制定旅游管理部门的服务标准和行业规范，能够确保旅游部门的智能管理和服务标准，在信息管理、行业管理和系统管理方面都能体现高效、合理的管理目标和服务质量。

（4）基础设施标准

智慧旅游建设过程的基础设施主要包括两大块，即交通基础设施和信息基础设施，这两部分也是智慧旅游赖以实现的根本所在。

交通基础建设方面：交通服务设施需要实现智能化的管理，旅游车辆运行需要实现智能监控；针对日益增多的自驾游游客，需要及时发布自驾游路线、路书以及停车场等各种实用服务信息；建立交通引导标识系统，景区内的道路应设置交通辅助指示系统；各旅游企业可以建设智能停车场管理系统，实现对场内车辆及收费的自动化管理等。

信息基础设施方面：首先是信号服务，包括手机信号和无线网络信号，手机的移动信号覆盖是否全面、线路顺畅，是否提供免费 Wi－Fi 覆盖。其次建立并完善旅游信息基础数据库，数据库是智慧旅游的生命线，应当建设能够支持旅游产业和公共服务的各类数据库，包括旅游公共服务数据库、旅游产业数据库和综合管理数据库等。最后，数据采集和交换方式管理标准规范化，逐步实现统一规则采集旅游信息，统一技术存储旅游信息，统一标准交换旅游信息，保证信息数据的准确性、及时性和开放性。

标准化建设一是有利于准确、客观地评价服务水平，作为评估工作的依据；二是有利于实现不同系统和平台之间的数据对接，避免造成“信息孤岛”的现象；三是有利于保障智慧旅游的公共服务水准，确保服务质量。为了更好地发展智慧旅游，各个城市应当继续促进智慧旅游的标准化和规范化的工作开展，加强标准的制定和推广，尽快出台智慧旅游建设标准或方案。

2. 效果评估体系

建立智慧旅游的效果评估体系，可以依据各项目的设立标准和制定规范来进行总体评价，而具体衡量效果可以从四个主要维度来考评，即：从游客的体验感受角度进行评估；从旅游企业管理的效果进行评估；对旅游产品本身进行客观的评估；从收益风险的效果确定建设效益进行评估。这四个考评领域可以划分出全面的、细致的衡量指标，并根据指标的重要程度确定出各层次、各指标的评价权重，最后再进行综合评价。在实际工作中，可以采取层次分析方法，从目标层、准则层和指标层依次构成多层次分析结构模型，通过建模来进行科学评估①。下面分别从这三个维度对智慧旅游效果评估体系进行简要分析。

（1）游客体验维度

为了能使游客获取便利、快捷、周到的服务，建立起忠诚、满意、持久的客户关系，就要从游客在整个旅游过程中的体验和感受角度对智慧旅游建设成果进行具体衡量和评估。

客户在游前的体验：衡量指标包括获取旅游信息、促销信息、优惠信息的便利程度；享受到客户关系管理系统（GRM）带来的周到服务；可以游览数字虚拟景区，对旅游目的地获取一定的了解；可以享受门票预约机制等。

客户在游中的体验：衡量指标包括可以获取现代自助导游系统，租借智能导游终端；或者可以用手机下载智能讲解服务客户端；自驾游的游客能够享受到智能停车场管理系统提供的便利；景区建有多媒体展示体验中心；旅游途中可以获得相关的游客咨询服务和投诉服务；通过旅游资讯网或手机客户端能够实时查看景区的游客量、天气、景点介绍等重要信息；还能实时查看景区旅游舒适度和拥挤度，以便安排行程等。

客户在游后的体验：衡量指标包括是否能够基于网络平台对服务质量进行实时评价、意见反馈以及抱怨投诉；是否便于发布游记、感受、日记、照片等内容；以及游客的抱怨、投诉是否能够得到及时回馈和妥当解决等。

对游客在整个旅游活动中的体验质量和效果进行科学考察，可以从游客需求层面对智慧旅游建设的成效和水平进行评估，进而保障智慧旅游供给的质量和改进的效果，保证游客能从智慧旅游建设成果中获益，切实地提高旅游感受和体验。

（2）企业管理维度

从企业管理维度进行衡量，主要目的是为了考察旅游企业是否实现了智慧管理，是否成功地借助高科技技术提升了智能管理水平，以及智慧旅

① 黎忠文，唐建兵，刘龙蛟．智慧旅游公共服务评价指标研究——以四川省为例［J］．资源开发与市场，2014，30（11）：1302.

游建设项目的投入水平和建设力度等。

衡量指标包括旅游企业是否制定了智慧旅游发展规划并建立了智慧管理系统，如智慧景区是否有景区实时监控系统、是否为游客提供电子导航和电子导游的服务等；智慧酒店是否有智能点餐系统、建立便于管理的电子档案等；智慧旅行社是否建立起客户关系管理系统，为海量游客带来个性化订制服务等。

需要考察这些旅游企业的信息化建设水平，包括引入环境监测、视频监控等先进技术进行智能管理；为游客提供多种客户端软件平台，便于游客下载、查询、预订、在线交流等；并且能够对客流情况、客源信息、客户端使用情况等进行数据收集、统计和智能分析①。

还要评估这些旅游企业的交易管理水平，包括建立网上交易平台，通过门户网站、手机终端等进行促销和信息推送服务；能够支持多种支付手段，如网上支付、手机支付、POS 机、快捷支付、二维码支付等技术的应用，以及支持旅游一卡通、电子年卡等现代化支付手段和技术。

对这些旅游企业的智慧管理水平和信息化建设水平进行考察和评估，才能够真正把握城市智慧旅游建设项目的发展水平和实际水准，促进城市智慧旅游建设的前进步伐和推广的力度。

（3）旅游产品维度

智慧旅游建设的具体成果最终体现在各式各样的旅游产品和旅游服务项目上，这些旅游产品是否运用了旅游信息化技术、是否带给游客全新的体验，是否能够满足市场的现代化需求，都是评估实施效果的主要准则。

旅游产品的设计是否能够通过对大数据的统计、计算和深度挖掘，最终设计出满足游客需求的个性化、创新化、丰富化的旅游产品，并能够针对不同类型的客户群体，尤其是小众化群体设计出适应其独特需求的特色产品，从而实现精准化营销。

旅游产品的销售是否实现电子商务化，采用电子门票形式；通过门户网站和商务平台能够方便快捷地进行网上预订、更改、取消等；能够实现

---

① 邓贤峰，李霞．“智慧景区”评价标准体系研究［J］．电子政务，2012（9）：103.

对旅游产品及服务的实时在线评价、打分、反馈、建议等。

旅游产品的展示可以借助网络技术和多媒体技术进行预览，旅游景区、旅游酒店等可以设置多媒体展示中心，采用虚拟现实技术、人机交互技术和传感技术等实现对一些旅游产品的全方位展示，并给予游客新鲜有趣的体验和无与伦比的感受。

对旅游产品的各个维度进行科学考量，是评估智慧旅游建设成果的最终依据，目的是为了保障智慧旅游建设成效能够扎实地落实在旅游产品的改进和展示上，确保旅游产品及服务项目的信息化和智能化升级。

（4）收益风险维度

发展智慧旅游的根本目的是为了获取更好的经济效益和社会效益。社会效益在于完善城市的旅游功能，提升当地的旅游形象，提高旅游行业的服务水准，提高海内外游客的满意度等。经济效益在于推动旅游产业的转型升级，提高旅游产品的核心竞争力，拓展客源市场，增加多元化和个性化的消费项目等。

智慧旅游的应用端和支撑端都需投入高额支出，像各种商务平台、监控系统和虚拟系统等常见的智慧旅游建设项目都价格不菲；而后期对于基础设置和系统体系的维护成本同样高昂，包括对数据库的管理、软件升级、系统维护、设备维修等方面同样要付出大量的人力、物力和财力。鉴于智慧旅游的信息化改造和技术升级所带来的高额成本，智慧体系投入使用后是否能够达到非常良好的经济效益，还需谨慎预测。

智慧旅游常用的网络商务模式也同样存在收益风险，付出成本搭建的电子商务平台和研发的手机客户端在竞争激烈、高淘汰率的背景下，未必能够达到相当高的访问量，因而是否能够获取游客的欢迎和满意，是否能够取得突出的营销效果、显著提高利润收益，也是同样面临风险的。

通过考察前期基础投入、旅游产品的成本支出、智慧平台和技术的使用效率、客源市场的变化、旅游产品的核心竞争力等各方面，可以综合衡量智慧旅游建设的收益风险。对智慧项目建设的收益风险进行准确评估，才能够保障智慧旅游建设真正收到实效，取得良好的经济效益及社会收益，避免铺张浪费、华而不实的“面子工程”。

3. 安全保障体系

智慧旅游建设项目并非是一蹴而就、一劳永逸的，相反，智慧旅游投入多而风险大，在实际工作中也需慎重发展，并进行安全防范，全方位加强系统的安全等级。

智慧旅游依赖于信息技术的使用和改造，而信息技术本身就隐藏一些安全风险。例如，智慧旅游的建设往往涉及各种数据库的建立和维护，包括：GIS 地理信息数据库、旅游资源数据库、客户关系数据库等，这些数据和信息一旦遭到窃取和泄露，可能会给旅游企业和旅游者带来一定的安全风险。企业要防范被竞争对手获取重要资料，而旅游者的个人敏感信息，如用户名、密码和账户信息等要防止被盗用，因此必须重视并做好信息安全保障工作，确保旅游企业和旅游者的合法权益不受侵害。

另外，网络商务给游客带来了极大便利的同时，也滋生了日益严峻的网络诈骗活动，需要警惕虚假网站、虚假信息和钓鱼网站可能给游客造成的利益损失。旅游行业在向游客提供 APP 链接、二维码服务和信息推送的同时，也要防范一些木马软件、病毒和恶意程序的入侵，否则可能造成消费者信息泄露的威胁，对消费者权益可能会造成损害。

通过考察数据库的管理机制、信息管理和信息安全的规范、网络安全、舆情监控、预警机制、应急救援和事故处理等方面的指标，可以对发展智慧旅游所潜在的安全风险进行评估，继而采取相应措施尽量降低安全风险，保障智慧旅游建设中的信息安全。

4. 运营管理体系

智慧旅游的建设和运营是一项复杂的系统性工程，要想保证智慧旅游按照预期目标顺利运转，需要一定的模式为其提供科学的借鉴和指导①。因此，在城市智慧旅游体系的建设中，重视技术问题的基础上，要更加注重构筑合理的运营管理体系，保证系统建设的有效运转。当前智慧旅游体系建设运营主要分为自主运营模式、联合运营模式和其他模式三大类。

---

① 王德红．智慧城市框架下智慧旅游的运营研究［D］．中国海洋大学，2014.

表 4-1 智慧旅游的运营模式分类表

分类标准	分类	分类标准	分类
投资和运营主体是否一致	自主运营模式	主体性质不同	政府投资，政府运营模式（G+G 模式）
			企业投资，企业运营模式（B+B 模式）
	联合运营模式		政府资助，企业特许运营模式
			政府主导，成立专门的运营机构模式
			政府投资，业务外包模式
			政府、企业共同投资和运营模式
其他模式	智慧旅游社区运营模式		
	行业协会纽带模式		

自主运营模式主要是一个组织对项目进行投资和运营，但是单一的由政府或者企业进行运营管理，都很难保证其良性运行；联合模式是多个组织进行责任划分，共同参与项目的投资、建设和运行，可以有效调动社会各方资源，发挥政府和企业的最大效能，保证智慧旅游体系的顺利运转；其他模式主要包括智慧旅游社区运营模式和行业协会纽带模式，前一个模式，北京市部分地区已经率先开始实行，但它重在以某一类市场人群作为服务主体，尚未在全国范围内推广，有一定的局限性；后一个模式在国外应用较为广泛，但我国的行业协会处于发展初期，权利相对较小，地位不明确、功能不完善，难以单独发挥管理作用。

综合考虑，本书认为在智慧旅游体系的建设过程中，应当采用“政府主导、部门协作、企业主体、市场运作”的运营管理模式，形成多方参与、共同合作的管理体系。

政府主导。在智慧旅游的发展中，政府充当了主导者的角色，这一思路的优势在于政府作为主导者能整合各种优势资源、协调各方关系，从而节约资源，提高效率①。政府是智慧旅游城市建设的组织者、管理者、保障者和参与者，是智慧旅游发展的直接动力。在智慧旅游建设方面，要积极发挥政府的领导、统筹和协调作用，主要负责总体规划、数据中心、公共信息服务、旅游安全应急管理、行业监管等智慧旅游平台建设，在政

① 唐洪广．发展智慧旅游需关注的几个问题［N］．中国旅游报，2014-01-15.

策、资金、配套设施上给予支持，与工商、税务、交通、公安、卫生、媒体等相关部门做好协调工作，集中力量、打好基础、整合资源，推动智慧旅游又好又快发展。

表4－2 我国智慧旅游专营机构一览表

机构名称	成立时间	成立方式	机构性质	主要运营项目
大连智慧旅游电子商务有限公司	2012.12	政府主导	智慧旅游运营支撑机构	“i慧游”网站
上海旅游网旅行服务有限公司	2008.1	政府、企业合资共建	智慧旅游运营机构	旅游官方网站、旅游触摸屏服务系统、旅游局诚信管理系统、旅游热线“962020”、iTravels手机导游，iHotels－酒店旅游智能服务系统等
乐旅－海口智慧旅游电子商务平台	2013.1	政府主导，多公司共建	智慧旅游运营支撑机构	免费为各景点、酒店、旅行社、旅游商品等商家提供数据采集、信息分析、景区定位等旅游咨询宣传服务
河南省智慧旅游服务有限公司	2010.4	政府主导	智慧旅游服务运营商	河南智慧旅游信息公共服务运营平台和“智游河南”手机APP客户端
国家智慧旅游服务中心	2011.5	政府主导，多公司共建	股份制公司	是智慧旅游数据交换中心、运营维护中心、呼叫服务中心，负责整个智慧旅游项目的管理、运营和服务
云神科技股份有限公司	2011.9	政府组建	股份有限公司	建设了以国家智慧旅游服务中心、中国智慧旅游云计算平台等为主要内容的服务全国的智慧旅游公共支撑体系
四川旅游信息产业公司	2009.12	省旅游局与四川电信共同出资建设	有限责任公司	运作两个项目：“一平台”——旅游行业平台、“一号码”——12301旅游服务热线
贵州黄果树智慧旅游有限公司	2013.2	政府主导，多企业合资共建	有限责任公司	“景区＋文化＋技术”的创新合作模式，搭建贵州旅游区域电子商务总平台

部门协同。智慧旅游发展具有分散性、社会性、系统性、集成性。推进智慧旅游工作，不能局限在旅游系统内，需要依托智慧城市建设，整合公安、交通、国土、城建等相关部门资源，进行数据对接，整体推进，实

现工作协同，信息共享，形成城市智慧旅游发展一盘棋。

企业主体。旅游企业是智慧旅游的受益者，也是智慧旅游实施的重要组成部分。智慧旅游必须以企业为主体，做到自愿建设、自主建设，引导人才、资金、技术等要素向企业集聚。

市场运作。智慧旅游是一项复杂的系统工程，建设资金投入量巨大。当前在城市智慧旅游体系建设过程中，初步测算，仅政府主导的基础性项目及智慧旅游业态项目就需几亿元的建设资金，因此城市智慧旅游体系建设必须采取市场化运作模式。政府出台智慧旅游产业发展政策，吸引通信运营商、IT企业、媒体传播企业、金融企业、旅游网络服务商等企业进入智慧旅游产业进行投资与运营，并进行城市智慧旅游体系共建。

综上所述，通过制定城市智慧旅游建设的标准规范体系和安全保障体系，能够保障城市智慧旅游的建设符合国家旅游局关于智慧旅游发展的指导意见，建立起完整、规范、系统的一系列智慧旅游项目，并顺利实现城市智慧旅游建设的宏观目标；同时，进一步完善城市智慧旅游建设的效果评估指标体系和运营管理体系，能够督促旅游管理部门、旅游企业的管理水平、服务水平能够切实地得到提升，同时能够保障城市的智慧旅游建设朝着注重实效、保障收益、信息安全的方向不断发展，力争在旅游供给侧改革方面做出新的成绩。

第5章

>>> 城市智慧旅游服务体系建设重点

城市智慧旅游服务体系通过庞大的系统工程，提供面向游客的公共服务、政府管理、基础设施、营销宣传、智慧旅游产品等方面的服务，实现大数据、大产品、大旅游的信息共享，有效地避免“信息孤岛”带来的负面影响，为游客带来多样化、个性化的旅游体验，实现传统旅游管理方式向智慧管理方式转变，是智慧旅游体系建设中的重点。

其中，旅游公共服务是智慧旅游发展的基础，是旅游产业升级转型的助推手，是旅游服务水平提升的支撑，只有做好旅游公共信息服务建设，才谈得上发展智慧旅游①。其主要包括四个方面，智慧旅游基础设施系统方面，智慧旅游的建设和发展离不开智慧城市发展建设中以通信网络、互联网网络、云计算平台、物联网为代表的信息基础设施，它们是智慧旅游海量信息传递不可或缺的通道②。但本书主要从面向游客应用层面论述，主要包括无线网络全覆盖、旅游数据库建设、旅游刷卡无障碍、二维码识别普及基础设施的建设和配置，扩大了智慧旅游的覆盖范围和操作便捷性，为智慧旅游的发展打下坚实的基础；智慧旅游信息服务系统，主要包

---

① 乔海燕．关于构建旅游公共信息服务系统的思考——基于智慧旅游视角［J］．中南林业科技大学学报（社会科学版），2012，6（2）：27－29．

② 杜鹏，杨蕾．智慧旅游系统建设体系与发展策略研究［J］．科技管理研究，2013（23）：44－49．

括游前的旅游信息服务系统，提前为游客提供旅游咨询和服务信息，及游中的旅游信息咨询系统、旅游信息指示系统，便于游客在游程中获得实时旅游信息；智慧旅游交通引导系统和智慧旅游购娱系统，主要是为游客提供实时的交通、购物、娱乐方面信息，在交通、购物、娱乐方面提供便捷、易与操作的消费环境。

智慧旅游管理系统由景区、酒店、旅行社、乡村和政府五个主体组成，这些公共管理与服务部门是智慧旅游的主要应用对象。通过智慧化管理，让服务更加高效、政务更加透明、信息更加公开、统计更加便捷，切实为游客带来实惠和便利，实现智慧管理及智慧对客服务。

智慧旅游突破了时间、空间限制，为目的地提供更多亲近潜在游客的市场营销渠道。通过对游客消费特征、消费场所等信息的统计，为旅游目的地的精准营销提供了精确的数据支持，改变了企业营销和游客决策方式。该系统主要由新媒体营销、电子商务营销、基于网络的旅游目的地营销组成。

5.1 智慧公共服务系统

随着旅游经济的发展，以及生活方式等的转变，一方面人们对旅游服务的要求越来越高，并且从对旅游企业服务高要求转化到对旅游公共服务的高要求上去，另一方面旅游公共服务体系建设既是衡量一个城市旅游业成熟程度的重要标志，也是现代服务业谋求更好更快发展的必然要求，但是目前各地的旅游公共信息服务建设存在一定的问题①。智慧旅游公共服务系统是城市智慧旅游体系建设的核心，建设智慧旅游公共数据服务中心，打造统一的中央管理平台和旅游资源数据库，以确保旅游相关数据的有效整合和资源共享，以游客为中心，根据游客对旅游目的地各要素信息

---

① 张国丽．智慧旅游背景下旅游公共信息服务的建设——以浙江为例［J］．科技经济市场，2012，(3)：41－43.

的需求，从旅游前、中、后时段将旅游信息传递给游客，包括游前的旅游信息汇总、游中的精准服务、游后的经验分享。面向游客的智慧旅游公共服务系统主要包括以下四大方面。

5.1.1 智慧旅游基础设施系统

基础设施服务体系主要包括智慧旅游发展需要涉及的各类基础设施及技术支持，以及能为游客带来便利的惠民工程。建设智慧城市要通过互联网、现代通信网和物联网把城市中的物理基础设施、信息基础设施、社会基础设施和商业基础设施连接起来，建设成新一代的智慧化基础设施①。技术是支撑整个智慧旅游的基础和关键要素，加大对客户服务技术应用层面智慧旅游基础服务设施的投入，确保旅游信息的准确和及时更新以及基础设施性能的稳定有效性，能够实现旅游产业链上各个系统高效地协作，从而打造一体化、智能化的城市旅游基础设施，发挥智慧旅游的最大功能，主要包括以下重点建设项目。

1. 无线网络全覆盖

无线网络的全覆盖，实现不受时间地点限制的高速数据传输，为旅游管理与服务所需的数据交换提供方便；帮助游客玩转各类旅游应用，有效提高游客随时随地获取城市旅游信息的便捷度，也是当前问卷调查分析中，游客需求最强烈的智慧旅游服务项目。无线网络建设主要包括 Wi－Fi 应用环境和 2G/3G/4G 网络应用环境，在景区、酒店、火车站、机场、汽车站、商场等公共场所实现无线网络、光纤网络等宽带基础设施的全覆盖，与有线网络无缝连接，实现游客在无线和手机网络环境下都能够连接网络，获得旅游信息、手机导航、在线预订、休闲娱乐等实用服务的智能感知和方便利用，享受智慧旅游带来的信息化互动体验。

---

① 张永民，杜忠潮．我国智慧城市建设的现状及思考［J］．中国信息界，2011（2）：28－32.

发展成熟后，可以利用免费 Wi - Fi 来宣传旅游目的地和景区。用户搜索到 Wi - Fi 后，通过设备，无须输入密码连接，直接把旅游目的地和景区的服务与特色搬到手机屏幕上，引导用户使用景区提供的旅游地图、省钱攻略，自助领略景区最美的风景，享受最好的服务，多种路线对比选择，激发游客的探险与冒险精神，引导页面也可设置美食专栏，让游客清楚的了解本地民俗特色与美食特点，电子地图轻松查看，不必担心走错路或错过各大景点，完成游客的信息引流。

2. 中央管理平台

智慧旅游以旅游信息化和旅游数据积累为基础，通过智能化的手段，将集中存储的数据按照标准，通过各种平台发布和使用，实现旅游信息的共享、互动与管理，游客与目的地服务要素的相互感知。旅游业是综合性、关联性强的行业，涉及多个行业，因此，需要建立中央管理平台，作为智慧旅游的枢纽中心，汇总和处理旅游信息资源数据库中覆盖旅游产业链的数据，统一在一个大的区域界面下实现对这些应用系统的信息获取、操作控制、整合分析、集中展现、信息发布等，对景区、酒店、旅行社等旅游应用系统进行统一协同管理，实现多系统间的信息共享、协同联动，并具备旅游信息监控和目的地营销等功能，为政府机关、游客、企事业单位、旅游相关行业提供不同的入口，实现信息资源、数据资源及决策分析共享和互动等众多功能性应用。当前，很多城市已经以政府为主导建立了中央管理平台，逐步实现了旅游信息全覆盖、旅游管理全方位、旅游服务线上线下无缝对接的智能化服务。

3. 旅游刷卡无障碍

利用信用卡、支付卡消费是未来智慧旅游发展的趋势，但很多城市还缺少无障碍旅游刷卡的消费环境，涉旅企业除酒店外，很少提供刷卡服务，出现如乘坐公交车需要提前自备零钱，旅游中仍要寻找银行跨地区取现金等问题，给游客的出游造成很大的不便。旅游部门、银联分支机构与第三方机构要加强合作，提供优惠的金融服务政策，在旅游景区、旅行

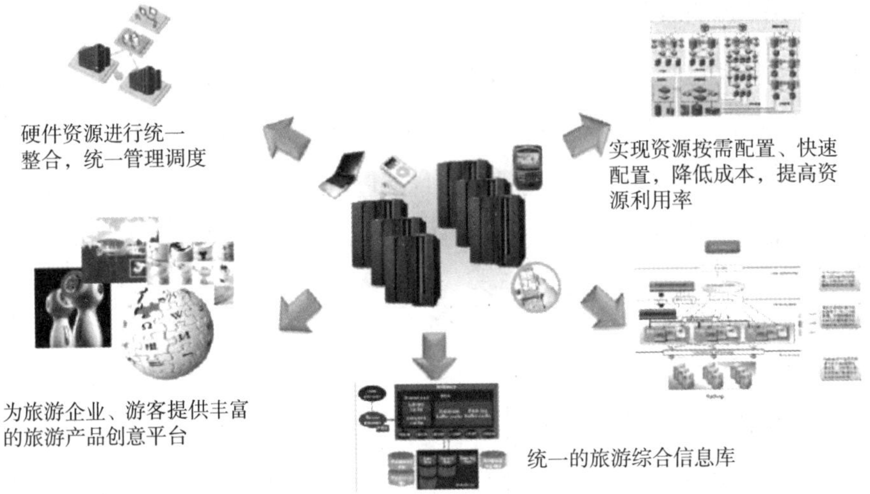

图5－1　中央管理平台功能

社、酒店、旅游咨询中心、旅游服务代理点、餐饮、购物、娱乐等各类旅游消费场所安装POS终端刷卡机，提供刷卡服务，实现游客出游的电子化、便捷化消费；推动银行发行统一标准、统一标识、具有多种旅游优惠功能和当地特色的旅游一卡通，达到智慧旅游刷卡系统的全行业覆盖和无障碍使用。

4. 二维码识别普及

游客通过手机、平板电脑等便携式智能终端，扫描二维码，关注后即可获得旅游资讯、景区酒店服务、优惠促销、在线预订等信息，极大地方便了游客的出游，越来越受到游客的广泛欢迎。二维码识别普及系统是智慧旅游的基础工程，防伪性能较好，信息容量大，在景区、酒店、游客咨询中心、商场、交通枢纽等人流密集处设置明显的二维码识别标志及商务移动终端识读设备，涉旅企业工作人员积极向游客推广和介绍此项服务，为游客提供简单易行的电子化自助式智慧旅游服务。当前智慧旅游发展较为迅速的景区已经引进二维码识别器，游客微信购票后，在检票处扫描手机二维码门票即可进入；建立了二维码自助语音导览系统，游客用手机扫描景点LED屏、公报板、导游图等处印制的二维码，即可免费收听语音或视频讲解，这些做法都很值得借鉴和推广。

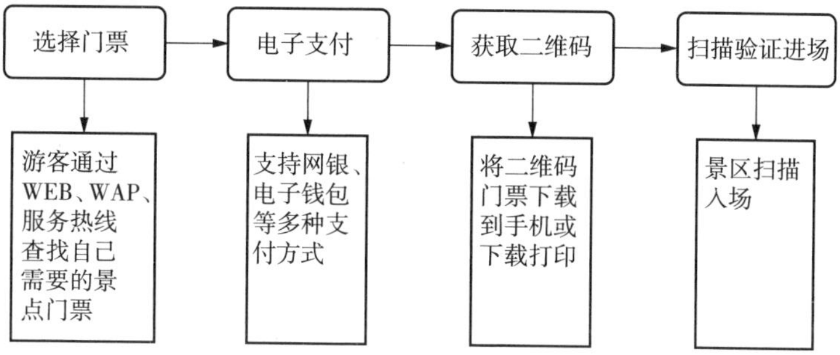

图 5－2　景区二维码门票

图 5－3　景区二维码自助语音导览系统

5.1.2　智慧旅游信息服务系统

旅游信息服务系统，以游客为中心，根据游客对旅游目的地各要素信息的需求，从旅游前、中、后时段将旅游信息推送给游客，包括游前的旅游信息汇总、游中的精准服务、游后的经验分享等。面向游客的智慧旅游信息服务系统主要包括旅游信息系统、旅游信息指示系统及旅游信息咨询系统三大方面。

1. 旅游信息系统

旅游信息服务系统主要包括在线信息门户网站和新型媒体公共服务平台两部分，按照统一标准采集旅游信息，并按类别集中存储在旅游信息基础数据平台，并在以上平台发布，以实现旅游信息的公共服务功能，为游客的出游提供决策依据和相关注意事项。

（1）在线信息门户网站

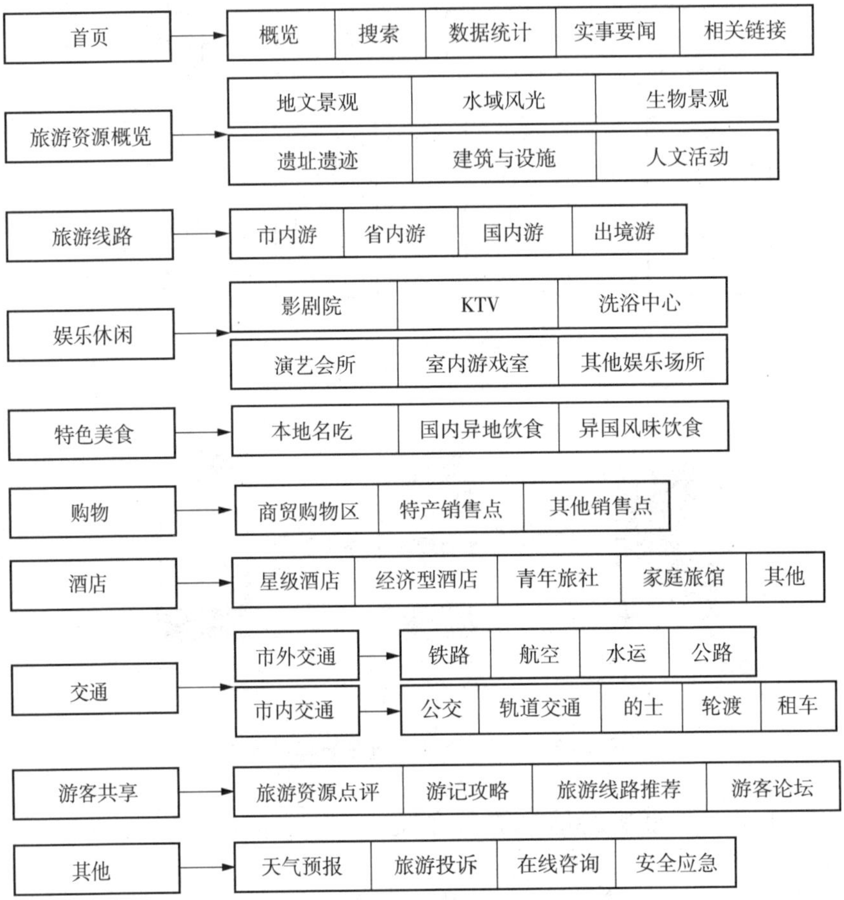

图 5－4　城市旅游信息网内容

在线媒体门户主要包括旅游官方网站、手机 WAP 官方网站、专业旅游网、旅游资讯网、旅游点评网、旅游贴吧等与旅游相关的论坛、智慧旅游门户网等，根据网站建设现状分工，将分散的专业网站各有侧重发展，共享链接，资源共享介绍目的地旅游现状，主要发布城市概况、景区景点、主题线路、城市人文、食住行游购娱指南、咨询服务、出行指南、旅游工具箱、旅游投诉、在线咨询等旅游相关的全面信息，通过图像、视频等动态画面展现城市资源特色和吸引力，并与游客形成有效互动，更专业地为游客提供全面、精确、时效性强的旅游信息。

（2）新型媒体公共服务平台

新型媒体公共服务平台主要包括微博、微信、APP智能终端应用等。当前游客的出游越来越愿意征求亲朋好友的意见，正面积极的口碑传播有助于增加游客的信任感和品牌亲和力。新型媒体公共服务平台为旅游目的地和游客提供一对一的交流互动平台，可借助此平台分享目的地各旅游要素的实时信息、图片、活动信息、饮食特色、人文风情、旅游攻略、游客评价等内容，举办抽奖活动等互动项目，不断提升目的地旅游形象，拉近与游客的距离。山东省旅游发展委员会官方微博多达808万粉丝，在全国官方微博中位居榜首，被评为2014“全国十大旅游机构微博”，山东17个城市也已全部开通官方微博，微博已经成为山东对外宣传、游客了解山东旅游的一个重要窗口和平台，各个城市在新型媒体公共服务平台的建设方面需要进一步的探索和加强。

2. 旅游信息咨询系统

旅游信息咨询系统是游客到达目的地后使用最多的一项服务和首选服务，也是旅游公共信息系统中的基础。该系统包括旅游服务咨询热线（可提供多种语言）、旅游咨询中心（多种语言）、游客服务中心、游客集散中心等。这些咨询中心、咨询店、咨询点以网络状遍布目的地各个角落，让游客在需要帮助的时候随时能够找到想要的咨询场所①。

（1）智慧旅游呼叫中心

建立覆盖全市范围的12301旅游咨询服务热线，为游客提供景区介绍、旅游交通咨询、指路服务、旅游线路介绍、旅游商品推介、酒店机票预订、餐饮预订、旅游紧急救援、旅游企业信息等全方位的旅游服务，实现一号呼入，各地协同答复，提供游前咨询顾问、游中实时帮助、游后投诉受理等信息服务。

除了咨询服务功能外，12301已经成为全国旅游投诉热线，能够在第一时间将投诉信息转发到所属地旅游质检执法机构，大大提升了各地旅游

---

① 乔海燕．关于构建旅游公共信息服务系统的思考——基于智慧旅游视角［J］．中南林业科技大学学报（社会科学版），2012，6（2）：27－29.

投诉的便捷性和处理率。2016 年十一国庆假期，12301 全国旅游投诉举报平台共接到旅游投诉 1674 件，服务接通率为 95%，因此，各个城市应当与国家平台对接，及时做好旅游投诉电话更替和宣传工作，为游客提供良好的旅游投诉渠道和处理环境。

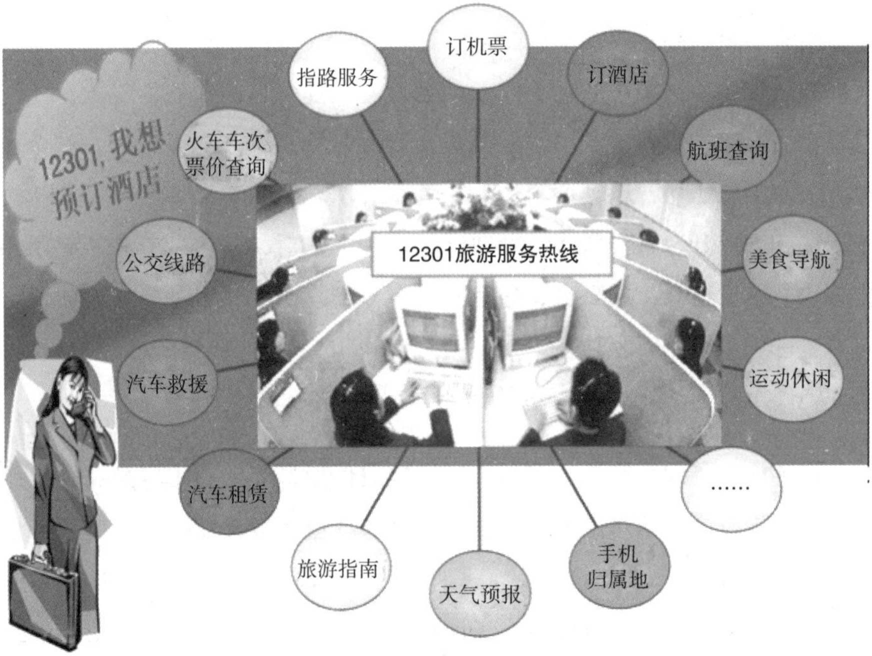

图 5－5　12301 旅游服务热线

（2）旅游咨询服务中心

在重要交通枢纽（火车站、飞机场、汽车站）、热点景区、商业中心设置大型的旅游咨询服务中心，借助 4D 影院、电子沙盘、虚拟现实、3D 动画、电子导览等新技术展示当地特色。在其他交通枢纽、景区、广场、公园等人员密集处适当设置小型旅游咨询服务点，在各点配备电脑，适当配置工作人员，提供旅游信息咨询、旅游相关预订代购、游客投诉接待、免费的旅游资料发放、旅游紧急救援服务、品质商家推荐、公益服务，以及其他商业增值服务，打造全面的旅游咨询管理体系，在游客出行中提供准确、及时的旅游信息。

（3）触摸屏自助咨询服务

在旅游集散中心、景区、酒店大堂、机场、车站、广场、商业中心等公共场所，设置旅游信息查询触摸屏，以文字、图片、音像、视频、三维电子地图等多种形式，24 小时为游客提供全方位的资讯和消费娱乐服务信息，内置信息主要涉及城市“食住行游购娱”相关的旅游信息，常用电话、天气预报、咨询点查询、银行分布等公共信息，提供游客投诉、旅游调查等信息反馈和政府信息，支持远程浏览与控制，实现系统各部分内容的实时更新与发布。

（4）智慧旅游体验中心

将智慧体验与游客咨询中心功能结合在一起，建设城市智慧旅游体验中心，以服务智慧旅游为目的，成为智慧旅游的统筹管理核心，加强游客与景点之间的枢纽和联系，整合城市与人文历史、地方文化、民俗风情、历史遗迹、非物质文化遗产、旅游产品等旅游资源，运用高科技手段，围绕旅游行业打造具有核心竞争力的智能化服务项目，如旅游信息发布平台、当地旅游资源宣传平台、美食和特产展示和预订平台、目的地城市虚拟旅游体验平台、互动旅游体验平台等。集旅游咨询服务、旅游交通集散、特色美食汇聚、休闲娱乐购物、旅游体验展示、智慧旅游应急管理等功能于一体，为游客提供更加智慧化的旅游信息获得途径、便利的服务、智慧化的旅游资源预先体验，成为国内外游客了解城市及旅游整体概况和精品景区的重要场所、城市形象展示的窗口和中心，增强城市旅游资源的吸引力。

借鉴案例：

湖北云旅游客厅

2017 年 5 月正式开放的武汉云旅游会客厅，总规划面积 7000 平方米，分为地下一层、地上三层，内设东湖游船候船厅、保税馆和荆楚四大馆（楚食馆、手信馆、云秀馆、体验馆）。旨在为游客提供精准智慧服务，一键解决来武汉游客的所有出行烦恼。以荆楚文化为主题，独创性地将"云技术平台""智能感知"等概念首次融入旅游项目之中，开创了我国大数据云旅游展馆的先河，是国内首个城市形象宣传平台、特色景区和旅游产品展示平台、旅游信息发布平台，以及数字化互联网智慧旅游平台。

城市形象宣传平台：呈现湖北乃至世界各地的特色旅游资源；提供360度城市文化主题包装。

特色景区和旅游产品展示平台：国内首个专为旅游景区推广而打造的智慧旅游推介平台；展现具有地方文化符号的礼品和传统美食；运用VR等国际领先高科技手段，并辅以各地人文风俗文艺演出，打破时空与地域的限制，再现各地旅游景区实况的同时，与游客产生良好的互动。

旅游信息发布平台：省内外游客了解湖北最直接的互联网和实体门户；通过智能中控一键联动技术，与场内多馆形成主题联动，打造多维一体互动舞台；提供贴心的"私人订制"服务；运用大数据数字沙盘，呈现庞大云旅游共享数据库，让游客随时随地接受最新旅游动态。

数字化互联网智慧旅游平台：一站式旅游信息化公共服务支撑平台；独有的云技术和互联网技术平台打造旅游信息共享数据库；开启双线立体整合营销模式，建立多有的网络营销"五大体系"；一键下单，快递回家的智慧购物服务，让游客彻底进入旅游数字化"触摸时代"。

表5－1　武汉云旅游会客厅展馆

展馆	概述
楚食馆	汇聚17个地市荆楚美食，智能点餐，线上线下随心支付，一站式体验地道美食
手信馆	高科技购物体验，为游客提供湖北特色旅游商品来源展示、咨询、订购、送货双线立体整合的一站式服务，一键下单，特产即可快递回家
云秀馆	设置旅游服务中心及旅游推介中心两大功能区。前者为游客提供各大旅行社的服务窗口，实时为游客提供旅游咨询服务；后者运用多维一体互动舞台，全方位、多角度、智能化的呈现世界各地特色旅游文化

续表

展馆	概述
体验馆	集合湖北权威旅游资源，采用世界一流媒体技术，打造“3.0时代智慧旅游体验馆”。“数字沙盘”为游客呈现相关景点的数据信息；“360°翻转太空舱”带观众在湖北各个城市高空挑战自我；“多维互动体验影院”全面还原生动的湖北美景实况；“VR古城探秘”带领游客回到三国荆楚古城；“旅游改变生活体验间”立体、震撼地呈现全景湖北的雄峻谷壑
保税馆	依托强大的电商平台，满足不同人群的购买需求，为游客提供海外生活方式体验空间
东湖游船候船厅	紧邻地铁4号线楚河汉街站，也是东湖游船汉街码头的唯一上下站口，实现了水路交通无缝链接，集换乘中心功能于一体

3. 旅游信息指示系统

传统的旅游信息指示系统在我国使用较多的是指示牌和目的地的导览图，随着信息化的发展，主要包括智慧旅游信息主动推送服务系统、智慧旅游信息发布系统、智慧旅游标识系统。

（1）智慧旅游信息主动推送服务系统

旅游信息主动推送服务系统利用短信平台在游客进入旅游目的地后提供简单的欢迎信息、天气、交通等旅游资讯、相关客户端及应用程序的下载链接，实现快捷、智能、实时的旅游信息推送服务，提升游客对城市旅游的第一印象，体现目的地对游客的关怀和智慧服务。

（2）智慧信息发布系统

在目的地集散中心、景区等场所建立LED电子显示屏、触摸查询机等，显示电子地图、景区人流量、天气、旅游资讯等内容，实时发布现状。游客前往景区目的地的过程中，旅游行程规划系统与云计算中心连接，时刻更新和发布景区客流量、路况、停车状况等实用信息，方便游客变更目的地的选择。

（3）智慧旅游标示系统

在游客服务中心、景区、酒店、商场、娱乐场所、交通枢纽和换乘中心等场所的显著位置，设置丰富的智慧旅游相关使用标识，如Wi－Fi

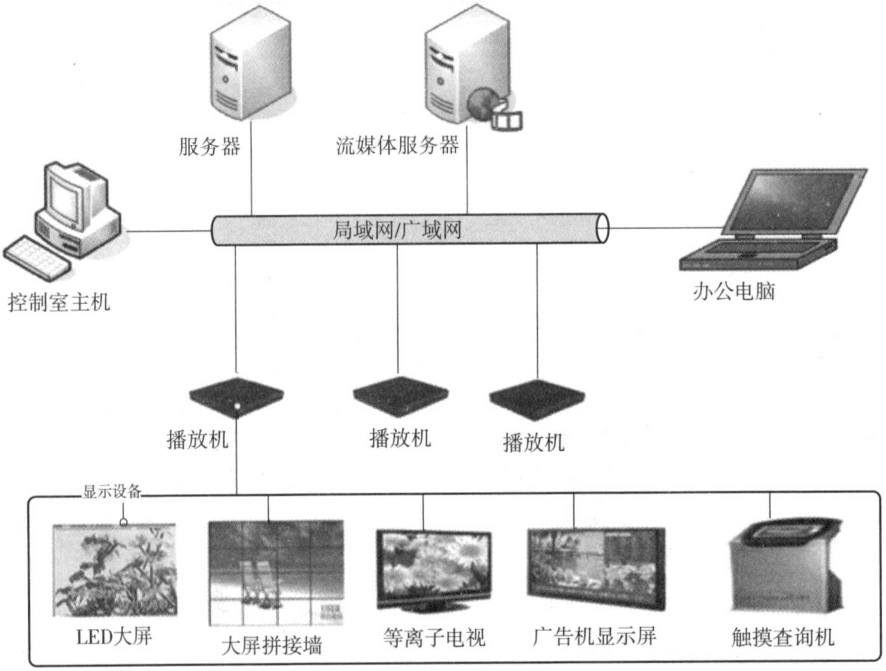

图 5-6　智慧旅游信息发布系统

标识、WLAN 标识、移动终端应用下载、二维码标识等，提示游客可以在该区域范围内使用相应的智慧旅游服务，方便游客获得及时的旅游资讯。

图 5-7　智慧旅游标示

5.1.3　智慧旅游交通引导系统

城市旅游交通实现游客从客源地到旅游目的地城市以及在旅游城市内

部的空间转移。智慧旅游交通实现交通基础数据的采集、分析和推送，通过 GPS 定位进行行程设计、路况介绍，通过道路监控系统实时掌握公交车、旅游运输车的位置和运行状态，实现对交通事故等紧急情况的预防和及时发现。将公共智能自行车加入智慧旅游系统，打造智能停车场，方便游客的出行和深度旅游。智慧旅游交通与旅游信息数据信息共享，为游客提供智能化的交通服务。

1. 旅游行程设计系统

越来越多的游客转向自助游，他们比较关注旅游行程中的路况、路标、停车场、景区开放时间等情况。智能行程设计系统有成品路线规划、自助路线规划、路线评价、路线信息查询等功能①，预先规划最优旅游路线，显示主要交通枢纽信息，不断动态更新交通阻塞、道路维修等路况信息，如遇到上述情况，及时改变路线，预估到达时间，以方便游客出行，节省游客绕弯路或者连续换乘的时间。同时完善路标及指示牌，便于游客与行程规划系统对照，两者配合，智能引导游客的出行。

在旅游行程设计系统中，未来要逐渐实现更加智能化，实现私人定制的功能。

游客可通过微信或旅游 APP 登录自助定制适合自身喜好、时间的套餐，系统也可根据游客输入的“预算、时间、标准、喜好”等旅游要素自动生成推荐套餐。不再局限于景点游览规划，形成了餐饮、住宿、交通、购物、娱乐的“一条龙”定制。

2. 旅游智能公交

公共交通工具是游客出行的重要交通方式，智能公交系统首先要便于游客的出行，在韩国以及我国台湾地区、北京等地，游客凭借有效证件，均可在地铁站及其他营业点，交一定押金和费用办理临时公交卡，离开时交回公交卡，系统退还押金，城市智慧公交可借鉴此做法，或者建立公交车手机刷卡系统，以方便游客乘坐公交车，去更多的景点。其次为公交车

---

① 林俊. 智能旅游行程规划系统研究［D］. 北京邮电大学，2010.

配备 GPS 监控系统，将车辆调度、公交信息发布、实施监控融为一体，统一智能化管理和监控，在公交站亭通过显示屏，实现公交车运行信息的可视化。建立“公交便民”查询微信公众号或手机 APP 客户端，游客加入系统后，可查询动态公交信息，了解公交是否发车、尚有几站、多长时间到达，让游客能够合理安排时间。此外，主要旅游城市可开通配备以上智能功能的节假日、城郊旅游专线智能公交车。

借鉴案例：

南京智慧交通 APP——“南京 e 交通”

“南京 e 交通”包含公交、地铁、自行车、航空、铁路等所有出行方式的实时信息。主界面上包括公交换乘、实时公交、实时路况、长途查询、地铁查询、轮渡查询、路况截图、高速互通、火车查询、航班查询、公共自行车、交通办事等功能。

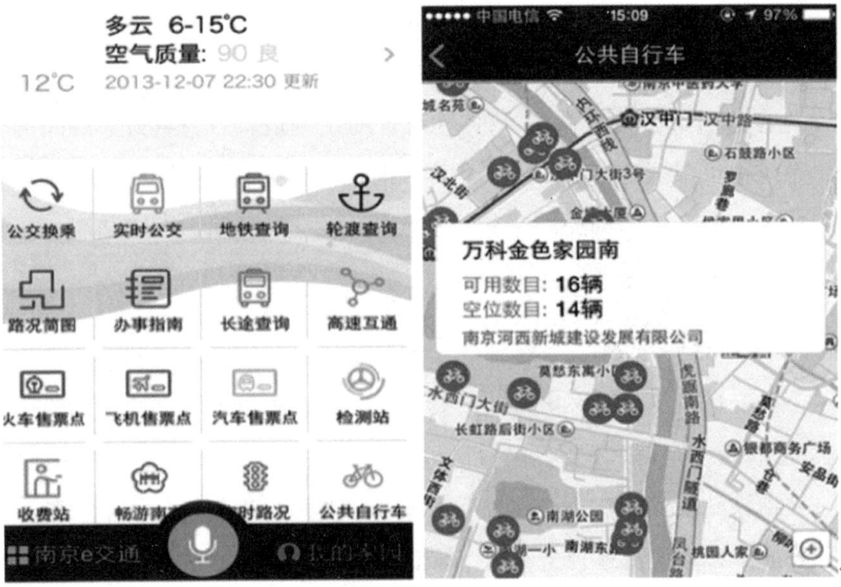

图 5－8　“南京 e 交通”操作界面

不仅仅是公共交通工具实时出行信息的简单查询功能，“南京 e 交通”

提供了更精准的细化服务。以地铁服务为例，不仅提供地铁站点换乘、运营时间等基础信息，还清楚地为游客标明各个站是否设有洗手间；公共自行车查询中，详细显示自行车分布站点、空位数等信息；公交车信息查询中，使用者只要输入具体站点等信息，就能从手机上看到自己等待的那班公交车和站台之间的距离以及到站时间。

3. 公共智能自行车

慢旅游和云旅游的对接所打造出的新型自由行、半自由行的旅游模式，作为一种发展趋势已得到了普遍的认同，受到了极度的热捧①。杭州首次将自行车纳入旅游交通体系后，满足了游客对慢游和深度游的需求，受到了游客的欢迎。开封举办了“骑单车智游开封”活动，在市区投入一万辆自行车，建成300个自行车存取点，主要商业中心、旅游景点、交通繁忙及政府办事机构地区为主，且投入使用的每一辆自行车均带有GPS定位、语音导航、景区讲解等功能，可随时查询自行车的停靠地点和时间。这种公共智能自行车的慢游模式可在其他城市继续借鉴和推广。同时，要方便游客租赁，游客凭借身份证等有效证件，交付一定数额的押金，即可在规定时限内租借单车旅游。

4. 智能旅游车辆定位系统

在旅游大巴车上安装GPS定位监控系统，部分车辆可适度安装视频监控系统，旅游交通主管部门、旅行社能实时监控旅游大巴信息，实现对旅游车辆进行身份验证、智能定位、速度监控、安全监测、行车轨迹显示等功能，从而加强驾驶员管理、保障游客安全，在突发事件、紧急情况下及时与旅行社、旅游交通主管部门取得联系并解决。

5. 智能停车场管理

在风景区、酒店、餐饮、娱乐等游客旅游休闲场所建立智能停车场管理系统，动态统计和查询停车场的车位情况，通过车辆引导系统，将停车

---

① 魏宇．慢旅游与云旅游的对接——新型自由行与半自由行旅游模式的构建［J］．中国外资，2011（8）：117.

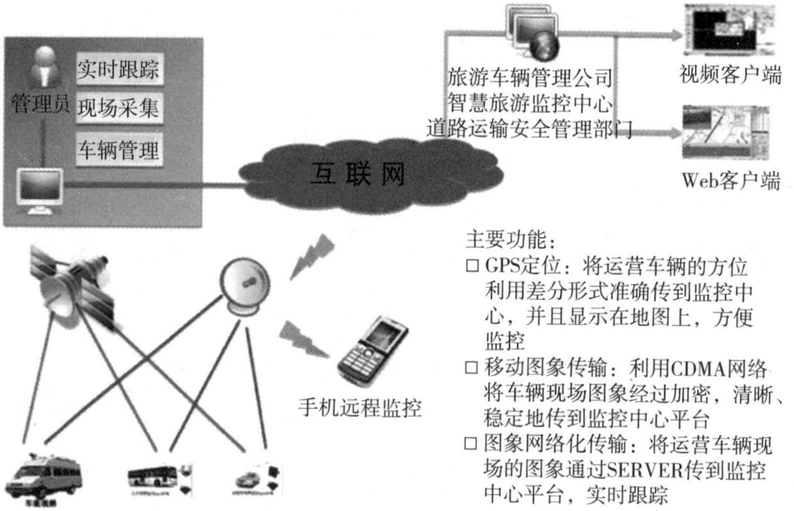

图 5－9　智慧旅游车辆定位系统

场信息发布到道路的 LED 大屏幕上，便于引导游客分流、合理停车。车辆离开时通过网络系统记录进出车辆数据、智能计时收费、收集车辆客源地信息，随时生成所需的报表，减少了人工引导、收费、统计的工作量，也方便了游客的出行。

借鉴案例：

龙门石窟智慧停车场

2017 年 7 月，龙门石窟上线全国首个景区智慧停车场，实现了与停车场摄像头、自动道闸数据互通。游客只需在龙门石窟微信 APP，关联智慧停车场推出的应用程序，无须下载，手机操作方便，便可实现以下功能：

免去停车取卡的程序，入口可自动识别车牌并抬竿；

随时随地查看景区剩余车位数及停车位情况，避免找不到空车位的尴尬；

离开时，无须等待，使用微信支付，自动计算价格，实现线上快速缴纳停车费，出口自动抬竿驶离，即开即进、即出即走。

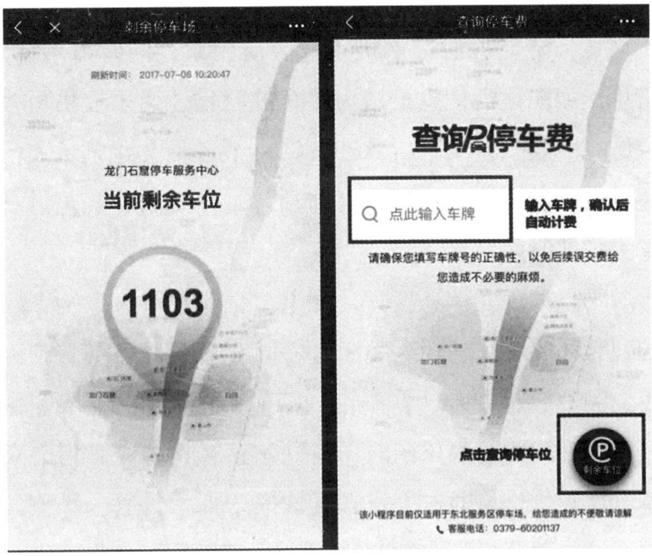

图 5－10　龙门石窟智慧停车场 APP

5.1.4　智慧旅游购娱服务系统

作为旅游配套设施的购物、娱乐方面，是很多城市发展旅游业中的短板，在旅游线路中大多为旅行社安排高价格的旅游购物商店，游客排斥心理比较严重，而比较适合的购物店却很难获知相关信息。因此，将智慧购物融入游客的行程中，游客可获得购物、娱乐方面的有效信息，实现线上购买或线上挑选、线下交易，在购物、娱乐消费上拉长旅游产业链，将会极大地增加旅游收入，打造新的便捷旅游购物、娱乐消费模式。

1. 信息服务与体验系统

旅游六要素中的“购”“娱”与其他要素相比，信息分散，较难统计。各个城市要将旅游购物、娱乐场所的相关信息，录入数据库，依据数据信息建立旅游购物、娱乐信息网站、手机 APP 客户端或者微信公众号，其内容均包括购物、娱乐电子地图、当地旅游土特产、当地非物质文化遗产产品、旅游纪念品、知名旅游商品企业、旅游购物推荐场所等旅游商品信息，以及特色购物商场、商业街、特色步行街、休闲娱乐、文化艺术表演等娱乐场所信息，游客可通过手机预订表演门票，同时显示商家的广告、打折促销信息，智能化的信息推送为游客的购物、娱乐提供更多的便利和优惠，如台湾宜兰娱乐艺文手机 APP，汇总了各种文化艺术表演活动，使用者可以通过软件看到演出信息、提前预订，在娱乐、文艺活动开始前到场即可，省去排队时间。

智慧旅游不仅体现在信息搜索功能上，也应在游客购物、娱乐过程中增加更多的智慧体验服务。在购物场内提供 GPS 导航服务，帮助游客轻松找到购物店、品牌店、咖啡厅、茶馆、KTV、电影院、洗浴等休闲娱乐场所的位置；游客在购物、娱乐同时，在网站、客户端或微信公众号搜索浏览商品信息、比较价格，通过手机在餐饮娱乐商家订餐、排位。通过信息服务与体验系统，不断提高旅游购物、娱乐场所的信息化水平，为游客提供更多的公共信息及智慧旅游体验。

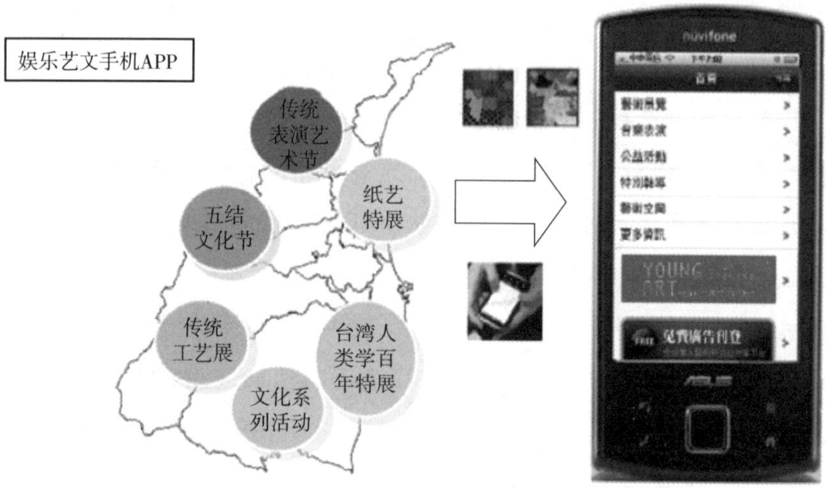

图 5－11　台湾宜兰娱乐艺文手机 APP

2. 旅游特产购物系统

系统为游客提供地方特产展销平台，为旅游商品生产企业、小型购物店、特色旅游纪念品店提供销售平台，游客可根据需求浏览、检索、咨询、收藏、挑选商品，通过比较价格、质量、过往评价等信息，在线订购和支付商品。购买后在线评价，出现问题时在线向旅游商品质量监管部门投诉。游客不仅获得了透明化的旅游纪念品信息，而且购买物美价廉的纪念品和特产，这能有效减少旅游特产市场的乱喊价、乱拿货、强迫购物现象，使商户将重心放在产品质量的提高上，有效规范购物市场秩序。

3. 统一支付结算体系

统一支付结算体系，即城市智慧旅游服务卡、智慧旅游一卡通，集食住行游购娱等各要素为一体的多功能卡，旅游景区、酒店、餐饮、公交、休闲娱乐及大型超市对持卡游客提供一定的优惠折扣，提供技术安全保障，真正实现游客旅游的一卡通功能，提高游客在目的地旅游的便利性，减少停留时间。而一卡通的便利支付手段，也能将更多的旅游资源纳入到游客的旅游行程，提高游客在当地的旅游消费总量。当前江苏、浙江两省和北京均已进行了有益的探索，但当前旅游一卡通的功能主要是持卡后，可以在规定的景区享受不同程度的门票优惠，适用范围小，尚未实现真正的智慧化，这也是未来需要重点发展的项目，通过市场化运作，真正实现城市旅游“一卡通”，为游客带来便捷的智慧旅游体验。

5.2 智慧旅游管理系统

旅游产业转型升级的基础是旅游企业转型升级，企业的传统经营模式被引导至全新的智慧旅游系统平台上，由线下服务转为线上线下相结合、相辅相成的经营模式①。本书的智慧旅游管理体系主要包括智慧景区、酒店、旅行社、乡村和政务管理子系统，并指出相关业态体系的重点建设项目，从而规范和引导智慧旅游的建设内容和发展方向，完善和提升智慧管理和服务，并为城市智慧旅游体系的建立提供参考和借鉴。

---

① 金卫东．智慧旅游与旅游公共服务体系建设［J］．旅游学刊，2012，27（2）：5－6.

5.2.1 智慧景区信息体系

旅游景区是旅游业的核心要素、旅游产品的主体成分、旅游产业链中的中心环节、旅游产业面的辐射中心，因此智慧景区管理服务系统是智慧旅游服务体系中的重点建设内容。智慧景区就是通过传感网、物联网、互联网、空间信息技术的集成，实现对景区的资源环境、基础设施、游客活动、灾害风险等进行全面、系统、及时的感知与精细化管理，提高景区信息采集、传输、处理与分析的自动化程度，实现综合、实时、交互、可持续的信息化景区管理与服务目标①。

以景区管理和游客感知为两条主线，智慧景区主要包括景区内部综合管理体系及面向游客的智慧旅游服务体系。

1. 景区综合管理系统

景区综合管理系统主要实现对经营资源、景观资源、物业资源的管理，涵盖经营资源管理、资产管理、财务管理、自动化办公、景区商户经营、物业管理、环境保护、后勤管理、智能调度、设施维护、景区商户管理等方面，利用流程控制与预警机制以及数据共享机制，实现科学高效的资源经营和服务管理。

系统作为景区数字化信息的控制和调度中心，为电子门票、电子门禁、监控管理、电子巡更和电子导览等系统提供数据支撑和应用整合，实现景区的信息化管理（自动化办公、数字财务管理、商户信息管理等）、景观资源的管理和保护（自然环境监测、文物古迹信息化管理、生物资源保护、虫害防治等）、后勤管理（交通管理、线路管理、应急管理等），以及停车场管理等的系统化管理。

2. 电子门票和电子门禁

电子门票和电子门禁系统减少了传统人工售票和检票带来的速度慢、票务漏洞多、出错率高、劳动强度大等问题，以当代数据技术与通信技术

① 党安荣，张丹明等．智慧景区的内涵与总体框架研究［J］．中国园林，2011（9）：15－19.

为基础，建立景区门票预售制度，游客可通过门户网站、移动终端、携程网、飞猪旅行、团购网站等第三方预定平台在线预定和购买景区门票，并将游客量控制在最大承载量范围内。在景区配备手持移动终端设备或电子门禁，通过二维码或身份证等自动识别检票、放行，条件较差的景区可配备自助售票终端。实现智能购票、智能检票，以及门票信息的智能记录、统计、管理，方便游客提前购票，降低景区人工成本，减少生态环境压力，实现景区实时监测客流量和管理游客信息。

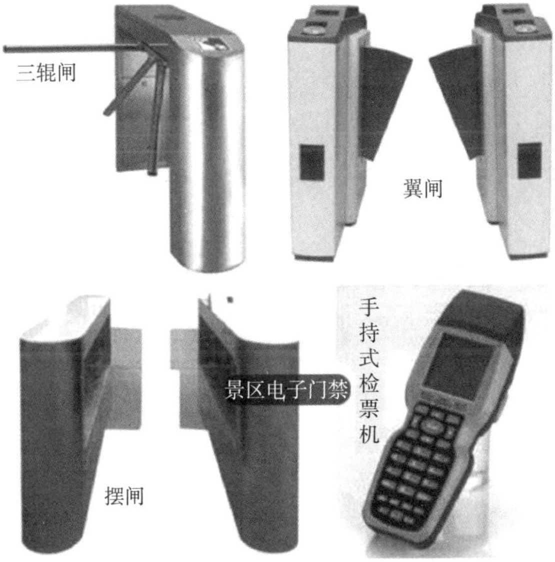

图5-12　景区电子门禁

3. 景区门户网站

景区门户网站是游客了解景区信息的重要渠道，该系统要以服务游客为目标，通过图片、视频、电子地图、虚拟旅游等方式展示景点风光、旅游资讯、人文风情、景区信息查询、旅游纪念品、旅游行程规划、周边住宿、交通导航、通知公告等内容，设置景区微博、微信二维码、政府网站等相关网站的链接信息。发展成熟之后，可提供景区门票、旅游纪念品的网上预订、支付功能。

4. 动态信息发布

系统主要由 LED 大屏显示系统、电子触摸屏、语音广播系统组成。在景区入口和主要路段设立 LED 显示屏、触摸屏等电子信息发布与引导设备，提供旅游信息展示和自助查询检索，配合语音广播系统实时播报信息，内容包括景区当前客流量、环境质量交通压力、旅游专用交通工具空闲情况、紧急状况等。

LED 大屏显示系统主要由数字化指挥中心控制，发布相关信息，包括景区景点介绍、交通信息、停车场信息、景区运营信息、景点客流量信息、气象资料等综合信息，以及景区旅游服务资讯、公益宣传、景区推介宣传、景区交通、住宿、医疗救助信息等。电子触摸屏提供景区概况、重要景点的声像资料、相关人物、故事的音像资料、旅游线路的选择、旅游产品的推荐、景区内服务设施说明等信息的查询和阅览，具备旅游信息反馈功能和政府信息发布功能。语音广播系统用以播放背景音乐、日常信息、紧急情况和警报等，实现分区广播、呼叫、预录信息与监听。

5. 自助导游讲解

自助导游讲解系统包括无线接收和讲解器两种方式。无线接收方式利用景区无线信号的全覆盖，对进入景区的游客发送自助导游应用程序链接，游客通过手机下载应用自助导游 APP，在电子地图上定位游客当前位置，自动播放景点讲解内容，如故宫、颐和园等景区均采用此种方式。讲解器屏幕上有多个数字键、播放、停止和语言选择等操作键，游客根据景点所对应的数字编号，摁下讲解器对应数字，通过数码录音播放景点解说词，如中山陵、三亚大小洞天等景区使用这种方式。景区可根据自身资源条件、技术支撑、资金状况等具体情况确定自助导游讲解方式的选择。

未来的自助导游讲解必将是自助导游 APP 的全面替代，从调研问卷统计结果可以看出，游客在此方面的需求较强烈，但是目前的服务差强人意，在内容、形式和覆盖范围上都需要进一步改进，加深文化知识的讲解，采用背景音乐、视频等丰富多样的形式，保证讲解内容覆盖全部景点，关注游客的需求变化，持续提供细化服务。

6. 客流引导控制

系统根据实时流量统计信息，实现对景区客流进行有效疏导，达到各景点客流量均衡。当某一景点超出容量时，系统将会通过闪点指示发出警告，在此景点利用 LED 显示屏和景区分区广播发布信息，引导游客前往其他景点，达到游客分流目的，减少环境压力。图 5－13 中，通过实时流量统计，景点 G 已经出现了游客超载的现象，可以通过客流引导系统，如在景点 C 的 LED 屏幕上显示，引导游客至其他 B 或者 D 景点。

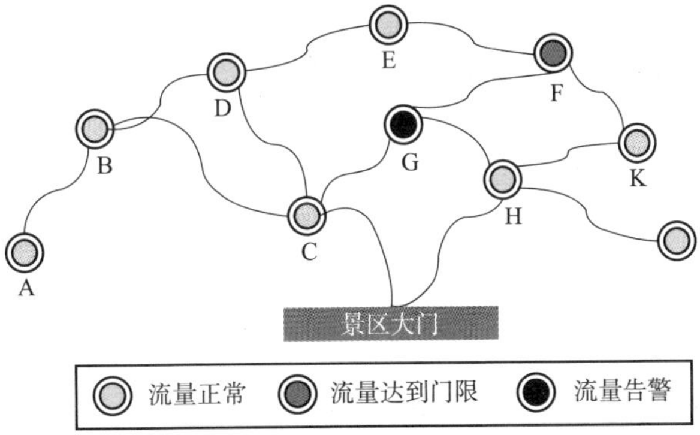

图 5－13　景区游客量引导系统

7. 安全防护监控

系统利用景区 GIS 地图管理和视频监控中心实现对景区各点各区的远程实时监控，及时了解游客游览、景区森林防火、病虫害防治、大气、水质安全等情况，如发生自然灾害及事故，第一时间进行相应处理，以动态保护景区资源，科学管理旅游秩序。

系统具有定格抓拍和远程监听，以及历史录像的随时调用功能，加入手机移动监控功能，实现与现场人员的实时对讲与交流。在景区各点设置适当数量的报警柱，其上配备应急报警按钮、语音对讲按钮以及摄像头，与监控系统结合，在突发情况或危急情况时，及时传达信息，实现应急求救，打造平安景区。

同时系统具有自动维护巡检功能，在夜间分批次对景区的闸机、公共摄影、公共智能广播、自动贩售设备等服务设施进行数据提取、故障监测、自动关机、自动重启、自动还原初始等，无法自动修复的问题会自动上报并统计备案。

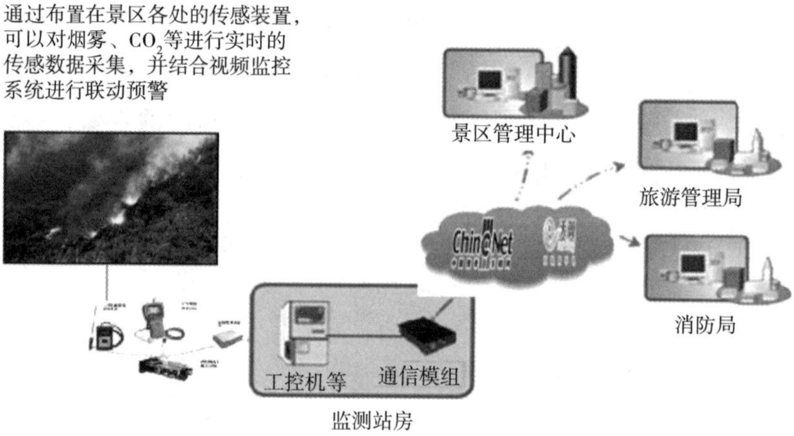

图 5－14　景区安全防护监控系统

8. 虚拟旅游体验

通过三维建模仿真技术、三维实景等技术，建成可在景区门户网站、景区触摸屏、智能手机等设备上应用的数字虚拟景区，游客在系统中自行选择路线游览景区，可将游戏情节、历史文化、民俗风情、传说典故等融入其中，展现景区的自然风光和人文历史特色，带来身临其境的真实的全方位体验。在此基础上，将景区及其周边酒店住宿、餐饮美食、交通信息等旅游要素的相关信息融合进去，可以查看到对应的购票处、纪念品售货点、酒店、餐馆，休闲娱乐等信息，用户可通过 GIS 地图展示，直接跳转到对应点位的页面，进行订票、订餐、订房、预订商品等。为游客提供经验交流、旅游攻略分享、周边信息推荐和预订等互动平台，提升和丰富游客的虚拟旅游体验。

图5-15 虚拟旅游APP

5.2.2 智慧酒店服务体系

酒店是旅游产业的三大支柱之一，在当前包括信息通信技术在内的智能技术广泛应用的背景之下，酒店管理和服务系统或者局部的智能化将是今后酒店产品升级换代的必由之路，是酒店业发展的趋势之一[①]。《北京智慧饭店建设规范（施行）》中指出，智慧酒店是利用物联网、云计算、移动互联网、信息智能终端等新一代信息技术，通过酒店内各类旅游信息的自动感知、及时传送和数据挖掘分析，实现饭店“食、住、行、游、购、娱”旅游六大要素的电子化、信息化和智能化。将现代信息技术与酒店管理相融合，通过智慧旅游酒店管理服务系统的建设可以全面提升酒店的管理与服务水平，从根本上转变酒店行业的运营管理与商业盈利模式，从而满足游客的个性化需求，实现酒店的高效管理及成本的大幅度降低，为游客提供舒适便捷的体验和服务。

继黄龙酒店开始智慧化产品建设，成为行业发展典范案例后，2015年，阿里旅行提出了未来酒店的发展战略，为游客提供高科技的入住体验。与此同时，多家酒店集团和单体酒店掀起了智慧化建设的浪潮，如万

① 李臻，朱进．智慧酒店——酒店产品升级换代的必然趋势［J］．镇江高专学报，2013（1）：31-34.

豪酒店面向会员推出了手机办理入住/退房的服务，喜达屋推出了 SPG 智能入住计划，移动设备将代替房卡成为现实。但纵观整个酒店业，智慧旅游的建设仍旧是参差不齐。在发展过程中对智慧酒店缺乏认识并存在误区，智慧客房建设水平较低且参差不齐，智慧酒店的建设缺乏统一标准，智慧酒店与智慧旅游的对接未形成规模效应①，智慧酒店的建设主要包括酒店内部智能管理系统和对客智慧服务系统两部分，借以推进智慧酒店的规模建设、集约化管理和个性化服务。

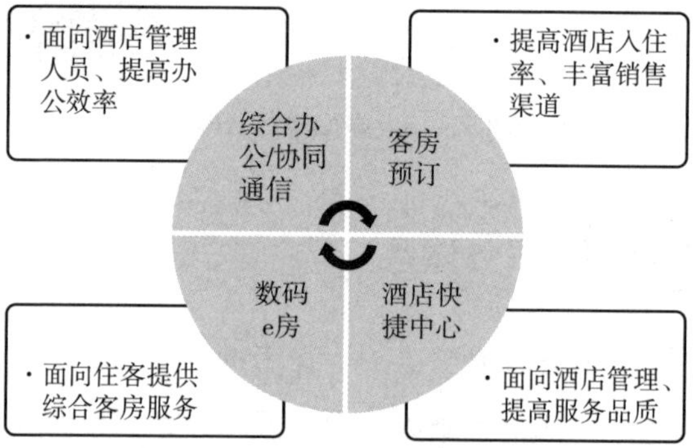

图 5-16　智慧酒店总体功能描述

1. 酒店运营智能管理系统

系统通过应用数字化和信息化的技术，提供现代化、科学高效的酒店内部智能管理体系，降低酒店的资源成本、能耗，为更加高效、有序地为客人提供隐私、便捷、智能的服务打下基础，主要包括客户关系管理、智能预订、人力资源管理、财务管理、智能安防、采购管理、物资管理、消防管理、自动化办公等酒店内部智能管理的子系统。

2. 酒店自助入住/退房

在游客到达酒店时，无须接触前台，在高峰时段可省去排队时间，凭借微信、手机二维码等房间预订时的验证信息，通过酒店识别系统进

① 蔡蓉蓉，顾婷婷等．南京智慧酒店现状及发展趋势研究［J］．对外经贸，2013（10）：62-64.

行身份识别，按照系统提示信息操作，自助、简单、快捷完成信息查询、智能导引入房、退房等自助入住/退房手续。游客完成入住手续后，控制系统将智能打开客房的空调、灯光等，将客房调节至迎客模式，退房后，客房设备自动恢复至原始状态，为游客带来更多舒适、个性化的入住体验。

3. 酒店智能客房

智能客房是酒店建设的重要组成部分，通过智能终端，使游客在客房内能够按照需求自动调节、控制，包括电视门禁系统（电视屏幕上显示按门铃人的图像，以供客人调整开门形象）、房间设施控制系统（实现对灯光、空调、电动窗帘、联网门锁、音乐、视频点播等智能化自动设置）、信息查询系统（使用电脑、网络查询食住行游购娱信息）。再次入住的游客可根据游客习惯自动设置相关设施配置，通过智能化、自动化的客房服务，为游客提供更加个性、高质量的客房体验，以提高游客的满意度。目前，杭州黄龙饭店、桔子水晶酒店在此方面都进行了初步的探索，值得借鉴。

以桔子水晶酒店为例，智能客房主要实现了以下功能：

（1）CHECK－IN 模式。客人在前台登记后，前台会自动联网将该客房设备启动，并根据酒店服务要求自动将客房内温度调到舒适的温度。当客人登记完成，进入房间时，所住房间的灯光开始迎宾，温度舒适，达到迎宾效果。当客人入住后，客房内设备开启管理的权限交给客人使用。前台可以实时查看客房内的温度数据。

（2）迎宾模式。客人进入房间后，通过锁匙卡可将客房的灯光/空调/电视调/音乐调节至迎宾模式，如客人插卡后自动开启点亮规定的灯光、启动空调预设运行到某温度、进门自动播放音乐等功能。当客人取走锁匙卡后可在延时后自动关闭灯光，但客房的空调自动调整到预先设定的温度并低速运行，该设定可以由酒店管理按需要自行调整。当客人回到房间时，客房的空调又自动返回到客人走之前的设定状态。

（3）灯光控制。房间的灯光主要设计了巴黎、纽约、北京、阅读和睡

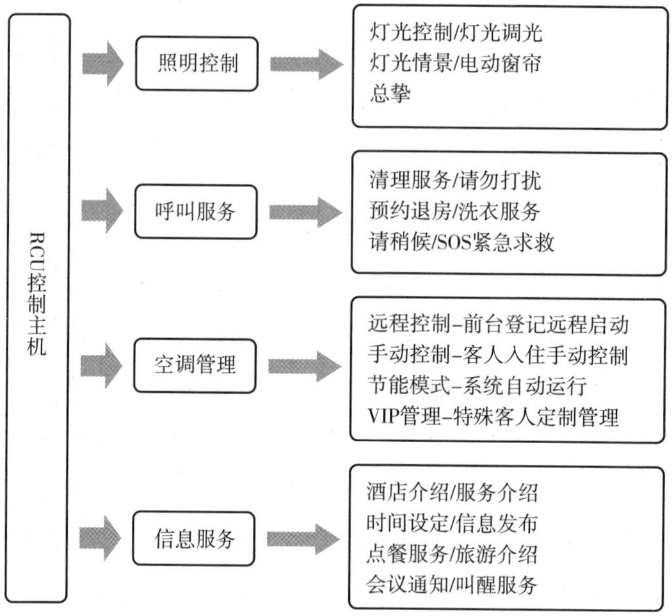

图 5－17　智能客房系统

美人五种灯光模式，当情侣入住时，灯光模式可以调到“Paris”，会呈现很浪漫的灯光；当工作会谈时，可以调到“New York”，让全部灯光都亮起来；当希望享受柔和静谧时，便可以调整到睡美人模式。

（4）智能视频和音乐播放。每间客房里的智能音响都支持 iphone、ipod，只需直接插入播放便可，整个房间都能听到。如果播放的是 mp4 或电影，会自动切换到 LG 42 寸彩电上播放，电影的声音则从音响里出来，客房瞬间变成家庭影院。

（5）电动窗帘控制。电动窗帘与门磁信号、取电开关、灯光场景相互关联，在不同的客房状态、入住取电时间、灯光场景、触发信号下自动地打开或关闭窗帘。

（6）可视门铃。客人只需轻轻按下电视开关键打开电视就可以看到来访客人图像，以判断是否开门，如不方便，按下“请勿打扰”即可，如方便，长按“请即打扫”即可开门迎客，无须再下床穿衣去迎客。

4. 酒店智能点餐

采用如iPad等使用方便、分辨率高的智能终端，或者游客在手机客户端下载酒店微信点菜系统，根据游客个人信息中的常住地餐饮特色，自动推荐餐点以及当地或酒店特色餐饮，服务员通过所持智能终端向客人确认点餐信息，并发送至厨房、吧台等接收终端，省去中间环节，实现快速、高效点餐服务。

5. 酒店智能结算

在互联网时代，游客外出时不再需要随身携带现金甚至银行卡，因为其所有信息都是通过物联网连接在一起，酒店住宿费用、定制服务费用和就餐费用会在游客消费时发送相关扣款提示信息至游客智能终端，更加方便快捷①，从而实现智能结算。

6. 酒店安全监控系统

采用以电子技术、传感器技术和计算机技术为基础的安全防范监控系统，通过遥控摄像机及其辅助设备直接观看被监控场所的情况，记录图像和声音，为处理突发事件提供方便和证据，安全监控系统还可以与防盗报警等其他安全技术防范系统联动运行，保障游客的人身及财物安全。

7. 酒店食品安全溯源系统

利用物联网技术开发食品溯源系统，运用RFID技术、二维码等，对食品相关信息进行整合、转换、分析，实现食品安全追溯信息管理，完成对食品的供应、流通、消费等诸多环节的信息采集、记录与交换，为酒店食品安全提供保障。

8. 智能会议管理

高水平的会议组织、管理能力会为酒店带来良好的知名度、美誉度以

---

① 黄羊山等．智慧旅游－面向游客的应用［M］．南京：东南大学出版社，2013：167.

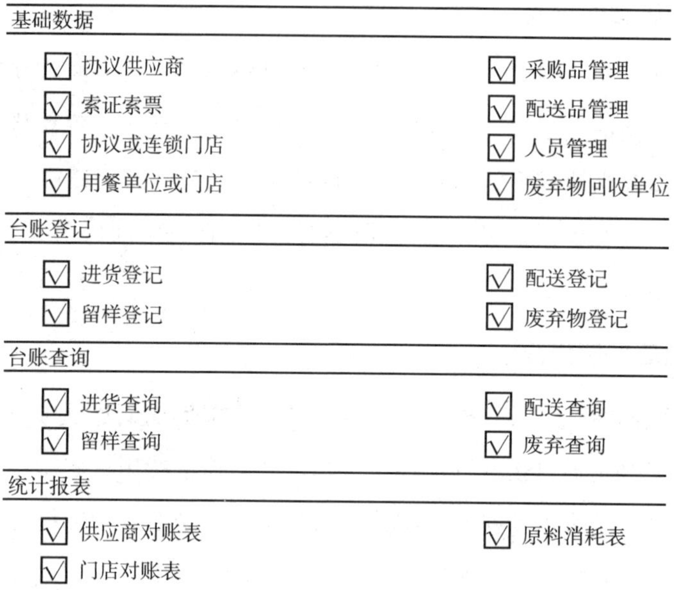

图 5－18　酒店食品安全溯源系统

及巨大的经济效益。融合多媒体技术和通信技术，智能会议管理系统涵盖会前、会中、会后的全过程智能化管理，主要包括会议预定管理系统、信息发布系统、集中控制系统、自动签到系统、议程管理和表决系统、媒体演讲系统、远程会议系统、会议统计系统等子系统，全场覆盖无线网络，为会议提供信息化、科技化的设备和服务，及时有效地统计和记录参会人员信息、参会人数、会议信息等内容，让会议全过程有记录可查。通过智能化的会议管理服务，吸引游客再次光顾，同时将多次惠顾的游客纳入会议 VIP 客人服务系统。

5.2.3　智慧旅行社管理体系

《北京智慧饭店建设规范（施行）》中将智慧旅行社定义为：指利用云计算、物联网等新技术，通过互联网/移动互联网，借助便携的终端上网设备，将旅游资源的组织、游客的招揽和安排、旅游产品开发销售和旅游服务等旅行社各项业务及流程高度信息化和在线化、智能化，达到高效、快捷、便捷和低成本规模化运行。智慧旅游的兴起必然对现在的旅游业造成巨大的影响，特别是作为旅游业龙头的旅行社行业[①]。智慧旅行社管理服务系统的建设能够有效推动旅行社从以“产品”为中心逐渐转向以“顾客”为中心，促进业务操作与管理的智能化。系统集成各种相对分散的旅行社业务信息、各类资源，向所有联网旅行社提供统一的界面与工作环境，以快速安全的数据交换标准，从而形成紧密联系的高效共享整体[②]。智慧旅行社主要包括旅行社信息服务系统、业务管理系统、供应商管理系统、导游和游客管理系统。

1. 旅行社信息服务系统

随着互联网技术的普及，网络咨询、评价已经成了游客选择旅行社的重要参考标准之一。旅行社应设立专门的企业网站，在线展示线路、组团方式、单项产品的报价、出发日期、优惠政策、景点介绍、旅行社联系方式等信息，实现游客在线产品预订、在线交易。此外，还应展现旅行社资质、经营特色、相关荣誉、企业文化等信息，发布行业咨询、招聘信息，设置游客留言栏目，为游客意见反馈、经验分享提供平台，对游客提出的意见及时回复，增强游客的互动体验，提高游客对旅行社的认同感。

2. 旅行社业务管理

网络化和信息化管理有效地解决了旅行社分社较多、难以管理的问题，智能化业务管理，主要包括在线 ERP 业务管理系统、OA 办公系统、电子行程单管理系统、佣金管理系统。应用 ERP 业务管理系统、OA 办公系统智能化处理行政事务、资源管理、会议管理等事宜。电子行程单管理系统包括电子预订单、电子订单、电子行程单、电子导游领队任务单及其电子结算单等，实现便于统计的在线订单流转。佣金管理系统按照绩效考核标准，自动统计旅行社、导游、计调等工作人员的佣金、奖励等薪酬信息，完成在线支付。

---

① 杨阳. 浅议“智慧旅游”下的旅行社发展 [J]. 商，2012 (18)：156 - 157.

② 邓贤峰，张晓海. 南京市“智慧旅游”总体架构研究 [J]. 旅游论坛，2012 (5)：72 - 76.

3. 旅行社供应商管理

旅游资源供应商主要包括景区、酒店、交通工具、旅游保险、地接旅行社等，供应商管理系统将供应商的基本信息、产品价格、服务质量、资质信息、合同记录、交易记录、信誉度等信息录入数据库，进行统一管理。当有变动时，及时更新信息，从中挑选产品质量好、信誉度高的供应商不断深化合作，以使供应商的服务质量得到保障。

4. 旅行社导游管理

智慧导游管理系统集语音、短信、定位、信息、视频、导航、信息查询于一体，可随时定位团队、导游的位置，导游、领队通过手机客户端与导游管理系统平台实时互动、交流，方便旅行社计调等人员对导游服务质量实时跟踪，获得团队的突发状况、疑难问题等信息，以便及时采取措施解决。导游通过手机登录该平台，可以进行行程管理、团员管理、导游微博、导游报账、导游求职、导游词查询等多项业务。

5. 旅行社游客管理

系统主要包括游客实时反馈系统和客户关系（CRM）管理系统。实时反馈系统为游客提供在行程中对旅行社、导游、行程的意见反馈及导游评价的平台，实现旅行社和游客的有效互动及信息交流。客户关系管理系统重在维护与游客的关系，对游客基本信息进行在线搜集、整理、统计分析、分类，根据游客的喜好，在节假日、游客生日、旅行社优惠活动期间给游客发送电子邮件、短信，有针对性地提供个性化的服务，不断培养、维持和提高游客的满意度和忠诚度。

5.2.4 智慧乡村管理体系

乡村精准扶贫是2016年的重点工作，乡村旅游扶贫在2016年度全国旅游重点工作位列第一，各地的“宽带乡村”示范工程、电商扶贫试点等项目已在如火如荼开展，为加快乡村宽带网络基础设施建设、发展电子商务平台，促进乡村的智能化、科技化发展，智慧乡村管理系统的建设已经

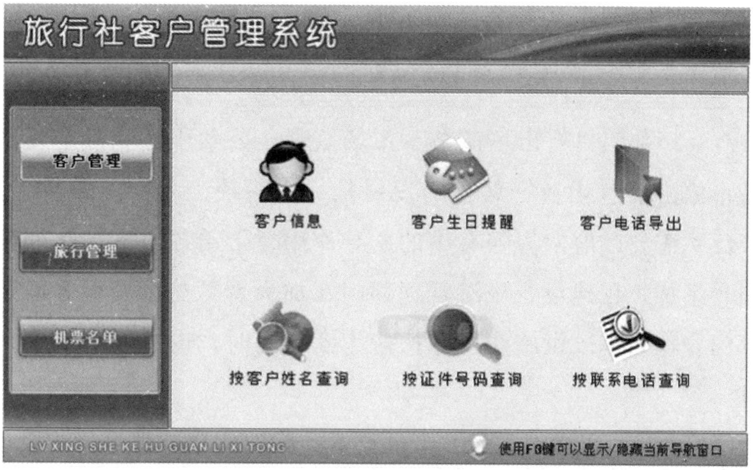

图5－19 旅行社游客管理系统

有了一定的基础，是智慧旅游管理系统中的一个重要内容。位于环城游憩带的乡村旅游发展迅速，由于其智慧乡村旅游基础相对较差、与其他旅游企业差异较大的特点，因此，单独将其列出。根据《北京智慧旅游乡村建设规范（试行）》的建设标准，本书认为主要包括以下内容：

表5－2 智慧乡村管理系统

智慧乡村管理系统	概述
乡村旅游无线宽带系统	在旅游乡村架设 WLAN 小型基站，达到无线宽带信号全覆盖，为乡村旅游管理及游客娱乐及商务高速上网提供便利
村级网站	通过图文、视频等展现村级景观、餐饮、农产品、休闲娱乐信息，并支持电脑、智能手机应用；通过微博等手段发布游记、旅游攻略等信息，实现在线和手机支付
民俗旅游接待户建设	有独立网站，支持在线预订、网上电子票支付、手机支付、电子身份认证，实现刷卡便捷服务
智慧应用	向游客手机提供各类旅游信息，实现基于位置的信息服务；设置信息触摸屏，提供自助导游导览、旅游咨询、交通、天气等信息；实现对旅游接待户乡村旅游服务规范、智慧旅游操作、农村政策法规等的在线培训工作
安全防控监控	通过视频监控点对旅游景区、客流、车辆、工作人员进行监控，实现视频安全监控；通过智慧旅游技术对农作物生长环境监控，实现农产品食品安全监控；通过定位技术对农产品运输全流程进行监控和跟踪，实现农产品销售运输安全管理

5.2.5 智慧旅游政务管理体系

旅游管理部门具有市场调节、市场监督、公共服务和社会管理的功能，城市旅游信息化及智慧化的发展是一个系统工程，涉及主体众多，范围广泛，需要政府发挥强有力的主导作用，带动各服务主体的协作发展，引导系统工程建设。旅游管理部门在加大智慧旅游资金、政策、规划、部门合作、基础设施建设等扶持力度的同时，也要逐步实现智慧政务管理。

就政府而言，可以获取行业市场监管、旅游信息与其他公共服务信息共享与协同运作、旅游目的地营销等价值，实现指挥决策、实时反应、协调运作，政府可以更合理地利用资源，做出最优的城市发展和管理决策，及时预测和应对突发事件和灾害，形成产业发展与社会管理的新模式①。《关于促进智慧旅游发展的指导意见》提出，完善在线行政审批系统、产业统计分析系统、旅游安全监管系统、旅游投诉管理系统，建立使用规范、协调顺畅、公开透明、运行高效的旅游行政管理机制。据此，智慧旅游政务管理主要包括以下重点建设系统，以提高管理和服务率，为智慧旅游的发展提供支持和保障。

1. 智慧电子政务系统

电子政务系统包含公文邮件、公文管理、信息采编、日程管理、视频会议、远程办公等，能够进一步深化旅游管理部门内部管理的信息化，减少差、误、漏，减免重复劳动，提高工作效率，实现各级旅游管理部门的业务信息共享，从业务办公到公文编制、报送、审批等的无纸化办公，实现对政务公开栏信息发布、编辑、修改的电子化管理。旅游管理部门应不断推进电子政务系统的内网建设，提高工作效率、服务质量和管理水平。

---

① 张凌云，黎巎，刘敏．智慧旅游的基本概念与理论体系［J］．旅游学刊，2012，27（5）：66－73.

2. 在线行政审批

行政审批信息管理与协同办公系统实现网上咨询、网上申报、网上受理、网上审批、网上查询、网上投诉、网上监察等一站式的在线申报及审批，简化办事流程，提高跨部门行政审批的工作和管理效率，增强了行政审批的透明度和公开度。工作内容包括旅行社申报、导游资格考试、景区等级评定、酒店星级管理、工农业旅游等级评定、自驾车基地的审批、旅游规划资质评定、招商引资评审等。

3. 产业统计分析

采用现代信息技术建立完善的旅游信息统计自动化管理网络系统，对旅游相关基础数据进行自动检测和实时数据统计，包括景区经营状况、酒店营业情况、旅行社接待量、自然环境、社会环境、旅游基础设施、旅游资源调查、市场统计、交通流量等，并进行分类汇总与转换，便于数据库管理，同时打造与不同组织、媒体间的信息交互平台，实现信息共享。

4. 旅游安全应急管理

北京市旅游安全与应急管理系统已经在试运行，其他城市可引进此系统，做好旅游安全和应急基础信息的采集和管理工作，随时更新，在系统上安排相关旅游企业安全与应急知识的培训工作，发挥旅游主管部门对旅游突发事件的全局指挥与协调功能。通过对基础信息数据进行分析，迅速做出决策，进而协调指挥公安、医疗、消防等部门实施应急救援，同时实现对应急救援过程的实时监控记录。

5. 旅游客流动态监测系统

通过移动通信基站、GPS定位等技术手段，建立旅游客流实时监测系统，对客流量、客源地、停留时间、移动轨迹等信息进行监测和分析，保障旅游客流的均衡化，避免极端客流高峰出现，减少叠加客流对旅游景区及城市正常运行的干扰，提高交通管理和交通保障的针对性、预见性和有效性。根据各类客流数据，借助数据模型对未来客流、车流分布进行预测和模拟，分析交通、服务保障问题，提出游客分流和交通导引建议，预告近期公众出行及游览的注意事项，并为精准旅游营销提供数据参考。

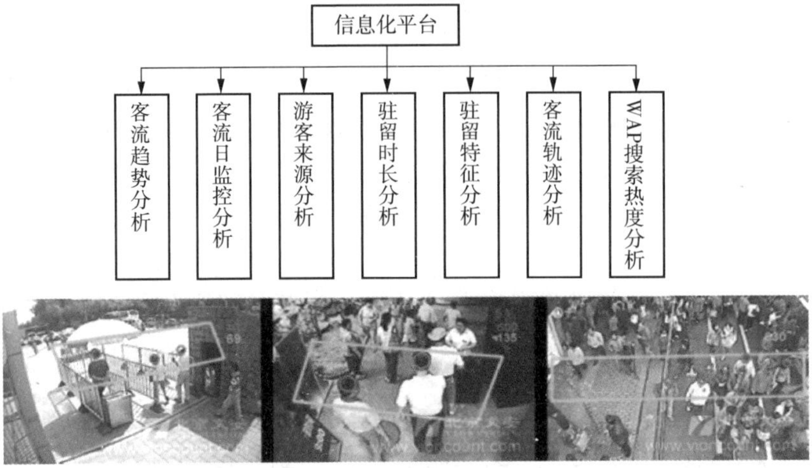

图 5－20　旅游客流动态监测系统

6. 旅游投诉管理系统

系统实现对旅游企业资质查询、经营过程监控、投诉处理意见、考核评价档案等的智能化管理，帮助旅游主管单位及时发现旅游企业存在的经营或服务问题，有效监管旅游行业；对游客的投诉记录和企业的问题记录进行数据采集，实现对投诉情况的归档、记录、处理、反馈，以及对投诉数量、特点、来源、变化趋势和受理情况的统计分析，旅游管理部门分析投诉情况，并将此作为整改措施的重要参考依据；融合游客投诉意见，建立用户评价系统和企业诚信管理档案，为游客出行时的相关服务选择提供权威性参考，促进企业产品和质量的改进。应逐步将旅游投诉与企业诚信度结合起来，逐渐加大推进各个城市旅游部门使用投诉管理系统的力度，不断提高系统使用率，实现政府、企业与游客三者的良性互动沟通，督促涉旅单位对旅游政策规范的有效执行，提升旅游服务水平，保证旅游产品和服务质量，提高游客满意度。

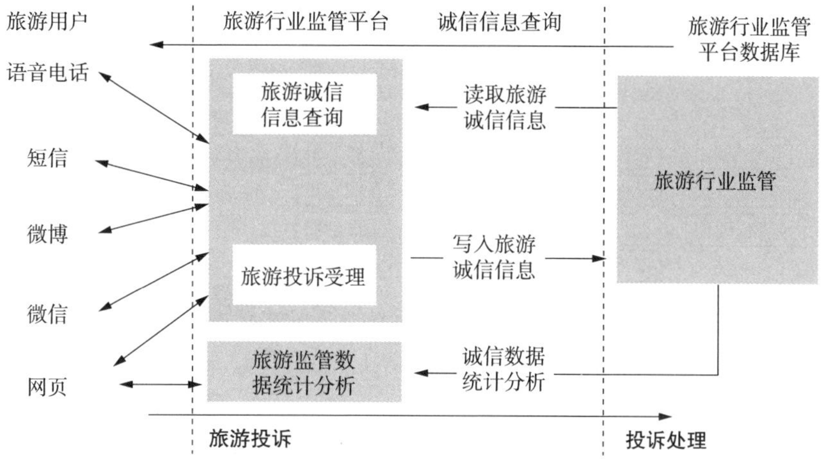

图 5-21 旅游投诉管理系统

7. 旅游人才管理系统

系统主要是对旅游从业人员的智能管理，建立旅游从业人员信息数据库，对专家学者、优秀工作人员、小语种专长者等信息加以标注和分类，以便有需要时及时查找相对应的旅游人才。

此外，通过网上报名、网上视频教学、资格审核、成绩审核等线上线下相结合的方式，完成从业人员的培训、考核、考试，逐步实现与全国旅游从业培训与考试管理系统的对接。设置从业人员服务评价栏目，通过游客留言来评价和考核其服务水平。

5.3 智慧旅游营销系统

智慧旅游营销系统作为专业的旅游目的地营销系统，具备旅游营销推介和旅游在线预定两大基本功能，通过打造媒体营销平台、旅游电子商务系统和旅游目的地网络营销系统，集成旅游信息网，将新媒体营销与传统有效融合发展，通过旅游舆情监控与大数据分析，发现游客旅游行为，找出旅游热点和游客兴趣点以确定营销主题和方向，利用新媒体传播特性吸引游客参与旅游的传播和营销，挖掘游客的兴趣和需求，为游客提供

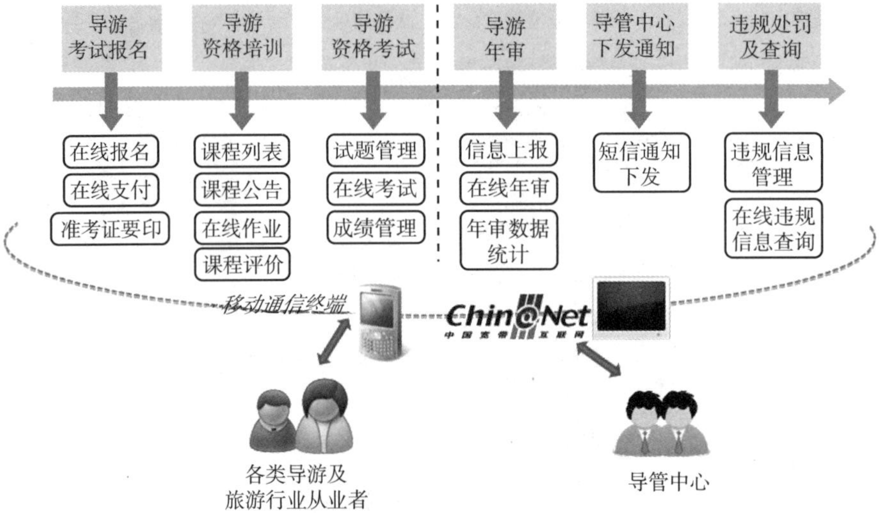

图 5-22　智慧导游管理系统

便捷的服务；与在线旅游平台、电子分销机构和旅游企业建立信息交换机制，及时了解和掌控旅游市场的情况，实现旅游产品的精准营销。实现互动营销、体验式营销、联动票务线上营销，不断提高目的地的知名度和美誉度，形成品牌优势。通过该项目建设，开辟旅游营销新方法，打造旅游营销新平台，拓展旅游服务新渠道。在智慧旅游营销系统中，要通过科技手段充分对城市文化进行深度包装，通过植入内涵文化开展营销，给游客带来耳目一新的体验感和文化归属感，从而吸引游客，打造城市旅游品牌。

5.3.1　新媒体营销

当前，我们已进入旅游信息化时代，新媒体以其多种多样的形式、其独特的优势被称为“第五媒体”，其影响力不容小视。洛阳水席 boys 做了“i 洛阳网”的自媒体，创作了《和你一起穿秋裤》《来洛阳喝汤》等小视频，2015 年全国点击量就超过 5 亿人次，充分显示了新媒体的影响力。在城市智慧旅游营销中，要综合运用网络、微博、微信、微电影、数字旅游、影视植入等新媒体、新技术，实现旅游营销网络的全覆盖。

1. 全媒体旅游电子商务

线下的商务机会与互联网结合，让互联网成为线下交易的前台，实现消费者线上挑选服务与结算，线下享受，可以弥补线上购物体验不足、线下购物优惠与便捷不够的缺陷。全媒体旅游电子商务营销主要是旅游企业与电商企业合作，电商企业负责在线商城的建设和运营管理，旅游企业将产品和服务从线下转移到线上经营，实现旅游产品和服务的在线推广和销售，主要表现为以下形式。

旅游企业与发展成熟的第三方在线企业合作，如携程、艺龙、去哪儿网、飞猪旅行等，借助第三方平台的影响力和先进成熟的电子商务平台，通过在线信息查询、预定来推广和宣传旅游地；此外，旅游企业与拉手、美团等团购网站合作，打造团购直销平台，提供打折优惠的旅游产品，吸引潜在游客；部分旅游企业通过官网开展旅游电子商务服务，如售卖门票、旅游电子优惠券等，与游客直接互动营销，在网上的交易中，扩大旅游企业的知名度。

2. 互动营销系统

“社交 + 旅游”是未来在线旅游服务发展的趋势，互动营销系统主要包括专业旅游网站、旅游贴吧、旅游评价网站、微博、微信、博客等互动平台。在以上多个平台上，旅游活动、目的地旅游新闻进行全流程预告、竞猜、直播、点评、转发，定期举办门票赠送、抽奖、投票评选、照片游记分享、趣味测试、有奖知识、粉丝游记拍等在线活动，分享旅游新闻、旅游企业信用等级、网友体验口碑、景区拥挤程度、交通等待时间、早安晚安、心灵故事等互动信息，形成热帖效应，开展互动营销，在互动中不断拉近与游客的距离，解决游客信息不对称问题，使游客能够放心消费、安心出游。

与游客互动的同时，旅游网站、贴吧、微博、微信等平台也应与知名官方微博、客源地官方微博、旅游企业微博、百度贴吧、天涯社区等知名网络社区联动，与多种社交平台形成良性互动，不断吸引潜在游客的关注，提高点击率和曝光量。

对营销内容、活动进行检测、管理和数据分析，以曝光量、回复量和转发量为营销评价指标，在长期合作中，筛选出营销效果较好的互动营销平台，以此为依据并逐步强化效果。

3. 体验式营销系统

体验式互动平台包括虚拟旅游、在线旅游游戏、旅游动漫、旅游微电影、在线直播等多个虚拟旅游子系统，运用视频、图片、3D 动画模拟等手段制作虚拟旅游产品，全面展示景区、景点真实现状，将历史故事、景区故事、当地风土人情等历史场景编入虚拟旅游、游戏、动漫、微电影情节中，全方位展现目的地的地域文化和旅游资源，让游客有身临其境的感官体验。虚拟旅游子系统可免费供游客在门户网站在线游览、观看，上传至多个视频观赏平台，借助互动世界动景游的中国旅游智慧景区动景展播平台（http：//travel. taagoo. com/）实现展播与推广。游客在规定时间内来实地旅游，游戏过关可获得景区、酒店的电子优惠券，最大限度地宣传推广虚拟旅游系统，吸引更多的游客参与和体验，最终来到目的地旅游。

2016 年至今，龙门石窟与腾讯·大豫网联合先后举办了多次直播。2016 年 10 月 1 日，龙门石窟参与全国景区直播，以 85 万次观看量成为全国点击量最高的景区；12 月 19 日，龙门石窟利用直播的形式带网友走进龙门石窟研究院，探秘文物守护者，两个小时吸引了 19.6 万网友观看；2017 年 1 月 1 日上午 10：00－12：00，特邀河南电视台主持人，在新年第一天走进龙门石窟，与穿着汉服的讲解员一起送上新年祝福，并邀请网友一起许愿，一起过新年。龙门石窟景区通过不断创新的体验式营销方式，持续领跑智慧旅游；结合龙门文化的传播，持续形成关注点，在城市智慧旅游的营销过程中，有很好的示范作用。

4. 地理位置营销系统

LBS（基于位置的服务）在智慧旅游实现旅游路线优化、实时位置跟踪、行程智能引导、应急智能保障、分享旅游体验五大服务①，基于 LBS

① 陈兴，史先琳．基于 LBS 的旅游位置服务思考［J］．技术与市场，2013（4）：214－215，219.

的营销传播方式通过用户主动参与的方式，为商家提供高度聚焦的可营销人群，通过对用户行为、偏好、消费习惯、区域位置、意见表达等信息的挖掘和研究，为商家经营活动提供参考，向潜在消费者推送适时实地的精准信息，实现有效的客户关系营销。主要包括签到式的互动营销、基于地理信息的社交营销两种模式。

签到式的互动营销，即通过线上荣誉、实物奖励、价格优惠、打折促销等方式，使游客不断关注旅游企业，定期虚拟签到以获得优惠及奖励。由于游客的持续关注，从而带来更多的收入，逐渐培养游客的忠诚度。

基于地理信息的社交营销，通过手机定位功能，旅游企业推送广告、优惠信息，方便游客查询的同时，实现了对旅游企业的营销宣传。游客在旅程中，随时随地定位分享照片、视频、旅游游记，也是对旅游目的地的强有力的口碑宣传。

5.3.2 电子商务营销

旅游电子商务是利用先进的计算机网络及通信技术，以网络为主体，整合旅游企业内外资源，实现旅游产品的在线发布和销售，为游客和旅游企业提供在线交流、交易的平台。

1. 旅游电子商务网站

电子商务管理平台，将互联网络变成一个可收益的销售和沟通渠道，通过提供标准化的旅游网络交易平台，实现景区、酒店、旅行社、餐饮、车船公司、旅游商品等各企业的网上营销和网上销售，为游客提供旅游产品查询、预订、支付等旅游全过程一体化服务，为地区旅游产生更多的收益。主要包括两个平台：

（1）面向旅游企业的智慧旅游电子商务平台。把旅游产业链的上游客户和部门，同下游旅游服务企业通过该平台有机结合起来，整合旅游各个产业链资源，实现资源的合理流通和共享，有效降低企业运营成本；为企业提供标准化电子商务流程的旅游电子商务交易系统，规范旅游市场，实现“线上订单、线下旅游、游后评价”的旅游电子商务新模式。

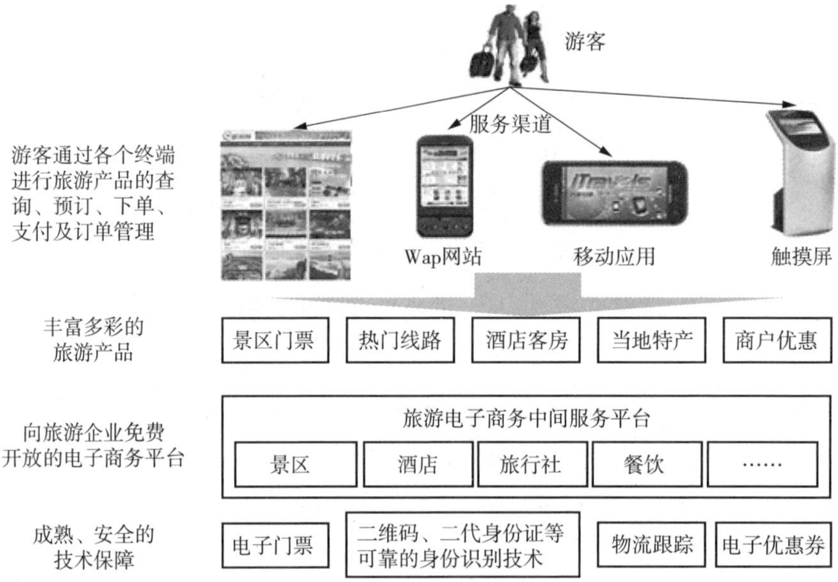

图5－23　旅游电子商务平台

（2）面向游客的智慧旅游电子商务平台。以服务游客和方便游客为主要目标，为游客提供个性化的电子商务服务。南京智慧旅游电子商务平台，主要包括旅游年卡在线办理，天猫旗舰店（购买景点门票，类型、门票价格、年卡价格、人气指数、开放时间、联系电话等景点信息大全）、旅游纪念品、旅行社、乡村旅游的链接，以及旅游地图、天猫旗舰店、官方微信、微博、游客助手的二维码扫描，实现 B2C 快捷交易支付。城市旅游电子商务平台可以此为借鉴进行建设，也可借助淘宝网、携程网、驴妈妈、去哪儿网等第三方在线旅游企业的电子商务平台，整合景区、酒店、旅行社资源，实现旅游业的网上咨询、预定、支付、订单跟踪等。

表5－3　目的地网络营销电子商务网站

旅游网站类型	建立者	主要服务内容	设立目的	借鉴网站
旅游目的地资讯网站	目的地政府	发布目的地最新旅游资讯，提供旅游服务链接	推动地方旅游业发展，推广目的地旅游形象	地方旅游网，如海南信息网

续表

旅游网站类型	建立者	主要服务内容	设立目的	借鉴网站
旅游企业网站	旅游企业	提供本企业的旅游产品及相关服务信息	达到企业营销的目的，提高经济效益	旅行社网站 酒店网站
综合性的旅游电子商务网站	第三方	为商务客人提供信息查询、产品预定的中介服务	盈利	携程旅游网

2. 旅游电子优惠券

建立旅游电子优惠券发布系统，发布多样化的旅游电子优惠券，包括：网上供手机下载的图片、文字短信、彩信，平面媒体附着标记或二维码（条码），以适应不同游客群体需求。通过旅游网站集群、移动终端、DM 直接投递系统、第三方营销渠道等推广城市旅游电子优惠券，提升城市旅游品牌认知度，强化游客的消费行为。

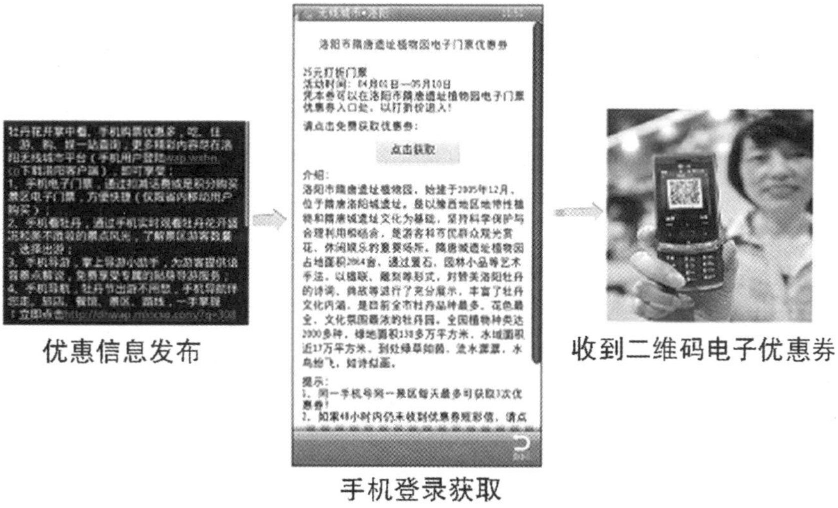

图 5－24　旅游电子优惠券

5.3.3　旅游目的地网络营销

旅游目的地网络营销是指旅游目的地旅游管理部门运用互联网技术了

解旅游者需求和愿望，为旅游者提供旅游目的地信息和个性化、定制化服务，传播旅游目的地形象，开展旅游目的地宣传推广活动，引导和促成旅游企业产品交易实现，吸引更多的游客来旅游目的地旅游的过程。单纯的自然山水及人文历史的旅游目的地已经不再适应市场竞争，要想在旅游目的地市场取得一席之地，需要为城市旅游量身打造具有文化内涵和体验式智慧化目的地的营销系统，传播独特的城市定位和品牌。其中，要注意做好以下三个方面的工作：

首先，通过大数据进行游客行为分析，掌握客源市场和目标市场特征。可以采用5W1H的分析方法，其中，购买者（WHO）主要是了解游客性别结构、年龄层次、地域来源、受教育程度、职业构成、收入层次等基本信息，以更好地了解目标市场，并制定有针对性的营销策略；购买动机（WHY）主要确定游客的出游动机；消费时（WHEN）主要是分析游客消费的时间选择，以确定城市旅游和景区景点的淡旺季；消费地点（WHERE）是为了分析游客在目的地逗留的场所，从中分析出哪些是旅游热点；购买产品类型（WHAT）可以确定游客对旅游产品和服务的偏好，为旅游企业产品和服务的改进提供指导；购买方式（HOW）反映出游客的消费渠道，为旅游支付方式的改进提供数据基础。在掌握客源市场和目标市场特征的基础上，才能有的放矢的制定实时精准的目的地营销对策。

图5－25　游客行为的5W1H分析法

其次，要整合城市信息管理信息，旅游行政管理部门、各旅游企业、旅游媒体、旅游研究机构、营销机构等各方面协作，通盘考虑，系统制定一整套包含事件、网络、展览会、印刷品、TV 广告、户外广告、移动传媒、微信推广、电影植入、综艺节目外景承接、美食节、文化展览等多样化、科学、合理、针对性强的旅游目的地网络营销系统，保证其可操作性强、动态管理、实时监控、定期维护。

最后，要制定“营销时间轴”，通过旅游舆情监控与大数据分析，查看每项推广活动的进度和效果，进行营销效果评价。从政府角度来看，要实现旅游信息化和基础设施的建设，带动当地旅游收入的增加；从旅游企业角度来看，要实现网络销售额的增加、增加市场占有率、提升企业知名度，达到盈利的目的；从目的地网络营销体系合作者和渠道商角度来看，要能够提高网站运营的利润，实现用户注册、使用量和网站搜索排名的提升；从社区居民角度来看，是否通过网络营销系统收益，带来收入的提高和社区环境的改善是主要衡量标准；从以游客为代表的网络消费者角度来看，要建立游客评价机制，游客可评价城市、景区、景点、娱乐项目、酒店、商铺、娱乐商户、交通出行等，所有的评价通过既定规则生成数据流，通过网站流量评价指标和网络营销效益评价指标，经供系统分析后做智能应答及内部评分，便于行政管理部门、旅游管理者根据市场需求调整经营策略。

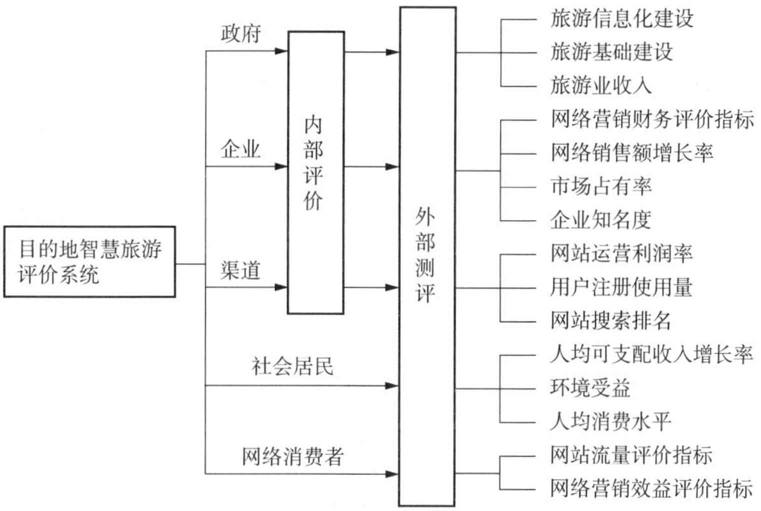

图 5－26　智慧旅游网络营销评价指标体系

第6章 >>> 洛阳市智慧旅游体系建设实证分析

6.1 洛阳市智慧旅游体系发展现状

6.1.1 发展条件

从资源层面来看，洛阳位于黄河中下游南岸，因位于洛水之阳而得名洛阳。洛阳市北屏邙山，南系洛水，东邻虎牢，西映函谷，熊耳、伏牛、外方三山环抱，伊河、洛河、瀍河、涧河四河径流，拥有优越的地理位置。如此优越的地势和险固的地理位置是历代帝王的理想建都之所，先后有夏、商、西周、东周、东汉、曹魏、西晋、北魏、隋、唐、后梁及后唐等13个朝代在此建都，时间长达1500多年，是全国八大古都之一，是八大古都中建都年代最早、朝代最多、时间最长的天下名都。由于洛阳长期作为全国政治、经济、文化中心，许多重大历史事件都发生在此，为洛阳市留下了深厚的历史文化底蕴，是中国历史的缩影。

在洛阳市区范围内，拥有一处世界文化遗产、国家5A级景区——龙门石窟，两处国家4A级景区——白马寺和关林庙，以及天子驾六博物馆、天堂明堂景区、丽景门等多处人文历史景点和多处国家级牡丹观赏园区。

在周边县区范围内，特别是在南部山区地带，山灵水秀，草木丛生，开发有龙潭大峡谷、白云山、老君山、鸡冠洞等多处国家5A级景区，以及重渡沟、西泰山等多处国家4A级景区和其他景区，洛阳市主要景区如表6－1所示。

表6－1 洛阳市主要旅游景区及等级分布

序号	景区名称	地理位置	等级
1	龙门石窟	伊滨区	5A
2	白马寺	老城区	4A
3	关林庙	洛龙区	3A
4	白云山	嵩县	5A
5	老君山	栾川	5A
6	鸡冠洞	栾川	5A
7	龙潭大峡谷	新安县	5A
8	重渡沟	栾川	4A
9	木札岭	嵩县	4A
10	西泰山	汝阳	4A
11	隋唐遗址植物园	洛龙区	4A
12	天池山	嵩县	4A
13	神灵寨	洛宁	4A
14	养子沟	栾川	4A
15	黄河小浪底	新安县	4A
16	伏牛山滑雪场	栾川	4A
17	抱犊寨	栾川	4A
18	中国国花园	洛龙区	4A

由此可见，洛阳市旅游资源丰富，旅游景区百花齐放，已形成市区人文景点与县区自然景点交相辉映，旅游景区之间相互合作的喜人局面。除此之外，洛阳牡丹、洛阳水席、洛阳唐三彩等也都负有盛名。特别是洛阳牡丹以其种植历史久远、品种多、花期长为特点，在国内具有极高的知名

度。古代历史文人曾留下“花开花落二十日，一城之人皆若狂”等诗句给予赞誉，如今每逢四月，洛阳市会举办中国洛阳牡丹文化节，吸引来自五湖四海的游客赏花观花。

综上所述，洛阳市在旅游业发展方面具有良好的资源优势，在市场中拥有了良好的口碑和声誉。智慧旅游的发展是旅游业发展的新阶段，是建立在旅游业前期发展成果基础之上的进一步发展，无法脱离前阶段发展成果而存在，因而良好的旅游资源和市场声誉为洛阳市智慧发展奠定了良好资源基础。

从政府层面来看，洛阳市委、市政府高度重视信息化应用及相关产业的发展，成立了洛阳市加快信息化发展工作领导小组，强化推进信息化应用和信息技术产业的发展。洛阳市政府与河南省三大通信运营商签署了战略合作框架协议，三大通信运营商计划投资 112 亿元改善城市信息基础设施。市政府与河南省通信管理局共同建设洛阳信息通信产业园、洛阳互联网数据和云计算产业园，将为以电信增值业务为主的信息技术产业发展提供广阔空间。2010 年 6 月，洛阳市制定了《洛阳市信息产业发展专项资金管理暂行办法》，设立洛阳市信息产业发展专项资金，加快洛阳市信息化建设，缩小与信息化发展较快地区的差距，培育、扶持信息产业企业。2012 年 1 月 18 日洛阳市政府印发了《洛阳市十二五信息化规划纲要》，为洛阳加快信息化建设，推动经济和社会实现跨越式发展指明了方向。《洛阳市服务业信息化规划》（2011—2015）提出要积极建设“虚拟博物馆”工程，整合洛阳旅游的电子商务服务，提升洛阳旅游的吸引力，增强城市魅力，推动旅游者体验旅游信息化服务。

从基础层面来看，洛阳的信息化水平在河南省位居前列，信息化基础设施较好。目前，全市信息产业企业已达 374 家。2011 年 10 月洛阳市政府与东软集团股份有限公司签订“全面战略合作协议”。东软集团将在洛阳建立“智慧旅游研究中心”“人才实训基地”等项目。2012 年 3 月，洛阳云计算和互联网数据中心产业园暨景安云计算和互联网数据中心项目，在洛龙科技园奠基。该项目规划功能为“四大中心、一个基地”，即新一代互联网数据中心、云计算中心、容灾备份中心、互联网技术研发中心和配套服务基地。全市还正在加快推进863电子商务等十大信息产业园区和微软（洛阳）技术服务中心等项目的建设。洛阳信息产业的快速发展及重大信息产业项目的引进，将为智慧旅游城市建设提供技术及人才支撑。

洛阳的智慧城市建设为智慧旅游发展奠定了坚实的基础，目前智慧城市建设已经绘出宏伟蓝图，相关基础工作已经启动。初步确立了三群（洛阳智慧区域群、智慧应用群、智慧产业群）、三云（智慧政务云、智慧产业云、智慧生活云）、三基石（智慧通信网络、云计算数据中心、基础感知网络）的核心建设内容。进一步深化信息化与工业化、城市化、国际化的高度融合，把洛阳建设成为先进产业聚集区、睿智管理先行区、智能生活新天地、美丽和谐好家园。

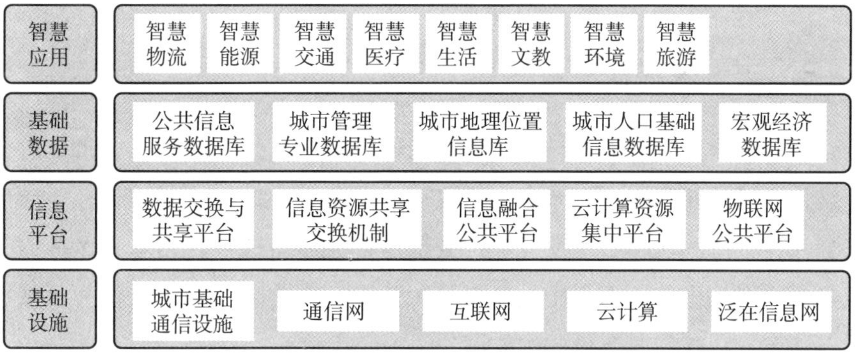

图6-1　洛阳市智慧旅游城市建设框架

从旅游业信息化发展层面来看，洛阳市紧紧把握旅游业，依托信息化实现产业升级的新趋势和新特点，高度重视旅游信息化建设，依托互联网、手机、电视、广播等平台，将各种最新信息技术广泛运用到旅游管理、市场营销、基础设施、公共服务等各个方面，洛阳旅游门户网站集群建设、12301旅游服务热线运营、全面推行景区电子门票、着力打造无线旅游平台、建设洛阳旅游体验网、旅游企业信息化建设等旅游信息化建设工作成绩斐然，具备了建设更高层次的智慧旅游城市的基础和条件。

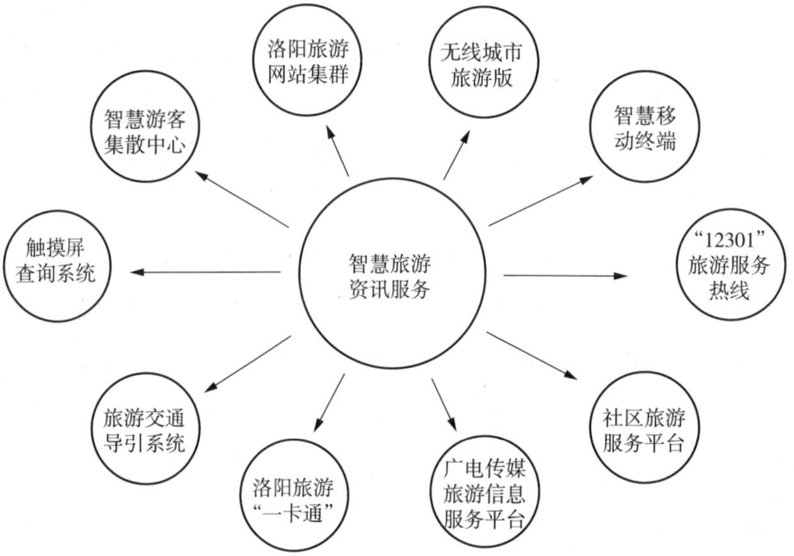

图 6－2 洛阳智慧旅游公共信息服务

6.1.2 发展成果

随着国家旅游局正式提出加快推进智慧旅游工作并选择了一批旅游城市作为全国智慧旅游试点城市，从政策、资金等方面给予强力扶持，国内旅游发达城市和地区纷纷发力，积极推进智慧旅游建设，力求在区域旅游竞争中抢得先机。洛阳市作为传统旅游城市，成功入选全国首批智慧旅游试点城市，积极开展智慧旅游建设。

洛阳旅游资源丰厚，旅游产业门类齐全，旅游业发展在全国位居前列。市委、市政府更是把旅游发展确定为强市战略并予以强力扶持，全市上下对旅游业寄予厚望，旅游业发展氛围良好。洛阳市抓住发展机遇，希望通过建设智慧旅游城市，有效提高其信息化技术能力和旅游服务水平，丰富旅游宣传营销手段，显著提升洛阳的国际化程度，助力洛阳市国际文化旅游名城建设。

洛阳市充分利用云计算、物联网、移动互联网等技术手段，以构建面向旅游管理者、旅游经营者、旅游者的智慧应用体系，以旅游管理数字化、服务智能化、体验个性化为目标，推动现代信息技术在旅游产业的应

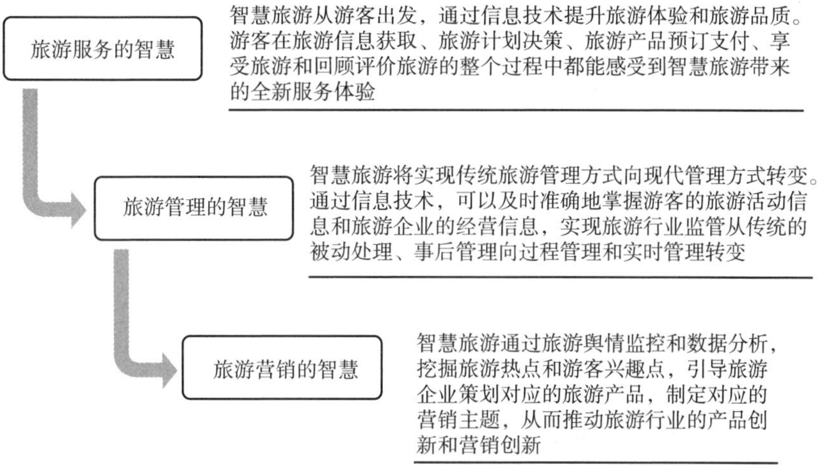

图6－3 智慧旅游发展方向

用，不断提高旅游公共服务水平和效率，推动旅游发展战略、经营理念和运营方式的变革，打造洛阳智慧旅游城市品牌，实现旅游产业转型升级，全面提高城市核心竞争力。

洛阳市以《洛阳市十二五信息化规划纲要》《洛阳市十二五旅游发展规划》《洛阳市建设国际文化旅游名城行动方案》《洛阳市智慧旅游城市建设工作方案》等政策为指导，按照国际化旅游目的地城市建设标准，把智慧旅游工作作为建设现代服务业的重要切入点和突破口，建立了一个中心（旅游云计算中心）、一个基础（智慧旅游基础设施）、四个平台（智慧旅游公共服务平台、智慧旅游综合监管平台、智慧旅游电子商务平台、智慧旅游市场营销平台）、八个智慧旅游业态（智慧旅游景区、智慧旅游饭店、智慧旅游餐饮、智慧旅游乡村等）的智慧旅游城市建设总体框架。

按照“政府主导、企业参与、市场化运作”的原则，积极探索利用新一代信息技术与旅游管理、旅游服务和旅游营销的有效融合，建设面向游客、旅游企业和旅游管理部门的智慧旅游应用体系，推动旅游现代化的全面发展，推进旅游产业转型升级和国际文化旅游名城建设。

2011年，洛阳旅游局官方网站——洛阳旅游网正式上线，该网站涵盖了旅游的方方面面，为来洛游客提供全方位的旅游信息和旅游指南。当年

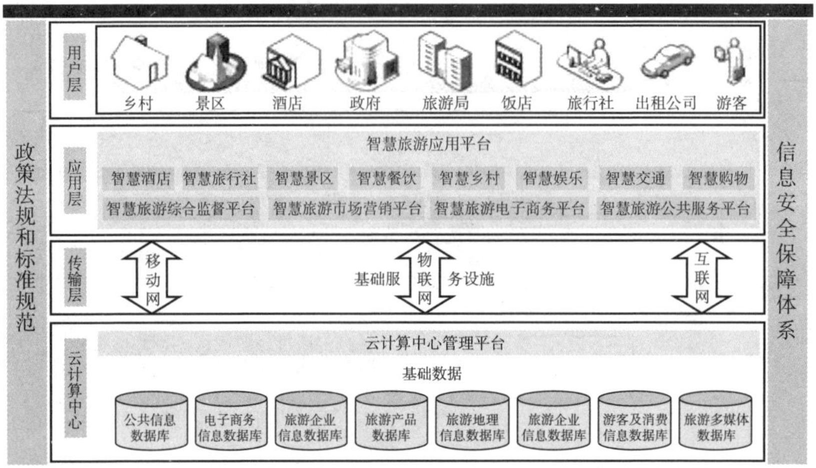

图 6-4　洛阳市智慧旅游建设总体框架

牡丹文化节期间，市旅游局与洛阳移动公司联合推出电子门票，开通洛阳市旅游局微博、微信等官方平台，形成立体交叉的互联网、物联网旅游服务体系，初步打造“智慧旅游”基础设施。同年 8 月，洛阳市建成洛阳旅游体验网、洛阳旅游资讯版、洛阳旅游政务版等旅游门户网站，以及英、日、法、俄、韩、德 6 个语种的外文版旅游网站。

自 2012 年以来，洛阳市先后制定《洛阳市智慧旅游城市建设工作方案》《智慧旅游城市建设方案》等相关政策，指导智慧旅游建设工作。2012 年，中国电信集团河南省分公司和洛阳市旅游局签订共建洛阳智慧旅游城市战略合作框架协议。协议指出未来旅游业竞争重点是信息化、智慧化，河南电信公司要充分发挥自身优势，做好洛阳智慧旅游城市建设的顶层设计，与市旅游局紧密合作，抢占旅游信息化高地，助力洛阳国际文化旅游名城建设，使洛阳智慧旅游在不远的将来为洛阳旅游事业做出更大的贡献，使洛阳的旅游业真正立于中国的旅游之林和世界的旅游之林。

2013 年底，洛阳市完成了洛阳旅游门户网站集群、旅游呼叫中心（12301 旅游热线）、旅游电子商务网、旅游“一卡通”、景区自助售票系统等共计 20 个基础项目，初步建成了智慧旅游体系。

2014 年，洛阳旅游 APP 正式投入使用，该软件主要针对洛阳的特色景点进行讲解介绍，具有自动导览、语音讲解、视频介绍、参观指导、交通

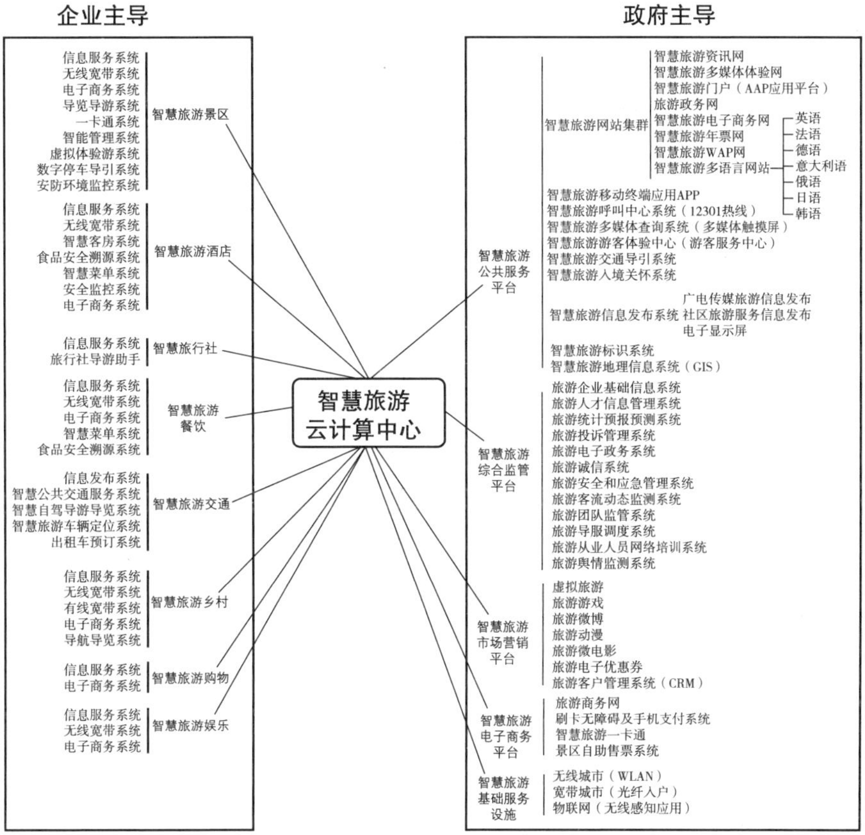

图6－5 洛阳市智慧旅游云计算中心建设框架

指引等功能，是游客了解洛阳或者去洛阳观光的最佳伴侣。当年牡丹文化节期间，洛阳市智慧旅游指挥中心正式上线运行，旅游管理机构可通过电脑、手机等信息终端远程对景区的情况进行监控、管理。游客可以参加网上游洛阳、网上赏牡丹等智慧旅游活动。同年洛阳市被评为“2014中国十佳智慧旅游城市”。截至2014年10月，先后有智慧旅游云数据中心、“景区客流动态监测系统”“旅游车辆GPS运行监控系统”，远程视频监控系统等15个智慧旅游项目投入运行，在游客服务智慧化、旅游企业经营数字化、旅游部门管理智能化等方面取得了初步成效。

2015年，随着“互联网＋”产业转型升级的热潮，洛阳市龙门石窟景区建立了全国第一家“互联网＋智慧景区”，相继推出微信购票、扫码讲解、微博微信营销、特色微信表情包等智慧项目。2015 年，洛阳市积极推进栾川、嵩县、新安等县域智慧旅游，并探索伏牛山智慧景区的建设。

2016 年 1 月，栾川县人民政府与中原经济区智慧旅游河南省协同创新中心签订战略合作协议，表示积极开展乡村智慧旅游信息平台方面软件的研究开发、数据信息的共享、信息采集的协作、平台的推广工作；电子商务方面交流与合作；旅游教育人才培养等合作。洛阳市智慧旅游建设触角已深入县域区域。

表 6－2　洛阳市智慧旅游建设成果一览表

时间	建设成果
2011 年	洛阳旅游局官方网站——洛阳旅游网正式上线；市旅游局与洛阳移动公司联合推出电子门票；开通洛阳市旅游局微博、微信等官方平台，形成立体交叉的互联网、物联网旅游服务体系；洛阳旅游体验网、洛阳旅游资讯版、洛阳旅游政务版等旅游门户网站投入使用，英、日、法、俄、韩、德 6 个语种的外文版旅游网站建成使用
2012 年	《洛阳市智慧旅游城市建设工作方案》《智慧旅游城市建设方案》等相关政策制定，中国电信集团河南省分公司和洛阳市旅游局签订共建洛阳智慧旅游城市战略合作框架协议
2013 年	洛阳旅游门户网站集群、旅游呼叫中心（12301 旅游热线）、旅游电子商务网、旅游“一卡通”、景区自助售票系统等共计 20 个基础项目
2014 年	洛阳旅游 APP 正式投入使用；阳市智慧旅游指挥中心正式上线运行；智慧旅游云数据中心、“景区客流动态监测系统”“旅游车辆 GPS 运行监控系统”，远程视频监控系统等 15 个智慧旅游项目投入运行；洛阳市被评为“2014 中国十佳智慧旅游城市”
2015 年	龙门石窟景区建立了全国第一家“互联网＋智慧景区”；积极推进栾川、嵩县、新安等县域智慧旅游，并探索伏牛山智慧景区建设
2016 年	栾川县人民政府与中原经济区智慧旅游河南省协同创新中心签订战略合作协议，开展乡村智慧旅游信息平台方面软件的研究开发、数据信息的共享、信息采集的协作、平台的推广工作；电子商务方面交流与合作；旅游教育人才培养等合作

6.1.3　龙门石窟智慧化建设

龙门石窟是洛阳市内的知名景区，是世界文化遗产。作为洛阳旅游的名片，洛阳市在开启智慧旅游建设项目后，便将龙门石窟景区作为试点，全面开展智慧化景区建设。龙门石窟景区管理部门为做好龙门智慧景区建设，自2012年以来成立专业化领导小组，积极学习优秀景区的成功经验，并根据自身发展情况和资源状况，清晰定位龙门智慧旅游发展目标。

首先，景区成立“智慧龙门”建设工作领导小组和组织推进机构（景区智慧旅游办公室），统筹部署、资源倾斜，对涉及的建设项目、工作任务进行分解，落实到景区各部门，明确具体领导和责任人，由上述部门编制具体工作计划，确定时间节点和具体工作任务责任人，由组织推进机构统一组织、协调、推进。其次，为保证龙门智慧项目的先进性，景区组织信息化应用主控人员先后赴峨眉山、都江堰、黄山、泰山、九寨等智慧化建设优秀单位进行了实地考察，掌握了相关景区智慧化建设的实际情况，吸取一线景区在智慧项目建设中的经验教训。再次，对景区现有的资源状况、信息化项目进行盘点梳理，为理清“智慧龙门”建设思路打好基础。于2014年7月对全园区现有的信息化资源、设施等情况进行了一次全面、细致的摸底调查，完成调查单位13家，收集相关资料信息，形成了调查结论性报告，为园区信息化建设下一步工作的决策与展开奠定了基础。最后，在龙门石窟被确定为洛阳市智慧旅游首批智慧景区和智慧城市建设试点单位后，以重点项目为抓手，以数据整合和应用提升为核心，大力推进景区智慧管理和智慧服务，积极创新网络营销和电子商务。结合景区实际和发展需求，形成了初步的龙门智慧景区建设规划工作方案，通过规划的统筹引领作用，整合景区现有资源，推动旅游产品和服务升级，确保智慧景区建设有序开展。

龙门石窟景区紧紧抓住智慧旅游这一发展机遇，不断与时俱进、改革创新，取得了可喜的建设成绩。自智慧旅游建设开展以来，龙门石窟景区不断优化景区环境，改进服务方式，配套完善基础设施，着力培育旅游市场，从“智慧景区”建设着手，对景区在促进旅游产业转型升级方面下功夫。2015年，龙门石窟世界文化遗产园区管理委员会与腾讯公司签署协议，致力于联合打造国内首家“互联网+智慧景区”，该项目分三期开展，打造“互联网+智慧景区平台”，实现精准推介、精准服务。龙门石窟成为全国首家“互联网+智慧景区”，在智慧景区建设方面走在前列。通过有序实施，使景区在各方各面都有了较大改变，取得了明显成效。

1. 建立旅游信息化及智慧旅游工作机构，加入市级旅游OA办公系统。景区于2013年7月设置龙门园区智慧旅游办公室，并与市旅发委智慧办取得对接，获得市级旅游OA办公系统用户资格，于2014年初实现与市级旅游机构工作流程自动化。

2. 信息系统开放数据接口，与市旅游指挥中心实现信息联网，数据对接。通过筛选，确定景区公交站、青石广场、检票口和白园4路监控视频与市旅游智慧中心实现对接，并在检票口闸机上通过系统升级，将入园游客数量提取并与市旅游指挥中心数据对接，达到数据实时共享。

3. 游客中心、票务中心实现Wi-Fi全覆盖，建立游客查询终端或PC机。为给游客提供免费无线网络环境，景区于2014年花会前完成龙门博物馆、东北服务区游客中心Wi-Fi全覆盖，并在中心一楼和二楼设置两台游客多媒体查询终端机。

4. 龙门官方微信项目。2013年4月开通龙门官方微信，设置有印象龙门、玩转龙门、互动龙门三个主板块，涵盖景点、洞窟介绍、餐饮住宿、在线回复、龙门社区、热门活动等服务功能，第一时间为游客解决游览过程中吃、住、行、游、购、娱等方面的相关问题。自开通以来，共发布微信服务信息1029条，让游客充分感觉到龙门石窟5A级景区的服务热情。

5. 景物说明二维码。在公交站与景区入口处等标识牌上，制作了二维码景物说明，增加中、英、法、韩、日五国语言的洞窟说明、服务信息、游客留言等内容，向游客提供便捷、智能的服务。

6. 电商合作。2014年5月在淘宝网开设景区天猫旗舰店，并与携程等知名电商合作，搭建景区网络销售平台，创新经营业务结算模式。全年共销售门票两万余张。

7. 园区数字化监控中心建设项目。园区于2013年底，通过资源整合、项目新建等，以数字化城市管理系统为平台，建立兼容数字城管、平安建设、森林防火、文物保护、智慧旅游五大功能的数字化监控中心。项目总投资3600万元，中心建筑面积230平方米，设置覆盖全园区监控摄像头426个。通过数字化指挥中心系统平台，实现了“五办合一”，使监督中心成为全区数字化体系的信息中枢，实现了常态化监管，逐步形成了“固定和机动相结合，有线和无线相结合”的数字化监管模式，开发出了集数据采集、信息传输、调度指挥、应急保障为一体的多功能指挥系统，为景区居民、游客提供了便捷服务和良好的社会环境。

8. 数据库建设。在创建国家级5A景区的基础上，建立和完善景区资料数据库，内容涵盖景区规划、资源保护、文物保护、旅游安全、经营管理等多方面的基础资料和信息，为景区智能化管理打下了基础。

9. 景区门户网站。通过景区网站的建设与升级，初步形成了景区旅游网络服务体系。作为景区对外的重要信息发布窗口，我们加大网站维护力度，及时更新网页信息，方便游客选择，版块内容有微博互动、公示公告、活动专区等，并筹建网站商务版块，包括住宿预订、商品预订、用餐预订、在线订票、在线客服等系列服务项目，成为景区宣传、推介、展示的重要窗口，还开通了游客咨询、网上投诉等在线服务项目，其中在线订票实现与网络营销电子商务平台的对接，拓宽了为游客服务的渠道。

10. 龙门石窟智能云平台。2017年7月，龙门石窟联合腾讯携手推出龙门石窟智能云平台，在全国首次尝试对智能大数据的探索，汇集了自“互联网+智慧景区”项目上线以来与游客交互产生的海量数据，助力龙门石窟引领旅游迈入智能云时代。智能云平台可以搜集处理龙门石窟智慧旅游大数据，全方位了解游客的情感、行为、喜好。通过大数据的升级，引爆和激发信息能源的力量，让“碎片”化的数据信息成为可交互、智能化、有温度的应用，让龙门石窟的大数据成为一个开放的平台。同时，龙门石窟智能云平台可以对景区的未来发展趋势进行预测，为景区高效管理提供数据支持，发掘游客喜好，真正做到全方位为游客服务。

目前，龙门石窟的游客服务中心已经实现免费的无线Wi-Fi、4G信号全覆盖，游客可以很便利地通过龙门石窟景区的微信平台查阅旅游所需的各种信息。当前，龙门石窟景区在基础设施方面，已经实现了停车场全面智能化管理，游客可以通过LED屏及时获取剩余车位信息；在导游、导航方面，游客中心提供全智能讲解服务客户端下载，只要手机下载后就可以听取每个景点的导游讲解，也对游客提供电子导游仪的租借服务，能够自动进行卫星定位，对锁定的景点进行讲解，实现"无人导游"，获得了自由、随性的旅游体验，而避免了传统旅游中的导游扩音器的嘈杂；在景区的维护方面，龙门石窟已经通过三维数字化工程为文物保护提供检测和修复依据，还能够对消失的或毁坏的历史遗迹进行重建，对流失海外的文物进行数字复原，从而重现龙门石窟的历史全貌，让游客在网络平台上就能够享受到景区的旅游体验。

表 6-3　龙门石窟智慧化建设项目一览表

项目名称	具体内容
微信购票	游客通过微信购买门票，扫码入园，有效减少排队等候时间，减轻传统购票人工压力
龙门幸运漂流瓶	扫码参与，通过"捞一捞"抽奖，奖品有"智慧旅游一周年纪念文创T恤衫"，7种款式，更有机会获得龙门数百种特色纪念品
3D 拍照	游客坐在"步步生莲"处的莲花宝座上，从不同角度连续拍照，上传到微信平台便能合成具有3D效果的照片，新奇而有趣
360 度全景洞窟	在万佛洞，通过手机扫描，可以非常清晰地看到洞窟内每个角落，弥补游客不能接触佛像的遗憾
拼图游戏	在大石门南侧的绿化景观内，摇出松林拼图小游戏，增加青少年游客的科普知识，也增加趣味性
测佛缘	游客将照片传到微信平台，系统会自动显示龙门石窟内与他最有缘的佛像，指引游客在游览过程中去寻找这尊佛像，并与朋友分享
与"剪刀手大佛"合影	在宾阳北洞，与"剪刀手大佛"合影并上传照片至微信平台，可以测试"萌系指数"，别有一番乐趣
拜"卢舍那"，上心香	游客来到奉先寺，打开微信平台，手机页面会显示为亲友祈福点燃的三根香，将祈福内容发送给微信好友，让对方在千里之外收到祈福祝愿，同时现场大屏幕会显示游客是某年某月某日第几位上香的
送祈福魏碑	游客在古阳洞使用微信摇一摇，会收到关于龙门二十品的图文介绍，之后写下对亲友的祝福，后台自动转化为魏碑体，并发送给亲友
石窟二维码景物说明	在每个洞窟口建立张贴景物说明二维码，游客只需微信扫描二维码，就可以免费听洞窟讲解，同时增加中、英、法、韩、日五国语言的洞窟说明、服务信息、游客留言等功能，满足不同游客需求

综上所述，洛阳市作为全国首批智慧旅游建设试点城市，无论是在智

慧旅游宏观政策把控、统筹协调方面，还是在智慧旅游框架构建、落实各方建设成果、试点景区建设方面，都取得了不错的成绩。洛阳市智慧旅游建设覆盖智慧景区、智慧交通、智慧酒店、智慧政务、智慧乡村旅游等各个方面，初步搭建了智慧旅游整体框架，基本完成了智慧旅游初级阶段的建设任务，为下一阶段智慧旅游深入发展奠定了良好的基础。龙门石窟作为洛阳市智慧旅游建设试点景区，智慧化建设成果得到了游客的全面好评和高度认可，如今智慧景区建设已经步入深化阶段，其建设案例更是成为全国智慧景区建设的典范，为智慧景区建设树立了榜样，成为全国景区智慧化建设争相学习的楷模。

6.2 洛阳市智慧旅游服务游客感知分析

基于洛阳市对智慧旅游发展的大力支持和其在基础设施、应用体系、感知体系、保障体系等方面的建设成果，为了对洛阳市智慧旅游建设的前期工作进行客观总结，总结在发展过程中的经验教训，发现建设过程中存在的难点与不足，本书深入游客市场调研分析，从游客视角对洛阳市智慧旅游发展做出客观公正的评价，从而准确地发现游客需求，更好地指导相关工作的进一步开展。

调研前期通过查找相关文献、结合洛阳市智慧旅游发展特点，构建了包含4道人口统计学问题和21道与智慧旅游相关问题在内的智慧旅游游客感知状况调研问卷，于2017年牡丹文化节期间对来洛游客进行调研。本次调研分别在龙门石窟、白马寺、关林庙、王城公园、天子驾六博物馆、隋唐遗址植物园、国花园、国际牡丹园等十家景区采用发放纸质问卷的方式进行，共发放问卷500份，回收问卷483份，问卷有效率为96.56%。通过对问卷的处理统计，对调研对象的人口统计学分析如下。

参与本次调查的调查者中男女比例为1∶1.31；调研者年龄段在18岁及以下、19—24岁、25—35岁、36—55岁以及56岁及以上的分别占比3.93%、28.35%、37%、27.56%和3.16%；调研者学历层次在初中及以下、高中/中专/技校、大专、本科和硕士及以上分别占比9.45%、

13.39%、14.96%、44.88%和17.32%；参与智慧旅游调研者收入水平2000元及以下、2001—4000元、4001—6000元和6000元及以上的分别占比27.56%、40.94%、18.90%和12.60%，其比例图如图6-6至图6-9所示。

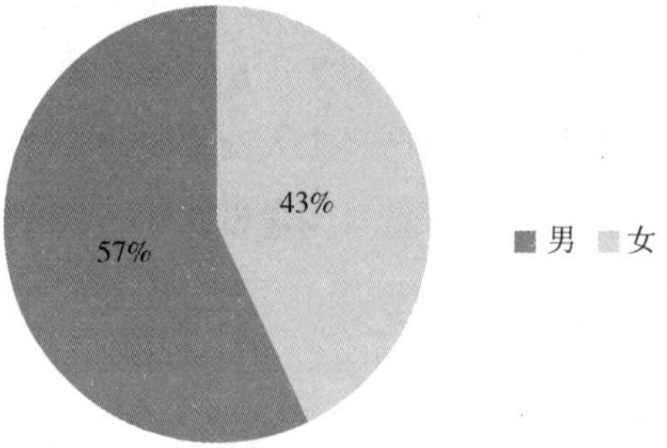

图6-6 参与智慧旅游调研者男女比例

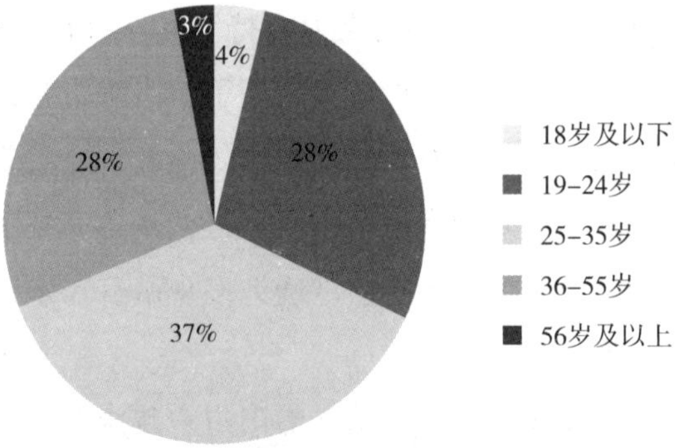

图6-7 参与智慧旅游调研者年龄段比例

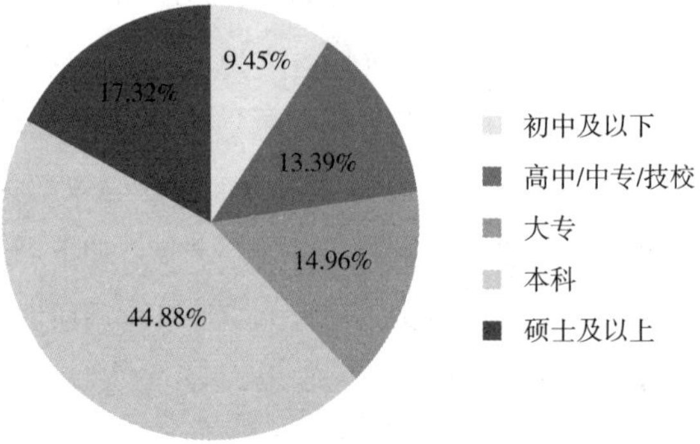

图6-8 参与智慧旅游调研者学历层次比例

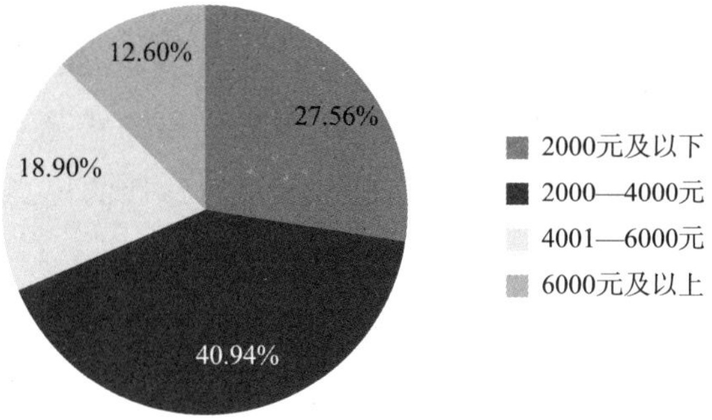

图 6－9　参与智慧旅游调研者收入水平比例

本书在调研过程中本着随机性、普遍性选取样本的原则，得到的样本具有一定的代表性。因此，由上述四图我们可以分析得知，洛阳游客年龄段分布在 25—35 岁阶段的占洛阳游客总量比例较大，其次是 19—24 岁、36—55 岁比例较大。游客学历在大专及以上水平的占大多数，学历层次偏高。游客月收入处于 2001—4000 元水平的较多，普遍收入水平一般。

在对问卷样本进行人口统计学分析的基础上，下面从五个方面对洛阳市智慧旅游基础设施建设进行分析统计。首先，对手机网络、无线 Wi－Fi 覆盖率的游客感知状况进行统计，结果如表 6－4 所示。

表 6－4　游客通信感知状况

选项	比例
非常不满意	6.3%
不满意	7.87%
一般	46.46%
满意	29.13%
非常满意	10.24%

可见，近一半来洛游客认为洛阳市 4G 信号和无线 Wi－Fi 覆盖情况一般，还有 14% 的游客表示不满意。4G 信号和无线 Wi－Fi 是游客实现旅游智慧化的必要途径，是存在于旅游经营者和管理者与旅游者之间的信息沟通桥梁。游客通过手机、平板电脑等无线客户端获取旅游信息，

如果脱离了4G信号和无线Wi－Fi，那么无线客户端形同虚设，失去了存在的意义，因此4G信号和无线Wi－Fi对智慧旅游建设起至关重要的作用。洛阳市游客对4G信号和无线Wi－Fi的感知状况一般，提醒相关部门需要加快推进该方面的建设，实现网络通达性的提高，努力提高游客满意度。

其次，对洛阳市智慧旅游安全保障体系游客感知水平进行调研，结果如表6－5所示。

表6－5　智慧旅游安全保障体系游客感知状况

选项	比例
非常不满意	7.87%
不满意	18.11%
一般	39.37%
满意	28.35%
非常满意	6.3%

大多数游客对洛阳市视频监控、应急报警措施，以及大气、水质安全、雾霾和病虫害防治等感到一般，近26%的游客表示不满意，说明游客对洛阳市智慧旅游安全保障体系游客感知状况水平不高。环境安全、人身安全、财产安全等是智慧旅游健康发展的保障基础，正如马斯洛需求层次理论中阐述的那样，只有安全问题得到保障后，旅游者才会追求旅游便捷性、智慧化等高层次需求。因此，要重视智慧旅游安全保障系统建设，加大力度将新兴技术运用到旅游安全监控中来，提高城市旅游安全系数，营造适宜的旅游环境。

再次，对来洛游客旅游过程中体验的服务质量满意度进行调研，结果如表6－6所示。可见多数游客对洛阳市智慧旅游服务质量感知水平一般。服务质量是一个地区旅游竞争力的软实力，服务质量的好坏决定了地区旅游发展前景和未来。洛阳市智慧旅游服务感知质量水平一般，会制约洛阳市智慧旅游发展，需要在今后的建设过程中加以重视。

表 6-6 智慧旅游服务质量感知状况

选项	比例
非常不满意	2.36%
不满意	3.94%
一般	44.88%
满意	40.16%
非常满意	8.66%

再其次，对洛阳市绿化、空气等环境游客感知状况进行统计，得到游客满意度统计表 6-7。经统计发现，洛阳市游客环境感知状况满意度较高，大多数游客认为洛阳市绿化状况、空气环境等发展水平较高，说明洛阳市近年来在环境建设方面取得了一定的成绩，得到了游客的认可。旅游业带来的环境污染问题逐渐被人们所重视，维持旅游业可持续发展是旅游业长效发展的有效机制。

表 6-7 环境感知状况

选项	比例
非常不满意	4.72%
不满意	10.24%
一般	10.24%
满意	40.94%
非常满意	10.24%

最后，对洛阳市的居民素质游客感知水平进行统计，结果如表 6-8。统计结果显示，洛阳市居民素质水平得到了游客的认可，这与洛阳市是传统旅游强市，注重居民素质的培养与社会道德宣传有关。在调研过程中，不少游客反映在旅游过程中得到过市民的帮助，如市民热心指路、耐心回答游客疑问等，给游客留下了美好的印象。

通过对以上五个智慧旅游建设基本问题的调研，我们可以发现，洛阳市智慧旅游硬件基础设施建设游客感知水平落后于智慧旅游软实力建设，有待进一步提高和加强。

表6－8 洛阳市居民素质游客感知水平

选项	比例
非常不满意	2.36%
不满意	6.3%
一般	37.8%
满意	40.94%
非常满意	12.6%

旅游是“食、住、行、游、购、娱”的综合产业，要对旅游智慧化建设游客感知进行分析，需要对旅游过程中的各个要素、各个方面进行统计，下面通过从洛阳市旅游景区、旅游酒店、旅游交通、旅游电子商务以及旅游管理五个角度，对洛阳市智慧旅游游客感知状况进行分析。

（一）对洛阳市智慧旅游景区建设游客感知状况进行统计分析。景区门户网站建设是智慧旅游建设的初级阶段，它的发展标志智慧景区建设的成熟程度。然而，从表6－9可以看出，洛阳市作为国家首批智慧旅游试点城市，景区门户网站游客感知水平较低，近70%的游客都表示景区门户网站建设不尽如人意，需要引起思考。

表6－9 洛阳市旅游景区门户网站建设感知状况

选项	比例
非常不满意	2.36%
不满意	11.81%
一般	54.33%
满意	25.2%
非常满意	6.3%

如表6－10所示，游客对洛阳市景区最佳游览人数、负氧离子指数等信息的实时发布满意度一般，景区游览状况更新速度慢，实况信息缺乏传输渠道，网络信息延迟等问题突出，除龙门石窟景区在景区门口设有LED屏幕，实时更新景区内游客量、环境状况等，其他景区目前还未实现该功能。

表 6-10 洛阳市景区信息实时发布情况感知状况

选项	比例
非常不满意	6.3%
不满意	12.6%
一般	41.73%
满意	33.07%
非常满意	6.3%

在景区门票预订和景区导游导览的智慧化方面，洛阳市景区得到了游客的普遍认可。游客对利用手机或电脑预订景区门票、洛阳市景区电子地图、电子导游、微信讲解等服务满意度较高，说明景区内部智慧化建设水平相对较高，游客感知状况较好。

表 6-11 景区消费智慧化预订感知状况

选项	比例
非常不满意	3.94%
不满意	3.94%
一般	29.92%
满意	51.18%
非常满意	11.02%

表 6-12 景区导游导览智慧化感知状况

选项	比例
非常不满意	2.36%
不满意	4.72%
一般	35.43%
满意	47.24%
非常满意	10.24%

（二）对洛阳市旅游酒店的智慧化建设游客感知水平进行分析。首先对旅游酒店入住前的预订、入住方式、结算方式的智慧化建设进行统计，结果发现超过一半的游客表示满意。大多数游客在游前通过网络预订酒店

客房，入住时利用二维码、短信等方式实现快捷办理，省去了传统办理方式的时间。在入住后，通过手机等进行智能结算，实现了旅游住宿过程中的智慧化体验。

表 6-13　旅游酒店入住前预订、入住方式等智慧化感知水平

选项	比例
非常不满意	5.51%
不满意	4.72%
一般	35.43%
满意	41.73%
非常满意	12.6%

其次对酒店客房内部设施智慧化建设游客感知水平进行研究发现，游客对酒店客房实现可视化门禁系统，空调、灯光、音乐等自动化设置水平普遍感到一般，不过一半的游客表示满意，相对酒店预订、入住办理满意度较低。

表 6-14　酒店内部设施智慧化建设感知水平

选项	比例
非常不满意	2.36%
不满意	7.87%
一般	41.73%
满意	37.8%
非常满意	10.24%

最后在入住后，对酒店客史管理的智慧化建设游客感知分析，发现游客对酒店、旅行社通过微信、微博等平台主动邀请客人反馈建议，在客人生日等重要日期发送邮件、微信慰问信息等，并在下次入住时根据客人需求提供个性化服务，建立诚信档案和黑名单满意度较高，洛阳市旅游酒店客史管理智慧化建设水平较高。

表 6－15　酒店客史管理的智慧化建设游客感知分析

选项	比例
非常不满意	2.36%
不满意	7.09%
一般	35.43%
满意	42.52%
非常满意	12.6%

（三）对洛阳市旅游交通的智慧化建设游客感知水平进行分析。首先对各种旅游交通车况信息监控等进行游客感知水平分析，结果发现来洛游客对旅游智能公交、公共自行车租赁，旅游大巴安装定位系统，从而检测车速、车况等信息方面满意程度较高。

表 6－16　旅游交通车况信息监控游客感知水平分析

选项	比例
非常不满意	2.36%
不满意	3.94%
一般	30.71%
满意	51.18%
非常满意	11.81%

其次针对自驾车游客，对停车场信息的智慧化查询进行分析统计。结果发现，来洛游客对通过网络查询停车场位置、车位状况、收费情况等信息以及采用的电子缴费方式普遍感到满意。

表 6－17　停车场信息智慧化查询游客感知水平

选项	比例
非常不满意	2.36%
不满意	13.39%
一般	35.43%
满意	38.58%
非常满意	10.24%

由此可见，无论是自驾车游客还是随团行游客，均对洛阳市旅游交通智慧化建设感知水平较为满意，这客观说明洛阳市智慧旅游交通发展水平较高。

（四）对洛阳市旅游电商的智慧化建设游客感知水平进行分析。来洛游客对通过电商平台进行产品宣传、咨询服务、售卖线路、售后服务满意度水平一般。首先，洛阳市旅游产品单一，特点不够突出是制约洛阳市旅游产品电商平台发展的首要因素。牡丹花、唐三彩、牡丹瓷等运输成本高，给旅游产品开发带来了困难和挑战。其次，旅游电商平台建设投入大、成本高，加之第三方旅游 OTA 快速发展，其专业化水平难以超越，挤占市场份额。今后要加强与第三方旅游 OTA 合作，各自发挥所长，共谋发展。

表 6－18　电商平台智慧化建设感知水平

选项	比例
非常不满意	2.36%
不满意	7.87%
一般	44.09%
满意	33.07%
非常满意	12.6%

（五）对洛阳市旅游管理的智慧化建设游客感知水平进行分析。游客对洛阳市政府旅游信息公开时效性，工作效率和服务水平，对旅游过程中出现的欺诈行为进行投诉和有关部门的有效处理感知水平均一般，说明洛阳市在智慧旅游管理方面的建设水平有待提高。提高政府部门办事效率，加快各类旅游投诉处理效率，用智慧化手段监控旅游市场，给予游客更加完美的智慧旅游感知体验。

表 6－19　旅游政务智慧化水平游客感知状况

选项	比例
非常不满意	1.57%
不满意	10.24%
一般	41.73%
满意	37.01%
非常满意	9.45%

表 6－20　旅游投诉处理效率游客感知状况

选项	比例
非常不满意	4.72%
不满意	16.54%
一般	48.03%
满意	22.83%
非常满意	7.87%

随后，本书对参与调研对象的智慧旅游总体感知状况进行研究，分别将游客智慧旅游对本次行程的智慧化感知水平与期望中洛阳市智慧旅游发展水平，理想中洛阳市智慧旅游发展水平相比较，得到的结果如表 6－21 和表 6－22 所示。

表 6－21　智慧旅游发展水平与期望值相比较

选项	比例
非常不满意	3.15%
不满意	3.15%
一般	36.22%
满意	46.46%
非常满意	11.02%

表 6－22　智慧旅游发展水平与理想值相比较

选项	比例
非常不满意	3.15%
不满意	6.3%
一般	41.73%
满意	40.16%
非常满意	8.66%

可见来洛游客对洛阳市智慧旅游发展状况满意度高于其期望水平，尽管在某些方面其发展水平不尽如人意，但是洛阳市智慧旅游发展水平总体得到了游客的认可，但是洛阳市智慧旅游建设与游客理想中水平还有差距，有不小的发展空间，从而有待进一步提高。

最后，在被问到是否会向亲戚朋友推荐来洛阳旅游和是否愿意再次来到洛阳旅游的时候，绝大多数游客给出的回答是肯定的，如表 6－23 和表 6－24 所示。

表 6－23　对洛阳旅游推荐意愿

选项	比例
非常不满意	0.79%
不满意	2.36%
一般	18.11%
满意	57.48%
非常满意	21.26%

表 6－24　对洛阳旅游重游意愿

选项	比例
非常不满意	1.57%
不满意	1.57%
一般	15.75%
满意	56.69%
非常满意	24.41%

以上关于洛阳市智慧旅游发展水平游客感知状况的分析可以说明，洛阳市作为传统旅游强市，拥有得天独厚的旅游资源，在被评为全国首批智慧旅游城市后，智慧旅游建设取得了一定的成果。这些建设成果并不是脱离市场需求而盲目开展的，是根据游客需求，以市场为导向，有针对性地开展进行的，得到了市场的检验和游客的认可。在今后的建设过程中，要以此为基础，发扬优点，弥补不足，进而保障洛阳市智慧旅游实现可持续健康发展。

6.3　洛阳发展智慧旅游的经验及优势分析

综观洛阳市智慧旅游形成的可喜局面，为进一步推进其在“十三五”

建设历程中和谐发展，对下一步智慧旅游发展进行指导，对城市智慧旅游体系建设提供借鉴依据，本书对洛阳市智慧旅游发展的经验及优势进行总结。

6.3.1 政府主导和尊重市场

智慧旅游建设口径宽、涉及面广，建设过程涉及生活中的方方面面，如各种信息数据库、公共服务平台、信息技术平台等，甚至包括交通道路等基础设施的投入，这其中需要各行各业的支持与配合。如何统筹协调各方力量，实现资源的优化配置和责任利益的合理分配，成为政府需要解决的首要问题。由于涉旅企业众多，难以形成统一的利益整体，各个企业都存在各自的利益诉求，怎样实现多方之间的平衡便显得极为重要，一旦权责不明、利益分配不均，任何一方在这个过程中退出或反应迟缓，都会使智慧旅游建设无法顺利开展。同时，虽然智慧旅游的成果福利能够被旅游参与者和当地社群共享，但是各方面所需建设经费显然不菲，投资回报率相对偏低。因此，智慧旅游的建设应当由政府主导，在政府的带领下开展各方工作。洛阳市智慧旅游在建设过程中，政府部门先后颁布一系列政策文件，支持智慧旅游开展。对于智慧旅游建设项目洛阳市政府有关部门积极参与协调，引进资源。政府作为工程主持者和主导者，在建设过程中以市场规律为原则，市场需求为导向，充分尊重市场发展，有效避免政府过度参与。其中，见效慢、利润低的项目主要由政府出资主导；对于见效快、利润高的项目则交由企业负责主持建立，逐渐引导智慧旅游健康有效发展。

6.3.2 政策支持和试点项目

自2011年“智慧旅游”概念提出以来，业界十分重视智慧旅游的发展。为响应国家号召，洛阳市先后推出《洛阳市智慧旅游城市建设工作方案》《智慧旅游城市建设方案》等政策文件，高度重视智慧旅游发展，统筹智慧旅游发展必要的资源条件，清除影响智慧旅游发展的制度障碍，为其发展提供必要的制度保障，从而积极推动智慧旅游发展。

2014年，国家旅游局将旅游年主题定为“中国智慧旅游年”，并确定了一批试点城市和试点景区作为智慧旅游发展先锋。其中，洛阳市被确立为首批“智慧旅游试点城市”，龙门石窟景区被确立为“智慧旅游试点景区”。作为试点景区，龙门石窟积极探索发展路径，成为全国第一家“互联网+智慧景区”、全国首家“无现金景区”，其智慧化建设项目内容不断被充实，如今已迈入智能云时代，得到了游客的认可和行业内的好评。

在政府的大力支持下，洛阳市智慧旅游建设正在如火如荼的进行当中，并取得了一定的成果，目前智慧旅游发展迎来了新的机遇。洛阳市的建设成果为其他地区智慧旅游发展积累经验、树立榜样，促使其积极探索智慧旅游发展之路。

6.3.3 基础扎实和平台完善

洛阳市是传统的旅游强市，因“牡丹花都”和厚重的历史文化底蕴而享誉国际。旅游业发展起步较早，形成了良好的发展基础。近年来，洛阳市不断挖掘自身文化价值，全面打造新景区，同时注重开发周边优质的自然山水资源，形成了旅游业的新增长极，促进旅游业全面健康发展。扎实的发展基础为旅游业进一步转型升级奠定了良好基础，旅游资源是旅游业的发展根本，缺乏了优质的旅游资源，旅游业发展就如同无源之水。

在此基础之上，洛阳市大力发展智慧旅游。智慧旅游的技术变革需要运用云计算技术、物联网技术、移动通信技术、人工智能、遥感技术、数据信息处理技术等；在具体应用层面需要建立门户网站集群、手机二维码、电子优惠券等应用平台。为此，洛阳市旅游部门注重夯实基础，学习优秀城市的建设经验，积极与相关的网络科技公司合作，建立中央管理平台和各项旅游资源数据库、动态监测监控系统，搭建在线智慧旅游云平台等。旅游管理部门、旅游企业、旅游者之间形成了较为成熟的监管与营销模式，旅游业发展呈良好态势，为智慧旅游建设奠定了良好的基础。

6.3.4 注重合作和信息对接

为了避免闭门造车和信息孤岛的问题，洛阳市智慧旅游建设注重协调创新，加强与各方面、各部门的合作，以实现资源共享、外部借力和携手共赢。

在信息对接方面，推行“三网融合”，促进不同网络之间的信息兼容，实现网络资源的共享；景区的门户网站中，住宿预订和用餐预订等服务项目实现与相关旅游企业的信息对接，而在线订票实现了与网络营销电子商务平台，如淘宝网、携程网等的对接，充分利用第三方网络营销电商的平台优势，对洛阳市旅游产品进行有力宣传，提高产品知名度，打通销售渠道，实现信息有效对接。

在部门协调方面，智慧旅游的云数据中心和各个监控系统平台都需要相关部门的合作，包括旅游、文物、交通、测绘、气象、公安、园林等许多部门之间都需实现资源共享、数据对接和实时调度。洛阳市政府统筹协调，以实现旅游业智慧化发展为共同目标，创建良好的政策环境，在信息数据采集、处理、分析等各个步骤有效实现资源共享。

在智慧营销方面，洛阳市各大电商展开合作，通过与基于移动互联网的旅游商务平台的合作，借助其资源和技术，能够更好地在线上和线下进行城市名片推广，扩大旅游资源的宣传效应。作为智慧旅游样板城市，洛阳市也举办了2015年智慧旅游营销大会，携手腾讯和中国微旅，成为腾讯弹窗专题推广的城市之一，由中国微旅为洛阳近百家旅游企业免费制作微信公众平台，向游客提供电子门票和微信导游等多样化服务。

6.3.5 市场扩大和需求剧增

现代生活节奏快、压力大、生活环境每况愈下，旅游需求呈上升趋势。据统计，2017年春节期间，洛阳市共接待境内外游客206.86万人次，同比增长10.79%；旅游总收入12.35亿元，同比增长12.58%。主要景区（点）和各类庙会活动接待游客188.06万人次。由智慧旅游大数据分析显示，春节期间来洛省外游客以河北、陕西、江苏、山东、湖北、北京等地为主。“亲情游”“返乡游”引领春节旅游市场，走乡村，游景区，逛庙会，赏花灯，感受浓浓的民俗风情和历史古韵成为春节假日的旅游主题。

由此可见，洛阳市作为河南省传统旅游强市，旅游资源吸引力不断攀升，旅游市场日益火爆，需求量剧增。加之近些年来智能手机、平板电脑等移动终端的普及和电子商务的发展，改变游客的传统旅游观念，游客对旅途过程中便利性、快捷性要求不断增加，对旅行社的依赖逐渐降低。2016 年 1 月，国家旅游局明确表示“取消导游必须经旅行社委派”这一政策，提高了导游执业自由度，更加降低了旅游者对旅行社的依赖性，游客“散客化”趋势明显。在这一趋势下，旅游者出行一改传统由旅行社全权代理模式，崇尚自由行等新兴旅游形式，从而需要自己做更多的旅行准备。例如，通过网络查询景点情况、路况，预订门票、酒店等，对智慧旅游项目的依赖性增加。洛阳市的旅游需求潜力大、游客年轻化等旅游市场特征，都对洛阳市智慧旅游建设提供了发展机遇，是洛阳市智慧旅游建设的优势所在，迎合市场需求才能有更好的发展。

6.4　洛阳发展智慧旅游的难点与不足分析

洛阳市智慧旅游在发展过程中不断积累经验的同时，也反映出了许多问题和不足。为了对这些问题和不足有清晰的认识，在今后的建设过程中有效地做到扬长避短，下文对这些难点和不足进行总结。

6.4.1　旅游智慧化建设不平衡

尽管洛阳市争相与各大电商进行合作，开发在线旅游业，但相较而言，各旅游景区之间智慧化程度并不一致，智慧化建设水平悬殊较大。目前除龙门石窟外，其他旅游景区的智慧化建设都处于初级阶段，其建设刚刚起步。

诚然，智慧旅游在实际建设和运用中应当因地制宜，只有与当地实际相结合，解决现实的亟须问题，才有利于推广和开展工作。一些景区和旅游企业智慧旅游发展慢是因为需求不紧迫的缘故，发展不平衡也有其内在的原因。但是，智慧旅游毕竟代表高新技术对传统旅游业所造成的变革和创新，是未来旅游业升级发展的必然趋势。而且，智慧旅游建设不均衡，也不利于洛阳市对旅游公共信息的采集、旅游监管信息的收集和旅游大数据的集成分析工作。只有共同发展才能达到信息的互联互通，并有效避免信息的“孤岛”化和“碎片”化。因此，洛阳市仍需以试点景区为样板，加快智慧旅游的论证和扩展，最终实现整体的智慧化改造。同时，还需要尽快编制统一的智慧旅游城市发展规划和行动计划，为各地的智慧旅游建设提供强有力的政策保障。另外，对于智慧景区的建设，洛阳市需要一套标准化的评价标准作为建设指导，从而有效避免建设过程中多头领导、重复建设、盲目跟风等问题，为智慧旅游建设提供导向。

6.4.2 建设程度和体验质量低

洛阳市智慧旅游建设相较于沿海城市相对落后，在全国首批智慧旅游城市中发展进程较慢，无法满足日益增长的游客需求。例如，各大景区、酒店等公共场所通信网络未全面覆盖，特别是县域旅游智慧化发展更加落后。当游客遇到突发事件或紧急状况时保障体系不完善，相关机构反应速度较慢；旅游企业未充分发挥微博、微信功能，虽然大部分景区都开通有官方微博、微信等平台，但信息更新率偏低，没有充分利用新媒体平台的优势，开通微信公众账号的景区少之又少，游客无法获取景区最新信息；虚拟体验旅游建设不完善，目前除龙门石窟景区开启了一系列成效显著的虚拟旅游项目建设外，其余景区的虚拟旅游体验项目缺乏，多数景区选择将虚拟体验旅游以一种嵌入式的模块显示在景区网站页面上，使游客能够实现在线虚拟体验旅游；其余景区在其门户网站上只能进行在线视频观看或图片浏览。

由于洛阳市智慧旅游建设程度低，因此游客体验质量也相对偏低。以

“洛阳旅游资讯网”为例，虽然包括多种智慧旅游的服务项目，但整体效果相当有限。比如，为自驾游的游客提供全景路书的景区很有限，用手机打开的速度比较慢，也不能用手机下载；能够提供全景漫游的景区也非常少，有的景区只能提供一段导游视频或解说视频，并且提供的导游讲解千篇一律，缺乏个性化，有待进一步补充完善。

智慧旅游的建设过程中往往都以高科技的应用水平和信息化程度为建设成效的衡量依据，但是过多的高科技运用反而会减低旅游活动的吸引力和体验质量，特别是对年轻一代的游客来说，他们更加注重的是一种对未知的探索和新鲜的体验，以及对传统文化的感知。因此通过虚拟技术获取太过丰富的景区信息或者收到海量旅游信息的推送干扰，都可能造成对景点产生“一见不如百闻”错觉的感受，而非“百闻不如一见”的有效体验。因此，智慧旅游的建设不能仅以新兴技术的改造运用为衡量标准，还要考虑产品和服务是否能适应顾客的需求。

6.4.3 旅游企业转型压力大

智慧旅游催生旅游产业的巨大变革，智慧旅游建设的最终目标是推动旅游业向现代服务业转型。而企业的转型是否能够收到成效，迎合游客、满足游客的个性化需求，决定企业的生存。许多旅游企业在“智慧旅游”的冲击下，正面临较大的转型压力。

首先，智慧旅游建设的成本高昂，如龙门石窟景区等一些大型旅游企业和景区能够凭借强大的资源实力和有力的政策支持，进行全方位的智慧化改造，建立电子门票、APP 自助掌上服务、客流量监控、LED 显示屏等智慧旅游项目，提升旅游体验。而对于大多数融资难的中小旅游企业和景区，无论是现代技术的改进运用，还是更新换代后的维护成本、技术人才的缺乏等问题都成为发展的掣肘。同时，由于中小企业的游客接待量有限，旅游产业带来的附加值低，企业对于硬件的信息化提升缺乏资金，游客对旅游信息化需求又在不断提升，二者之间存在的矛盾日益突出，盲目的技术升级或加入电商平台可能只是无谓的投入。

其次，大多数旅游企业的智慧化建设水平较低，对智慧旅游的认识也比较模糊片面，还缺乏成熟的经验和标准。洛阳市智慧酒店的建设还处于简单的信息化技术改造和智能提升，对酒店硬件设施的智慧化改造和营销平台的打造是目前智慧酒店建设的主要内容，与国外先进水平差距很大。旅行社的现代化转型更是步履艰难。尤其对于传统旅行社来说，旅行社规模小、鱼龙混杂，开发 APP 投入颇高，风险太大，而应用又难以定位。在线旅行社（OTA）对于传统旅行社的空间挤压和业务链颠覆迫使旅行社也涉足发展智能门店。当前科技发展的日新月异和在线旅游市场到无线市场的迅速转向，也都让企业的转型不堪重负，旅游企业转型压力大。

6.4.4 智慧旅游建设风险大

智慧旅游的投资规模大、建设周期长，这些项目存在“高投入、低回报”的高风险。正如一些专家评论的，智慧旅游是一种“破坏性创新”，一些项目的建设大张旗鼓地采用高科技技术，盲目跟风，对于传统的营销模式和旅游企业（尤其是传统旅行社）都形成了替代威胁。但是，高昂的建设费用却未必带来良好的收益。比如，开发旅游类 APP 已经成为最热门的智慧营销项目，无线市场已经成为最重要的战场，然而各种各样的 APP 资源尚处于“碎片”化的阶段，竞争抢滩极为激烈。旅游企业付出成本开发的 APP 能否生存下来就是一个问题。无论是 LED 电子显示屏，还是网上 720 度全景虚拟景区、在线导航图等，这些高新技术都是当前“智慧旅游”建设中争先攀比的设施，这些资源投入昂贵，网站维护、系统升级和后期技术解决服务等费用也同样不菲，目前只有重点旅游城市和景区才能做到较好的应用，普通景区则难以解决成本和收益的平衡问题。还有一些智慧项目也不太切合实际，在旅游高峰期可能用得着，在旅游淡季时则基本处于搁置状态，这显然造成了资源的浪费。

另外，智慧旅游也面临安全风险，网络营销容易爆发系统故障问题，这些不但会影响旅游企业的信誉和形象，更会造成对游客利益的损害。由以上分析可以看出，洛阳市智慧旅游发展过程中优劣势并存，如何在今后的建设过程中扬长避短成为亟待解决的问题。通过分析我们应该意识到，高新技术的创新应用并不是智慧旅游的核心，智慧旅游建设应该秉承以人为本、主动感知的原则，以推进旅游业可持续发展为目标。根据自身情况建设本土化的智慧旅游体系，不能照抄照搬其他成功经验，寻找属于自身的发展路径。

第7章

>>> 城市智慧旅游体系发展路径研究

鉴于智慧旅游体系是一个囊括了多个部门、多个业态的综合工程，智慧旅游的建设工作也是一个在摸索中创新的发展模式，虽然可以在一些具体工作上借鉴一些成功经验，但在建设模式和发展脉络上，并无典型的成功例子可以借鉴。因此，城市智慧旅游体系的发展路径，要做好顶层设计，推动体制创新；与实际相结合因地制宜，循序推进；与旅游产业的特点特色相符合，充分挖掘旅游产品的文化内涵；加强宣传力度，强化人才建设。具体可从以下方面来实施：

7.1 做好顶层设计，加强政策引导

注重顶层设计，可以对智慧旅游的各项建设项目进行科学系统的规划和部署，有利于具体项目的落地，避免信息孤岛；可以明确“投资主体、建设主体、运营主体”，实现建设阶段与运营阶段的有效衔接，避免重复投资。制定和出台奖励、补贴、扶持等系列配套政策措施，切实解决智慧旅游发展过程中的问题，优化建设环境，逐步形成较为完善的智慧旅游发展政策支撑体系。主要包括以下方面的内容：

7.1.1 加强学习

从旅游行政管理部门抽调精兵强将，聘用经验丰富、技术能力强的网络信息专业人员，成立城市智慧旅游工作办公室，具体负责智慧旅游方案制定和实施推进工作。赴北京、上海、南京、镇江等智慧旅游工作先行城市学习其智慧旅游工作思路、经验、方法，广泛搜集相关资料，明确智慧旅游工作的思路和主要工作，与城市工业和信息化局、国土资源局等相关单位深入沟通，召开电信、移动、联通等运营商，建行、交行、中行等商业银行，信息科技企业和旅游行业单位座谈会，充分掌握基本情况，广泛征求意见和建议。通过持续学习和实地调研为制定城市智慧旅游体系建设方案打好基础。

7.1.2 规划先行

智慧旅游规划是针对现有旅游资源和部署，将一些智慧元素、信息技术和智能设备有计划，有组织的将其整合并植入到实际景区和业务管理环境中，满足游客对感知需求的体验。智慧旅游体系的建设涉及政府部门、景区、酒店、旅行社等旅游相关服务主体及信息科技企业、银行、交通、城建、财政等多个部门，项目多、难度高、工程量浩大、复杂程度高，是一项全面、系统、复杂的工作。一套科学可行的规划方案从行动目标上明确发展目标和建设内容，以统筹规划和系统布局的纲领性为导向，定义和约束智慧旅游各级组织体系和各服务对象之间的内容衔接与组合，是智慧旅游体系建设的前提、依据和科学保障，引领智慧旅游更好更快的发展。

在学习调研的基础上，按照国内一流、国际领先的标准，突出前瞻性、科学性、特色性原则，聘请国家级权威机构、知名策划团队，高起点、高标准、高水平、科学地编制城市智慧旅游体系建设总体规划、中短期发展规划和主体建设实施规划，明确城市智慧旅游的发展布局、工作思路和保障措施，理念要新、系统要全、落地要实，引导其科学规划和设计，使城市智慧旅游体系不仅满足市场需求，而且要突出城市旅游特色和亮点、前瞻性与可操作性的统一。各区和旅游相关企业要做好规划的衔接和落实工作，科学编制修订与全市智慧旅游发展总体规划相衔接的发展规划，避免盲目开发和低水平重复建设。

7.1.3　策划引领

旅游规划是对旅游系统发展目标和实现方式的整体部署过程，而旅游策划从创造性思维的角度出发，以资源和市场对接为目标，用针对目的地或景区特色唯一的方法，解决旅游吸引力、产品、开发过程、营销等方面的独特性与操作性问题。当前城市采用新媒体方式策划营销活动来达到旅游目的地或景区宣传目的的案例不胜枚举，如《阿凡达》《非诚勿扰》等电影给影片取景地张家界、北京创造了上亿元的广告效应。《爸爸去哪儿》《奔跑吧，兄弟》《挑战者联盟》《极限挑战》等真人秀节目也带热了众多景区。早在2011年，桔子水晶酒店就通过星座微电影的创意传播而声名远扬，结合微博上星座话题较受欢迎的特点，用“爱与激情”系列视频短片展示12星座男士爱与性的特质。一经播出，便在微博上掀起了一股收视狂潮，赚足了人气，短期内吸引了大量客人的入住。

在智慧旅游体系具体项目的建设中，虽然有大量的常规项目，但不能千篇一律、千市一面、千景一面。聘请国内一流的创意策划大师和国际知名策划高手，将智慧旅游和文化产业融合，进行深度策划，打造热点事件，在短时间内形成轰动效应，结合时下潮流打造眼球经济。在智慧营销体系中，要加强旅游与影视文化、热播综艺节目的“联姻”，探索“借题发挥”“无中生有”“捆绑营销”式的营销途径；借助新媒体，如微博、微信、直播平台、虚拟旅游平台等，策划创意线上活动，拍摄微电影、微视频、旅游动漫，讲好城市故事，与游客形成良性互动，从而不断扩大城市旅游的影响力和辐射力。在公共服务体系和旅游管理体系中，与创意产业结合，从形式、服务内容、服务方式等方面进行策划，以实现精细化服务，突出当地特色，刺激游客需求，增强对游客的吸引力，达到“人无我有，人有我优，人优我特”的效果。

7.1.4 政策支撑

近年来，国务院先后出台了《关于促进旅游产业改革发展的若干意见》《关于进一步促进旅游投资和消费的若干意见》《关于促进智慧旅游发展的指导意见》《关于积极推进“互联网+”行动的指导意见》等一系列旅游业发展的政策，各个城市要用足用活国家、省加快旅游业发展的政策措施，认真协调落实扶持智慧旅游发展的优惠政策，加大对智慧旅游发展的支持力度。

专项激励政策。制定《智慧旅游营销激励实施细则》《智慧旅游龙头企业扶持细则》《智慧旅游用地优惠实施细则》《智慧旅游投融资优惠实施细则》等一系列奖励、补贴和扶持政策法规，加强对旅游行业以及各种旅游新兴业态的扶持，鼓励社会资本投入到智慧旅游项目中，拓展投融资渠道；鼓励景区、酒店、旅行社等旅游企业加快智慧化建设，提高管理和服务水平；鼓励电信运营商、高科技公司、旅游电商等相关企业积极融入智慧旅游的建设中。

税收优惠政策。利用好税收杠杆和政府资金，带动城市智慧旅游大发展。智慧旅游发展的不同时期，对不同企业采取不同的税收政策，如初期，最主要是对试点企业和科技技术公司实行必要的税收优惠政策；发展成熟后，重点是中小型企业的税收减免，以充分调动相关企业进行智慧化建设的积极性；同时，智慧旅游的建设需要投入大量的财力和人力，要积极争取国家、省旅游发展资金，设立智慧旅游发展专项基金，增加智慧旅游宣传和建设专项资金，每年筛选出一批示范项目、重点项目进行重点引导扶持，确保专款专用。

系列配套政策。城市发改、财政、工商、税务、质检、文化、文物等有关部门要认真落实国家、省、市对智慧旅游的扶持政策，在投融资、市场开拓、项目审批、生态管理、土地利用、价格机制、招商引资等方面，研究制定出台系列配套政策和配套措施，逐步形成较为完善的智慧旅游发展政策支撑体系。

7.2 推动体制创新，理顺工作机制

智慧旅游体系的建设还处于探索阶段，各个城市都处于摸索期，缺少可以借鉴的成熟模式。同时，智慧旅游与当前快速发展的互联网等技术关系密切，面临网络时代消费转型升级、旅游产业转型升级的快速变化，有别于传统旅游业的发展模式。因此，推动智慧旅游体系的建设，必须结合本地实际，与时俱进，大胆探索，以改革创新的精神加快体制、机制创新，最大限度地优化资源配置，营造宽松的发展环境。

7.2.1 创新管理机制

1. 加强组织领导

要发展好智慧旅游，仅靠一个主管部门，或一个景区企业，一项核心技术或某一个产品的带动都是不行的，需要地方政府主导，各个部门、社会各界的共同努力和相互支持。因此，建立综合性发展机构，发挥政府的引导和统一协调调度作用，是智慧旅游确保向正确发展的重要保证。

首先，要建立智慧旅游推进工作领导小组，协调城市各级各有关部门形成城市智慧旅游发展的强大合力。由副市级领导一把手总负责，发改委、旅发委、交通局、文物局、农业局、工业和信息化局等相关单位负责人为成员，统筹智慧旅游的全面发展，快速地实现跨部门、跨行业的科学规划和资源配置，形成智慧旅游建设的统一领导和强大发展合力，建立新的共建、共享、共赢模式和体制机制。领导小组下设办公室，办公室设在城市旅游发展委员会，具体负责全市建设智慧旅游各项工作的组织、指导和督促检查，协调推进智慧旅游项目建设以及相关资料的汇总、建档工作。

其次，建立长效工作机制。完善领导小组议事会、主任办公会、项目推进例会、现场办公会以及项目分包、信息报送等各项制度，做到领导到位、措施到位，避免工作虚化带来的“不作为、慢作为、乱作为”现象，

形成推动智慧旅游发展的长效工作机制。同时，要做好责任分工，对涉及的建设项目、工作任务进行分解，明确各负责单位分配的工作，各司其职、各负其责，密切协作、相互配合，落实一把手和具体联系人的工作责任，切实有效推进工作进度，确保在项目建设中的问题及时协调解决。表7-1是洛阳市在建设智慧城市过程中，各个单位的责任分工，值得借鉴，可以给城市智慧旅游体系的建设以启迪。

表7-1　洛阳市各单位智慧旅游建设责任分工

部门	责任分工
市旅游发展委员会	负责编制智慧旅游发展规划，制订建设智慧旅游城市工作方案、技术建设方案，编制智慧旅游技术标准体系，推进智慧旅游项目建设，确保智慧旅游相关规划、方案、项目应符合国家有关法律法规的规定，督促指导旅游行业各单位开展智慧旅游工作；牵头协调各相关部门按照责任分工按期完成任务，进行初步验收；收集整理智慧旅游城市建设相关资料，迎接省、国家旅游局的相关检查验收
市工业和信息化局	支持、配合市旅游局做好智慧旅游城市建设规划、方案制定工作，协调、指导电信运营商实施智慧旅游基础设施建设，协调、指导相关智慧旅游项目建设和智慧旅游试点单位项目实施、验收等相关工作；做好洛阳智慧旅游城市建设项目作为信息化项目立项工作，协调洛阳市信息化建设资金用于智慧旅游城市项目
市发改委	负责智慧旅游城市建设相关项目立项工作
市财政局	负责支持、配合智慧旅游城市建设资金保障工作
市文广新局	负责协调、指导文化娱乐演艺场所等智慧旅游业态建设及相关智慧旅游项目推进工作
市交通运输局	负责协调、指导出租车预定、旅游大巴车辆定位等智慧交通旅游项目，支持配合交通导引、交通信息发布等智慧交通旅游项目，与全市智慧旅游云计算中心实现对接
市公安局	配合市旅游局做好智慧旅游城市相关项目建设工作，提供交通路况等实时信息数据，与全市智慧旅游云计算中心实现对接
市质量技术监督局	负责智慧旅游城市标准化发展规划、申报及标准化体系建设的技术指导工作
市科技局	负责智慧旅游城市建设相关项目的支持工作，指导智慧旅游城市建设中形成的知识产权申报及保护，专业技术人才支持工作
市公用事业局	负责公交系统的智慧旅游项目建设工作
市商务局	负责协调、指导餐饮、购物等智慧旅游业态及相关智慧旅游项目建设工作

续表

部门	责任分工
市城乡规划局	负责智慧旅游城市涉及城建规划相关工作
市国土资源局	负责配合市旅游局做好智慧旅游地理信息系统（GIS）项目建设工作，提供地理数据信息、数据，与全市智慧旅游云计算中心实现对接
市农业局	负责指导协调与休闲农业相关的智慧旅游乡村建设相关工作
市宗教局、市文物局、市园林局、市林业局	负责局属景区的智慧旅游景区建设工作
龙门园区管委会	负责龙门景区的智慧旅游景区建设工作
市移动、联通、电信公司	负责为智慧旅游城市建设提供网络支持服务，配套建设基础设施

2. 优化服务机制

与国务院2015年发布的《关于规范国务院部门行政审批行为改进行政审批有关工作的通知》对接，行政部门要不断创新服务理念、改进服务方式、优化服务机制，优化行政审批环境，提高服务效率。在智慧旅游项目的建设过程中，加快“互联网+政务服务”的推进工作，推进政府的数字化旅游管理，逐步实行“一站式办理”“一网办理”，提高网上服务的覆盖率，实现“让信息多跑路，让企业少跑腿”。同时，简化办理流程，减少办事环节，实行联审联批，缩短审批时限，以提供方便快捷高效服务。对于重大建设项目，要开辟审批绿色通道，加快审批和建设速度。

7.2.2　创新市场体制

智慧旅游体系建设初期，政府能够在短时间内集聚力量推动其快速发展，但从长期来看，市场才是推动智慧旅游发展的主体，企业对新技术的追求才能实现智慧旅游的持续发展。而智慧旅游对高科技的依赖性，使传统的市场机制已经不能满足旅游行业转型升级的需要，因此，创新市场机制是促进智慧旅游发展的有效推动力。首先，要建立“政府引导、市场运作、各方联动、企业为主”的运行体制和工作机制，真正为政府“瘦身”、向市场放权、给企业“松绑”、让群众受益，充分发挥市场的资源配置作用。其次，建立鼓励企业主体创新投入的制度，加大知识产权的保护力度，为智慧旅游中的技术创新、项目创新等提供保护，提高相关企业技术创新的积极性。最后，要大力促进市场化进程。当前，大部分景区、少数酒店、旅行社等相关企业属于事业单位编制，“三权”（所有权、经营权、管理权）不分，部分景区仍然停留在依靠门票收入阶段，市场意识和新产品开发意识不强，服务意识低下，体制僵化，缺少竞争机制，忽视市场需求，要尽快建立市场化的运作机制，以产权改革为核心，推进旅游景区等事业单位所有权与经营权分离，促使其面向市场，参与竞争，成为带动智慧旅游发展的主力军。

7.2.3 创新融资体制

在智慧旅游的发展过程中，项目投入和信息化日常维护运营的费用都很大，因此，要加大对智慧旅游的投融资力度，形成主体多元、充满活力的投融资制度，确保智慧建设资金需要，是推动智慧旅游发展的重要支撑条件。主要从以下方面实施：

第一，构筑服务于智慧旅游的多元投资环境，引导社会资本投入智慧旅游的建设。政府以资源参股，积极参与、通盘规划，甘当配角、搞好服务，发展多元投资主体和多种投融资渠道，以项目引导，鼓励国有、民营、外商等多渠道融合投资旅游开发与经营。放宽市场准入，引导非国有资本进入旅游资源开发、城市旅游运营，交通、环保、住宿、餐饮等领域，从事旅游经营活动。对大型企业、民营企业、外资企业通过股份制等合作方式进入旅游新业态各领域的，予以企业用地、落实税收减免优惠政策。

第二，旅游企业担保贷款项目。鼓励非文物类旅游企业采取特许权、运营权、景区门票质押、林权和集体土地承包权抵押等多种形式，积极申请各类银行贷款，如安徽省2013年就出台政策，为了支持各类旅游企业的发展，解决融资难题，支持旅游企业采取项目特许权、运营权、旅游景区门票质押担保等方式扩大融资。部分景区已经通过门票质押的方式从银行获得大额贷款，对智慧旅游相关企业投融资有一定的借鉴作用。

第三，大型旅游集团上市。国家旅游局发布的《2016中国旅游上市企业发展报告》显示，国内上市的旅游企业，业态包括景区景点、宾馆酒店、旅行社几大类，其中景区景点企业、旅行社企业、酒店企业和其他企业分别占27.69%、12.31%、26.15%、33.85%，资本市场对旅游企业的追捧和投资热度都在逐年递增。各个城市要培育旅游市场主体，鼓励优势旅游大型企业优化整合资源，向大型的旅游集团和龙头企业发展，走集团化发展道路，积极推进其在A股上市工作，借助资本市场进行旅游融资，充分发挥上市融资对旅游企业发展的作用。

表7-2 国内上市旅游企业总市值规模前十强（截至2017年5月2日）

排名	公司	总市值（亿元）	占比（%）
1	中国国旅	520.14	12.79
2	宋城演艺	294.30	7.24
3	锦江股份	227.69	5.60
4	恒大淘宝	190.43	4.68
5	首旅酒店	182.79	4.49
6	神州租车	170.88	4.20
7	华强方特	155.35	3.82
8	中青旅	144.12	3.54
9	号百控股	139.17	3.42
10	锦江酒店	126.35	3.11

7.2.4 创新考核机制

作为一项新生事物，如何通过科学、严格的评价和考核制度，把握智慧旅游正确的发展方向，保障其发展成效，是非常重要的问题。为此要做好以下措施。

首先，结合国家和省级层面对智慧旅游建设的要求和指导，以及各地智慧旅游建设中的实践，制定科学、合理、全面、实用的评价及考核体系，如北京已经建立了《旅游信息终端建设规范》《景区自助导游系统建设规范》《城市自助导览系统建设规范》《虚拟旅游系统建设规范》等建设规范，以指导业态建设，并作为评估和考核的基础。

其次，建立由政府部门、高等院校、科研机构及旅游企业相关专家组成的评价考核小组。对拟建的智慧旅游项目进行评估审查，评审其是否与旅游企业发展能力相适应、是否需要建设、建设是否合理等，避免出现重复建设、浪费资源的现象。

再次，要严格目标考核。将各市有关单位的智慧旅游建设任务列入全市旅游产业发展目标考核体系，进行年中督查和考核，严格实行奖惩，对工作不力的单位、责任人要予以问责，督促各单位积极推进智慧旅游工作。

最后，积极引入第三方评价机制。《关于促进智慧旅游发展的指导意见》指出，积极引入第三方评价机制，对智慧旅游项目和成果进行投入、产出、综合效益、推广价值等方面的综合评价，在综合评估基础上不断加以提升改进。对接政策，各个城市应该积极探索第三方评价机制，以独立、客观地进行评价，得出科学的分析结论，保障智慧旅游体系的顺利建设。

7.3 夯实发展基础，加快技术研发

智慧旅游体系基础设施的建设应当重点放在 Wi-Fi 的全覆盖和大数据应用项目建设上。加快旅游集散地、机场、车站、景区、宾馆饭店、重点商业区、旅游热点区、乡村旅游扶贫村等重点涉旅场所的无线上网环境建设，为游客提供无线上网服务。在此基础上，持续关注游客需求的动态变化，逐步完善“旅游多媒体触摸屏”“二维码”“视频监控”“LED 显示屏”等设施设备；全力抓好旅游大数据库建设。整合各部门资源，实现数据互通共享、互联互通，完善旅游综合数据库，为旅游企业提供便捷的共享数据获得途径，为城市智慧旅游应用提供长期数据支撑。

智慧旅游服务建设所需技术，主要包括三个层次：社会层、行业层和要素层。社会层是指广泛应用在社会中的现代技术，如云计算、遥感技术和移动通信技术等，是智慧旅游发展的技术基础；行业层是指旅游行业中的现代技术，如虚拟旅游、旅游软件与应用等，是智慧旅游发展的中坚技

术；要素层则是在旅游行业具体要素范围内的技术，如电子票务系统、数码客房服务系统等，是智慧旅游服务的核心要件①。城市智慧旅游体系的建设离不开技术的支持，要加快技术研发和创新，及时弥补短板，适应游客动态变化的需求，尽快应用到实践中；对已经发展较成熟的技术，不能一劳永逸，要对其不便捷环节进行多次版本升级，对功能进行修改完善。

7.4 抓好试点建设，逐步全域推广

城市智慧旅游体系建设路径遵循由点及面，逐步扩展的空间策略，学习试点城市先进经验，在本城市逐步推广；由试点景区、试点酒店向旅游全行业、全业态的全面扩展，近几年内在市域达到智慧旅游项目普遍发展、智慧旅游技术普遍应用、智慧旅游平台普及推广的最终目标。

7.4.1 借鉴试点城市经验在市域内逐步推广

智慧旅游建设处于起步阶段，整体发展水平不高，各个城市由于自身旅游资源禀赋、企业发展水平、技术支持条件、经济条件等方面的差异，发展水平差距较大。国家旅游局已经确定两批共33个城市作为“国家智慧旅游试点城市”，在智慧城市建设和智慧旅游项目建设方面取得了较大的成就，在智慧旅游体系整体建设方面已经走在了前列，处于领先地位，积累了很多经验。然而，其他城市及乡村地区的开启智慧旅游时代，但只是初步建立起官方微信公众号和旅游指南手机客户端等，系统体系建设不够全面，智慧旅游发展还比较缓慢，在智慧旅游发展方面还远远不足，需要加强智慧旅游的普及应用。

其余城市应该通过学习交流、邀请专家授课、实地考察调研等方式，向试点城市学习，可以充分借鉴其经验，使智慧旅游体系建设过程中少走

① 黄晓波．智慧旅游服务社会的路径选择研究——以南京市为例［C］．中国旅游科学年会，2013

弯路，因地制宜，快速推动城市智慧旅游的建设，尤其在城郊乡村旅游方面，还应大力开展智慧乡村旅游项目，继续推动智慧乡村建设项目发展。

7.4.2 由示范单位向旅游全业态推广

任何一个产业的崛起，都离不开对龙头项目、骨干企业的培育和扶持。在城市智慧旅游体系的发展中，要不断强化试点企业、示范单位的建设，打造龙头带动行业发展，并不断总结其成功经验，为其他企业的发展提供借鉴。当前从全国范围来看，智慧旅游发展最好的业态集中在智慧景区，一些智慧旅游试点景区发展较好，龙门石窟景区、黄山景区等远远走在了智慧景区的前列，这与景区“抓住机遇、敢于创新、强强联手、密切合作”的思维意识和正确决策是分不开的，其智慧旅游建设道路可以成为其他景区智慧建设的借鉴范例，从中吸取一些成功经验。其他景区在智慧项目的推广建设方面需要进一步加强，包括在景区智能安防、景区环境监测系统、景区管理信息系统、景区智能交通调控、景区智慧购物电商平台、景区公共信息发布系统、移动终端智能支付应用等各个方面需要改进和升级。

智慧酒店和智慧宾馆尚在摸索当中，智慧旅行社、智慧交通管理、智慧餐饮、智慧旅游购娱服务领域还处于起步阶段，只有部分大型旅游企业开始采用智慧旅游技术，而大多数旅游企业仍然保守传统、缺乏创新赶超意识。如前文所述，智慧旅游技术可以广泛应用在旅游全业态及新业态中，如智慧酒店管理系统、智慧旅行社电子商务、GPS 车辆定位跟踪、ipad 智能点餐系统、手机 APP 智慧营销系统、手机随身游等，各旅游企业应当因地制宜，根据实际需求引进采用各种先进的智慧旅游技术，或与一些知名的智慧旅游服务网站及企业实行战略合作。因此，在城市智慧旅游体系的建设中，要抓好智慧旅游示范单位建设，打造一批智慧旅游业态，形成示范带动作用，先发展试点单位，再全域推广。广西壮族自治区 2016 年出台了《广西智慧旅游企业示范推进工作方案》和《广西壮族自治区智慧旅游企业建设指引》等一系列政策，推动智慧旅游试点单位的建设，值得借鉴。其中，智慧旅游企业建设包括基础硬件、智慧管理、智慧服务、智慧营销四个方面，其中企业类型又包括A级景区、星级饭店、旅行社、星级乡村旅游区和星级农家乐等。

另外，在智慧旅游云服务平台、智慧旅游目的地门户网站、智能移动终端应用、虚拟旅游、智慧旅游、智慧调度平台等方面的建设进度也参差不齐，城市不同区域之间的发展水平差距较大，各地方同样面临智慧旅游技术及其应用如何在旅游全业态创新发展、如何完善智慧旅游管理系统和服务平台建设的问题。

综上所述，城市智慧景区、智慧旅游企业、智慧旅游公共服平台发展程度参差不齐，存在较大的差异。在旅游开发过程中，不能盲目贪大求全，遍地开花，而应根据市场需求，选取优势旅游资源进行深度开发，以培育精品智慧景区、智慧旅游企业、智慧旅游城市为主，通过精品项目的开发，打造核心和龙头景区、企业、智慧旅游城市，并逐步推广示范点建设，带动整个城市智慧旅游的发展。

7.5 紧密结合实际，递次推进发展

智慧旅游的企业项目建设和公共部门的支撑服务体系建设都应遵循市场导向原则，以市场变化和游客需求来选择智慧旅游项目的开发；在实施中，坚持梯次推进原则，兼顾城市的人力、物力、资金及市场因素，采取试点先行、分步实施、逐步推进的方式，不断发展智慧旅游；旅游业综合性强、涉及面广、关联性强的特征决定了智慧旅游实施中的综合开发原则，要全面兼顾，全盘布局，有所侧重地发展智慧旅游。

7.5.1 智慧旅游项目的建设原则

1. 市场导向原则

《关于促进智慧旅游发展的指导意见》中指出智慧旅游的建设要以市场需求为导向，开发适应游客需求的产品和服务。因此，需要根据市场需求及未来发展趋势，进行智慧旅游项目的规划与选择。就城市智慧旅游体

系的建设而言，应当强调面向游客层面的应用，以满足游客动态需求为目标，让游客有效感知和充分利用智慧旅游的导航、导游、导览、导购功能。

2. 梯次推进原则

考虑到资金、人力、物力、市场发展等因素，以及智慧旅游建设的系统性和复杂性，项目开发宜采取分阶段、梯次推进发展的方式。突出重点景区、旅游企业的智慧旅游建设，尽快形成“试点景区”“品牌企业”“智慧旅游试点城市”；中小型景区、企业充分考虑自身现状，因地制宜，结合其自身资金、资源特色等发展情况，有针对性地选择亟须的体系，并根据形势的变化进行调整，采取试点先行、分步实施、逐步推进的方式，推动城市智慧旅游的持续发展。

3. 综合开发原则

旅游业综合性强、涉及面广、关联性强的特征决定了智慧旅游实施中的综合开发原则，智慧旅游的发展要全面兼顾、全盘布局，贯通旅游产业链的上中下游，智慧旅游公共服务平台、智慧景区、酒店、旅行社、交通、购娱、电子商务等相关服务体系缺一不可，避免短板效应的影响，有效避免信息“孤岛”化、“碎片”化。

7.5.2 智慧旅游管理系统项目建设时序

按照培育精品原则的要求，5A 级景区及大型旅游企业可以在近期内建成智慧旅游服务体系的大多数建设项目，从上文介绍可知，龙门景区在景区综合管理系统（自动化办公、三维数字化工程、龙门石窟世界文化遗产监测体系）、电子门票和电子门禁系统（自动识别检票）、景区门户网站系统（龙门石窟资讯网、龙门石窟电子商务网、网络购票）、动态信息发布系统（LED 显示屏）、自助导游讲解系统（电子导游仪）、客流引导系统（语音广播）、虚拟旅游体验系统（龙门石窟虚拟游）均有所作为，但对照表格，各方面均有改进的空间和渠道，可进一步提高。因此，在短时间内，其他 5A 级景区及大型旅游企业等智慧旅游试点单位均可实行智慧旅游的项目建设，全方位的发展智慧旅游。

中小型景区、旅游企业，资金缺少、技术维护成本高、市场接待量有限，按照因地制宜的原则，结合发展现状及市场需求，选择其中一些亟须的、有针对性的建设项目，不断调整，逐步开展智慧旅游，避免人力、物力、财力的浪费。就整体而言，可按照一定的建设时序，从初级项目的建设依次递进实施。

表7-3　智慧旅游管理系统中小型企业旅游项目建设时序

智慧旅游服务体系	建设项目名称	建设时序		
		近期	中期	远期
智慧景区信息体系	景区综合管理系统	自动化办公	后勤管理	景观资源的管理和保护
	电子门票和电子门禁系统	电子门禁系统	自助售票终端	手持移动终端设备
	景区门户网站系统	旅游资讯网	电子商务网	
	动态信息发布系统	语音广播系统	LED 显示屏	电子触摸屏
	自助导游讲解系统	讲解器	自助导游 APP 应用程序	导游 APP 的智能互动
	客流引导控制系统	实时流量统计系统、语音广播	LED 显示屏	
	安全防护监控系统	报警柱	视频实时监控	GIS 地图管理系统
	虚拟旅游体验系统		数字虚拟景区	历史故事和周边要素融入数字虚拟景区
智慧酒店服务体系	酒店运营智能管理系统	自动化办公、智能预订	智能安防	
	酒店自助入住/退房系统			酒店自助入住/退房系统
	酒店智能客房系统	信息查询系统	房间设施控制系统	电视门禁系统
	酒店智能点餐系统		智能点餐系统	智能点餐系统
	酒店智能结算系统			智能结算系统
	酒店安全监控系统	安全监控系统		

续表

智慧旅游服务体系	建设项目名称	建设时序		
		近期	中期	远期
智慧酒店服务体系	酒店食品安全溯源系统	食品安全溯源系统		
	智能会议管理系统	信息发布系统、会议统计系统、媒体演讲系统	预定管理系统	远程会议系统、自动签到系统
智慧旅行社管理体系	旅行社信息服务系统	旅游资讯网	电子商务网	
	旅行社业务管理系统	智能化业务管理系统	电子行程单管理系统、佣金管理系统	
	旅行社供应商管理系统		供应商管理系统	
	旅行社导游管理系统		导游管理系统	
	旅行社游客管理系统		游客管理系统	游客管理系统
智慧乡村管理系统	乡村旅游无线宽带系统	基础设施建设	无线全覆盖	
	村级网站	官方网站	电子商务网站	
	民俗旅游接待户建设	在线预订	在线支付	
	智慧应用		手机 APP 软件	
	安全防控监控	视频监控	农产品监控	
智慧旅游政务管理系统	智慧电子政务系统	自动化办公	自动化办公	智慧旅游政务管理
	在线行政审批系统	行政审批信息管理与协同办公系统		
	产业统计分析系统	旅游信息统计网络管理系统		
	旅游安全应急管理系统	旅游安全与应急管理系统	旅游安全与应急管理系统	
	旅游客流动态监测系统		客流动态监测系统	
	旅游投诉管理系统	旅游投诉管理系统	旅游投诉管理系统	企业诚信档案管理系统
	旅游人才管理系统	考试管理系统	从业人员信息数据库	

注：近期：2017—2018 年；中期：2019—2022 年；远期：2022—2030 年。

7.5.3 智慧旅游公共服务和营销体系项目的建设时序

重点旅游及经济发达的城市可以在近期内建成智慧旅游支撑服务体系的大多数建设项目，全面开花，如洛阳市在智慧旅游公共服务平台（旅游资讯网、旅游政务网、智游网电子商务平台、洛阳旅游局官方微博、微信，12301旅游服务热线、旅游集散中心）、智慧旅游市场营销（公共营销平台、旅游体验网、手机定位营销、网上旅游超市洛阳旅游旗舰店）、智慧旅游基础服务设施（网络全覆盖、数据库建设）、智慧旅游人才培养体系（人才信息管理系统）均取得了一定的成绩，但依照表格，可继续升级智慧旅游。故其他经济发达的旅游城市可以表格为借鉴，在短期内，全面性、规划性的发展智慧旅游。

中小型和经济欠发达城市按照因地制宜的原则，结合自身发展情况及市场需求，选择其中部分亟须项目进行开发，逐步打造智慧旅游。从总体来看，应以满足游客需求为目标，兼顾成本、经营现状与经济效益，有计划地递进实施智慧旅游。

表7-4 中小型城市智慧公共服务系统和营销系统项目建设时序

智慧旅游支撑服务体系	建设项目名称	建设时序		
		近期	中期	远期
智慧旅游公共服务平台	旅游信息服务系统	旅游（手机WAP）官方网站、微博、微信、APP智能终端应用	其他新型媒体公共服务平台	与旅游资讯网、旅游点评网等合作
	旅游信息咨询系统	旅游咨询服务中心、智慧旅游呼叫中心	触摸屏自助咨询服务	智慧旅游中心
	旅游信息指示系统	智慧旅游标示系统	旅游信息主动推送服务系统	智慧信息发布系统
智慧旅游基础服务设施	无线网络全覆盖项目	2G/3G/4G网络全覆盖	旅游公共场所WIFI覆盖	
	中央管理平台项目	旅游资源数据库、GIS地理信息数据库	多媒体数据库、游客资源数据库	中央管理平台

续表

智慧旅游支撑服务体系	建设项目名称	建设时序		
		近期	中期	远期
智慧旅游基础服务设施	旅游刷卡无障碍项目	POS终端刷卡机全覆盖		旅游一卡通
	二维码识别普及项目	二维码识别普及项目	二维码识别普及项目	
智慧旅游交通引导体系	旅游行程设计系统	路线实时信息查询	路线评价	自助路线规划
	旅游智能公交系统	游客临时公交卡办理系统	公交车GPS监控系统、“公交便民”查询客户端	公交车手机刷卡系统
	公共智能自行车系统		游客公共自行车租赁系统	公共智能自行车租赁系统
	智能旅游车辆定位系统			旅游车辆定位系统
	智能停车场管理系统	车辆引导系统	自动识别车牌	线上缴费
智慧旅游购娱服务	信息服务与体验系统	旅游购物娱乐信息网站、手机APP客户端或者微信公众号	旅游购物娱乐信息网站、手机APP客户端或者微信公众号	购物场内GPS导航系统
	旅游特产购物系统	特产展销平台	在线预订、支付	地方特产展销系统
	统一支付结算体系			智慧旅游一卡通
智慧旅游营销系统	全媒体旅游电子商务	与淘宝网、携程网、去哪儿网等第三方在线旅游电子商务平台合作	与拉手、美团等团购网站合作	旅游在线交易网站
	互动营销系统	微博、微信等公共营销平台互动营销	新型媒体互动营销	
	体验式营销系统		虚拟旅游	在线旅游游戏、旅游动漫、旅游微电影
	地理位置营销系统		手机定位营销	签到式营销
	“O2O”营销平台	与第三方在线企业合作		

续表

智慧旅游支撑服务体系	建设项目名称	建设时序		
		近期	中期	远期
智慧旅游营销系统	电子商务营销	旅游电子商务网站	旅游电子优惠券	
	旅游目的地网络营销	大数据游客行为分析	目的地网络营销系统	

注：近期：2017—2018 年；中期：2019—2022 年；远期：2022—2030 年。

总之，城市智慧旅游体系的建设必须立足当前，谋划长远，打好基础，分步推进。利用现有成果，着眼于行业现状和现有技术水平，前瞻性考虑发展趋势，先基础、后应用，先试点、后推开，先易后难，逐步完善。

7.6　文化科技融合，体现当地特色

发展“智慧旅游”的潜在价值不仅在于实现旅游企业、旅游部门管理和服务的信息化、数字化，其核心更在于利用高新技术和网络技术充分开发出旅游产品的潜在价值，为游客提供创造性的互动环境并带来崭新的旅游体验。以历史文化遗产的智慧旅游开发为例，就是要更具创新性地开发历史文化遗产的旅游价值，更具想象力地实现历史文化遗产的文化赋活，为其注入新的生命力。如果历史文化遗产的智慧旅游开发流于表面，不能实现“历史”与“现代”的契合交融，也就称不上是真正的“智慧”旅游。在城市智慧旅游发展路径和模式中，应当考虑如何使智慧旅游开发契合旅游企业及产品的气质和需求，实现智慧旅游与文化价值层面的有效链接。

如何对城市文化遗产和文化项目进行有效的开发和利用，如何打造更好地旅游文化产品是一个重要的命题。智慧旅游时代的来临，将促使历史文化遗产的旅游开发更上一层楼，推动传统民俗文化的旅游产品更新换代。文化遗产作为文化传承的重要载体，通过诸如虚拟旅游体验平台、数

字博物馆等各种智慧旅游项目开发，有助于向游客传播丰富的文化内涵，使文化进入现实，变得“有声有形、有神有韵”。通过先进的高新科技和信息网络技术能够使历史文化、传统文化、民俗文化、宗教文化等各类文化财产的展现形式更通俗化、更接地气，以一种喜闻乐见、雅俗共赏、互动参与的方式使游客更好地感受、接纳，能够使旅游项目和旅游产品更具文化价值，也有利于挖掘历史文化内涵，传承传统文化道德并增强民族自豪感。

然而，各城市智慧旅游发展水平还处于初级阶段，在建设智慧旅游项目时注重信息化改进和技术升级方面居多，在体验互动和文化赋活方面重视不足。以洛阳市的天堂、明堂景区为例，天堂、明堂景区通过一些全息投影技术、虚拟仿真技术及动态演示系统等，将唐代宫廷艺术的人文历史实现活化，并大力发展文化创新产业，开发高端文化创意产品品牌等，在智慧旅游项目建设上取得了一定成效。但是，洛阳天堂、明堂景区在历史文化内涵的深度挖掘，特别是文化赋活方面还做得远远不够，仍然是以博物馆式的展览方式为主，当前的少量游客体验项目也只是单纯的娱乐性质，在文化互动体验项目上还比较匮乏。事实上，明堂、天堂景区以隋唐故城遗址为基础，拥有丰厚的历史文化内涵，应当展现隋唐时期神都洛阳的风采，重点挖掘武则天时期的女皇文化，增加一些适合游客深度体验的智慧文化旅游项目。

总之，在发展智慧旅游的过程中，不应局限于旅游业的信息化升级，而应注意利用智慧技术的工具价值，研究智慧旅游如何将各种文化的核心价值观念进行提炼和活化，如何在智慧旅游技术支撑下赋予旅游产品文化价值，或将其本身蕴含的文化内涵进行价值重构和文化赋活，以更生动、更鲜明地呈现旅游项目和旅游产品的文化内涵，从而大力推动城市文化旅游项目的发展和创新。

借鉴案例：

龙门石窟的智慧文化景区建设

在通过智慧旅游建设实现文化赋活方面，洛阳市的龙门石窟景区可以作为一个典型的例子。2015 年，龙门石窟景区与腾讯合力打造全国首家“互联网 + 智慧景区”，龙门石窟还被列为国家旅游局首批“互联网 + 旅游”示范单位，在智慧景区建设方面的速度之快、项目之多、效果之好，开创了崭新的发展模式，也带给我省乃至全国景区智慧旅游发展的新思路。

首先，龙门石窟景区通过智慧项目建设实现了游客体验方面的突破。龙门石窟是国内首个全部实现微信支付的景区，包括食、住、游、购、娱等在景区内全面实现了微信支付，迎合了当前游客的消费习惯，为游客带来了便利的服务。同时，龙门石窟景区也正在与腾讯团队合作，打造全国首家旅游全业态 O2O 微商城平台，游客通过微商城可以实现线上与线下同时购买龙门景区的旅游商品，获得更方便快捷的服务。另外，龙门石窟的微信公众号已经有了 20 多万粉丝，打造了龙门石窟的自媒体平台，可以实现更精准的营销。

然而，龙门石窟的智慧景区建设没有止步于信息技术的升级，而是借助互联网技术进一步打造出独有的文化体验产品。比如，龙门石窟景区基本上每个洞窟都可以实现互动，让游客参与其中。像自 2014 年爆红的龙门石窟“剪刀手”佛像被誉为“萌佛”，而游客在参观这个宾阳北洞的石窟时，只要关注龙门石窟的官方服务微信号，就可以用微信“摇一摇”参加趣味游戏，测一下自己的萌系指数。这一互动受到不少年轻游客的青睐。而其他的“测佛缘”“卢舍那上心香”“语音画册”“松林拼图”等多项互动体验项目也受到游客的一致好评，增强了游客的崭新体验。

其次，龙门石窟景区还自主开发了一系列原创文化创意产品。自 2016 伊始，龙门石窟在全国旅游、文物界首家推出特色微信表情包，将卢舍那大佛、飞天、狮子等龙门石窟元素设计为形象生动的动画表情，既保持了文物的原真性，突出了龙门文化符号，又使龙门文化传播有了全新载体，焕发出新的生命活力。同时，还自主开发了龙门石窟的秘密花园、国内首部佛教艺术手绘涂色书《龙门的色彩》等，受到了游客的欢迎，据统计游客满意度高达97%，在全国景区中名列前茅。2016 年，"互联网 + 龙门"的智慧景区建设还将不断创新，实现更多地跨界融合，提供质量更好的旅游产品。

互联网技术和智慧旅游项目建设为龙门石窟的文化展示带来了无限的想象空间，也为文化创新产品和旅游体验项目带来了无限的可能。借助智慧旅游的技术和手段，挖掘出旅游产品中蕴含的深层的传统历史文化价值，并契合当下的思想及消费潮流，打造出新颖的潮流文化、时尚文化符号，使其以一种更生动、更个性化的方式展现出来，带给客户全新的旅游体验。以智慧旅游的信息技术为依托，让城市历史文化和文化实现时代创新，走出一条文化赋活和文化创新之路，从而为旅游业的蓬勃发展插上腾飞的"翅膀"。

7.7 促进生态保护，优化资源配置

旅游业发展的生态适应性管理，是指通过一系列科学管理方式，满足生态系统容量方面的要求，达到一种经济、生态和社会效益三者平衡发展的管理目标，最终实现区域的可持续发展。由于智慧旅游发展过程中同样存在生态环境承载力不高、生态环境意识薄弱等方面的问题，因此需要始终关注旅游业发展的生态适应性管理。而智慧旅游的重要功能不仅体现在信息技术的智能化方面，也体现在旅游管理和环境保护的智能化方面。当前，在全国各地的智慧旅游发展状况中存在一个认识上的误区，如有些学者指出的：只注重智慧旅游对服务、管理和经济增长的创新性作用，忽略

了智慧旅游，其实也是旅游资源、生态环境保护的最有效措施①。实际上，智慧旅游通过高科技手段能够有效促进生态保护、减少环境污染，帮助实现可持续发展，进而巩固旅游企业作为“绿色行业”的优势。简言之，智慧旅游可以将“生态化”与“智能化”合二为一。例如，建立旅游环境监测系统，就能够对景区内的空气、水质、土壤、生物物种、习性等进行实时监控，收集数据，掌握环境变化情况等，从而实现对环境资源的有效保护。再如，2014 年郑州举办的世界旅游城市市长论坛开幕式上，由于洛阳智慧旅游建设中整合信息资源的工作受到广泛称赞，因而世界旅游组织将可持续发展河南省观测点继续放在洛阳。可见开展智慧旅游建设对于可持续旅游也是一大推动力。一般认为，旅游活动的低碳化和旅游资源的集约化是衡量环境保护和可持续旅游的最主要指标，因此，在推动智慧旅游进程的同时，也应当兼顾这两项内容的实现。

7.7.1 旅游低碳化

低碳经济模式是人类面对全球气候变化、寻求经济可持续发展的新模式。在旅游业的发展转型中，同样也要通过食、住、行、游、购、娱各要素的低碳化来实现旅游业创新发展的新模式②。而旅游的低碳化关键是要通过运用低碳技术的创新成果、配置低碳旅游的先进服务设施来推动。在这方面，智慧旅游的迅速发展显然给低碳旅游的实现带来了福音。智慧旅游不仅是旅游信息化的简单升级，更重要的是以全新的理念来解决旅游行业发展中所面临的问题，尤其是格外突出的生态环境和能源消耗问题。正如云台山风景名胜区管理局局长韩跃平认为的：通过建设智慧景区整合旅游资源，服务绿色低碳的数字旅游生活，满足游客日益增高的需求③。2014 年，开封市在“智慧旅游”宣传月中启动了“骑单车智游开封”项

① 王虹，廖文喆．政府主导型智慧旅游发展模式研究［J］．社会科学论坛，2014（5）：195.

② 蔡萌，汪宇明．低碳旅游：一种新的旅游发展方式［J］．旅游学刊，2010（1）：13.

③ 郭长秀，王艳兵．“景规”是如何升华为“国标”的．大河报电子版［OL］，2014-1-10.

目，通过建设全市公共自行车交通系统和服务网点，实现了全市通借通还、联网服务、智能计费的管理运营模式，只要一辆自行车、一部智能手机就能使游客畅游开封，充分体现了智慧旅游的低碳化功能。在评价智慧旅游建设项目时，可以通过收集该项目中旅游活动的能源消耗和碳排放的动态数据进行计算分析，即可衡量信息技术和智慧管理手段是否有效促进了该项目实现节能指标和降低碳排放指标。

7.7.2 资源集约化

国内知名学者张凌云在对智慧旅游的定义中指明：智慧旅游是基于新一代信息技术为满足游客个性化需求，提供高品质、高满意度服务，而实现旅游资源及社会资源的共享与有效利用的系统化、集约化的管理变革[①]。可见，实现集约化管理是发展智慧旅游的应有之义，信息化只是手段，优化旅游资源的配置和使用才是其重要目标。

衡量智慧旅游项目是否促进了旅游资源的集约化使用和合理化配置，可以从以下方面进行考量：譬如在旅游旺季（国庆节、春节期间等）实行道路监控、人流量监控，准确评估客流量，发布旅游舒适度、拥挤度指数等，避免环境资源的过度超载，一旦出现人流量高峰，就可以有条不紊地实施应急措施；在旅游淡季则加强网络商务的智慧促销，避免旅游资源的空置和浪费，实现资源效益最大化；对景区环境实行实时监测，对生态环境实施有效的控制和预防，改变旅游资源的粗放式使用；通过对旅游数据信息的精确分析，实现对游客的个性化定制和服务，避免旅游项目的盲目跟风和重复性建设；以及建设统一、规范、有序的智慧旅游信息化系统和平台，为广大旅游企业和部门提供信息化资源和数据共享服务，节省其技术引进成本和智慧建设成本等。

总之，通过智慧旅游建设推动城市旅游产业的低碳化发展和旅游资源的集约化发展，能够避免再走过去只注重经济效益增长，却忽视社会效益

---

① 张凌云，黎巎，刘敏．智慧旅游的基本概念与理论体系［J］．旅游学刊，2012（5）：67.

成本和以生态环境为代价的粗放式增长路径，真正实现旅游业的集约式发展路径，并实现保护生态、适应环境的社会价值目标。

7.8 加强宣传力度，提高服务效能

智慧旅游是这几年新兴的旅游行业需求，从问卷调查中可以看出，游客对智慧旅游的认知度和感知度较低，很多游客提出了加强宣传的建议，他们指出智慧旅游虽然取得了一定的成效，但是很多服务项目并不为人所知，更是很难亲自体验，智慧旅游的大众普及率和认知度较低；相关行业和从业者对智慧旅游建设的积极性不高，用信息化方式开展经营管理的意识较为薄弱，他们认为智慧旅游的门槛太高，投资和运营成本高，对市场带动作用有限，很难有效对接，这些都在一定程度上制约了城市智慧旅游的发展。因此，首先，要在行业内做好宣传，统一思想、提高认识，不断提升行政部门、旅游企业、相关单位和从业者的认识，使其充分认识到网络时代，越来越多的互联网应用正在颠覆传统的出游模式，旅游信息化、智能化发展是未来的必然趋势，由此对旅游业转型升级带来巨大变化。旅游企业如果不积极寻求变革以适应新环境，未来的生存将岌岌可危；其次，要做好对游客的宣传。分析当前消费者接受信息的主要渠道，如马蜂窝网、携程网、途牛网、微博、微信等平台，在以上平台上发布智慧旅游信息，持续宣传智慧旅游的具体服务项目，提高游客对城市智慧旅游体系的有效感知，增强游客的智慧旅游体验度，从而推动和激励行政部门和旅游企业加快智慧旅游的建设步伐。

“旅游 +”是指充分发挥旅游业的拉动力、融合能力，及催化、集成作用，为相关产业和领域发展提供旅游平台，插上旅游“翅膀”，形成新业态，提升其发展水平和综合价值。随着旅游业功能的不断扩展和外延，城市智慧旅游体系发展到一定阶段后，不能局限在仅仅提供旅游相关的服务，也要与公众的日常生活相结合，加紧功能转换，不断延伸其服务范围，发挥最大效能，为社会提供服务，不断提升其服务效能。就具体而

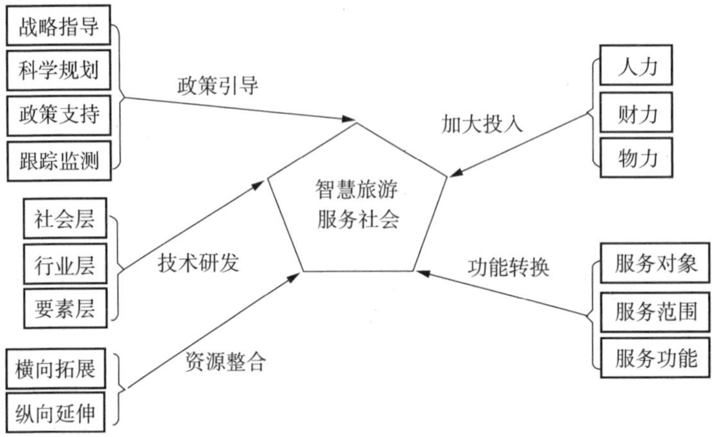

图7－1　智慧旅游服务社会路径选择

言，服务对象维度，由服务游客、旅游企业和旅游行政部门转向服务社会大众；服务范围维度，由智慧景区、智慧酒店、智慧旅行社、智慧交通等逐步扩展到智慧社区、智慧教育、智慧医疗等；服务功能维度，由旅游功能逐步向休闲功能、信息功能、文化功能等功能一体化转变[①]。

7.9　强化人才建设，提升服务水平

旅游产业的竞争关键是人才的竞争，人才队伍建设是促进智慧旅游更好更快发展的关键所在。智慧旅游建设与发展是一项建设周期长、专业技术要求高和持续发展的系统工程，涉及旅游、信息、网络等多个学科，且处于起步阶段，亟须相关专业的技术人才[②]。旅游行业的高流动性导致旅游信息化人才缺失，涉旅企业工作人员的智慧旅游培训不足，在智慧旅游建设中容易走弯路，使各个区、县之间差距不断增大。在智慧旅游建设中，极度缺乏专业技术型人员和运营维护人员，应及早着手解决，以避免因人力资源建设滞后而阻碍智慧旅游的快发推进。要不断引进和培养专业

① 黄晓波．智慧旅游服务社会的路径选择研究——以南京市为例［C］．中国旅游科学年会，2013.

② 黄思思．国内智慧旅游研究综述［J］．地理与地理信息科学，2014，30（2）：97－101.

人才，不断引进和培养掌握旅游专业知识和信息技术的复合型人才，打造一支一专多能、综合能力突出的复合型人才队伍，不断提高服务水平，有效推动城市智慧旅游体系建设的快速发展。

首先，引进高素质人才。出台人才引进、项目支持、创新奖励等方面的鼓励政策，在科研经费、工作报酬、生活待遇、知识产权保护和技术入股等方面给予优惠，从而引进相关专业背景的高层次人才。

其次，建立人才信息数据库。旅游管理部门应与旅游相关企业合作，建立旅游人才信息管理系统，将国内和省内智慧旅游领军企业、大学、科研院所的复合型人才、技术人才、智慧旅游人才的专业、专长、研究项目、实践状况、联系方式等信息录入系统，建立智慧旅游人才库，定期更新内容，为智慧旅游的发展献计献策，提供强有力的智力、技术及人才支撑。

再次，加强旅游人才培育。第一，根据实际情况，加强与旅游院校的合作，与市场对接，突出培养特色，加强应用型和复合型人才的培养；第二，加强人才流动。将与智慧旅游关联度较高的部门专业人才，相互流通，相互融合，形成一个专业互补、互相学习的局面，从实践中培养出一专多能的综合型、复合型人才；第三，加强培训。各级旅游行政管理部门和旅游相关企业对在职员工进行培训，提高其素质，改善和提高工作人员的信息化管理和服务水平。建设以专业为基础、跨学科的实践教学平台，经常性邀请国内外高校、旅游相关企业的专家开展培训讲座，景区、基层、项目建设区的从业人员通过现场参加、远程视频教学、电子资料学习、在线考核等网络培训系统，接受行业培训，提高从业人员的智慧旅游应用水平；通过培训系统的考核和学习记录，评价从业人员的智慧旅游管理和服务能力，培训和考核优秀的从业人员可考虑纳入智慧旅游人才库中，参与智慧旅游的规划和建设工作。

最后，建立常态化的服务质量监督机制。整合地区服务行业的资源，规范景区、餐饮、农家乐、酒店、民宿、商业等的服务流程、服务标准，通过服务流程标准化、服务人员动作标准化、服务人员语言标准化、服务人员态度标准化，打造城市服务形象，提高服务质量。通过对从业人员服务质量进行常态化明察暗访等多种形式，狠抓导游员、景区讲解员、宾馆饭店服务员、旅游咨询中心工作人员等从业人员的服务质量以提升工作，实现服务水平提升的标准验收和巩固提升。

总之，面对互联网时代，服务对象消费需求、行为偏好和消费模式的改变，在实践中，要不断探索最适的人才引进和培养机制，大力培养管理人才，提高从业人员的服务水平，使智慧旅游管理和从业人员在数量、质量和结构上都能满足城市智慧旅游建设的需求。

参考文献

1. 许晔，孟弘，程家瑜等．IBM“智慧地球”战略与我国的对策［J］．中国科技论坛，2010（4）：20－23.

2. 胡拥军．智慧城市的发展现状、问题诊断与经验总结［J］．中国信息化，2014：20－23.

3. 吴雪．智慧旅游城市建设初探［J］．旅游纵览，2015（10）：17－19.

4. 王爱华．智慧城市［J］．数据通信，2014（03）：42－44.

5. 李梦．“智慧旅游”与旅游信息化的内涵发展及互动关系［C］．中国旅游科学年会论文集，2012：1－26.

6. Pauline. J. Sheldon. Tourism Information Technology［M］．CBA International，1997.

7. Hannes Werthner，Stefan Klein. Information technology and tourism：a challenging relationship［M］．New York，1999.

8. 波林·谢尔登，武彬译．旅游目的地信息系统［J］．旅游学刊，1995，10（4）：43－51.

9. Lrike Gretzel. Review article intelligent system in tourism：A social science perspective［M］．Annals of Tourism Research，2011，38（3）：757－779.

10. 黎忠文，唐建兵．“数据流动”视角下智慧旅游公共服务基本理论问题探讨［J］．四川师范大学学报，2015（1）：48－53.

11. “十二五”期间“智慧城市”背景下的“智慧旅游”体系研究［C］．2011《旅游学刊》中国旅游研究年会会议论文集，2011：55－68.

12. 张凌云，黎巎，刘敏．智慧旅游的基本概念与理论体系［J］．旅游学刊，2012，27（5）：66－73.

13. 姚国章．智慧旅游的建设框架探析［J］．南京邮电大学学报，2012，14（2）：13－16.

14. 付业勤，郑向敏．我国智慧旅游的发展现状及对策研究［J］．开发研究，2013（3）：62－65.

15. 杜鹏，杨蕾．智慧旅游系统建设体系与发展策略研究［J］．科技管理研究，2013（23）：44－49.

16. 赵明丽，张长亮，孙素平．智慧旅游框架建设研究［J］．经济研究导刊，2014（7）：79－81.

17. 邓辉．智慧旅游认知重构［J］．中南民族大学学报（人文社会科学版），2015，35（4）：33－38.

18. 赵丽华．我国城市智慧旅游建设现状及发展对策研究［J］．旅游纵览（下半月），2016（11）：169－172.

19. 曾璐，蒋晓琴．智慧旅游概念及移动 APP［J］．智能城市，2017（1）：257.

20. 刘军林，范云峰．智慧旅游的构成、价值及发展趋势［J］．重庆社会科学，2011（10）：121－124.

21. 龙毅，葛军莲，李青等．城市智慧旅游应用体系探讨［J］．测绘科学，2014，8（39）：98－102.

22. 陈彦，鲁一伟．地方政府构建“智慧旅游”体系框架探讨－以江苏省淮安市为例［N］．吉林广播电视大学学报，2015（2）：136－137.

23. 李淑娟．“互联网＋”背景下中国小城市智慧旅游体系构建——基于河南省济源市的实践［J］．改革与战略，2017（6）：143－145.

24. 高振发，刘加凤．智慧城市背景下智慧旅游基本内涵的诠释［J］．宁波职业技术学院学报，2013（5）：70－73.

25. 赵明月，贾雪．智慧旅游开启旅游业“大时代”［J］．中国经济周刊，2014（6）：76－77.

26. 凌守兴．智慧旅游产业价值链分析及对策［J］．行业探讨，2015（1）：118－122.

27. 黄平，曾绍伦．城市群同城化与智慧旅游一体化研究综述［J］.

生态经济，2015，31（11）：108－113.

28. 张凌云．智慧旅游：个性化定制和智能化公共服务时代的来临［J］．旅游学刊，2012，27（2）：3－5.

29. 王虹，廖文喆．政府主导型智慧旅游发展模式研究［J］．社会科学论坛，2014（5）：194－201.

30. 赵丽琴，黎忠文．构建以服务游客为核心的智慧旅游发展模式研究［J］．成都大学学报，2014（1）：7－9.

31. 李振坤．消费者视角下智慧旅游对原有旅游模式的影响研究［J］．消费经济，2015（12）：112－115.

32. 罗成奎．大数据技术在智慧旅游中的应用［J］．旅游管理研究，2013（8）：59－60.

33. 郑耀星．智慧旅游：未来旅游业发展新趋势——基于4G技术支撑下的景区转型升级［J］．资源开发与市场，2014，30（5）：607－610.

34. 刘军林．智慧旅游的技术图谱、构成体系与现实图景研究［N］．牡丹江大学学报，2015，24（11）：36－40.

35. 张占昭．旅游城市可持续发展评价指标体系探究［J］．产业与科技论坛，2017，16（1）：47－48.

36. 刘利宁．智慧旅游评价指标体系研究［J］．科技管理研究，2013，33（6）：67－71.

37. 史慧俊．智慧旅游建设评价机理评书研究［J］．河南农业，2015（16）：54－56.

38. 李军，汪鹤飞，魏玲艳．基于DEA－Malmquist方法的智慧旅游城市旅游业效率评价研究［J］．数学的实践与认识，2017，47（11）：299－304.

39. 迟紫境．优秀旅游城市的转型与智慧旅游城市建设研究［D］．北京：首都经济贸易大学，2012：17－18.

40. 李爽，甘巧林，刘望保．旅游公共服务体系：一个理论框架的构建［J］．北京第二外国语学院学报，2010（5）：8－30.

41. 黄超，李云鹏．智慧旅游公共服务体系建设研究［J］．时代经贸，2013（4）：201－203.

42. 李云鹏，黄超．北京智慧旅游公共管理与服务建设现状与对策分析［J］．城市管理与科技，2015（5）：65－67.

43. 窦群．中国旅游公共服务体系：从理论到实践的探索［J］．旅游学刊，2012，(3)：5－6.

44. Sevgin Akls. A Compact Econometric Model of Tourism Demand for Turkey［J］．Tourism Management，1998，19（1）：99－102.

45. Paul R. Saunders，Herman Senter，James Jarvis. Forcasting Recreation Demand in the Upper Savannah River Basin［J］．Annals of Tourism Researeh，1981，8（2）：236－256.

46. 张辉．旅游经济学［M］．西安：陕西旅游出版社，1991：89－100.

47. 谢彦君．基础旅游学（第一版）［M］．北京：中国旅游出版社，1999. 76－123.

48. 保继刚，楚义芳，彭华．旅游地理学［M］．北京：高等教育出版社，1993. 33－51.

49. 王艳萍．对旅游需求概念及其影响因子分析的深度认识［J］．桂林旅游高等专科学校学报，2005，16（3）：10－12.

50. Bergstrom John C. & Cordell H. Ken. An Analysis of the Demand for and Value of Outdoor Recreation in United States［J］．Journal of Leisure Research，1991，23（1）：67－86.

51. 陶伟，黎碧茵．国外游憩需求研究20年——《Annals of Tourism Research》所反映的学术态势［J］．热带地理，2005，25（2）：128－137.

52. Isabel Pilar，Albaladejo Pine，Mari's Teresa Diaz Delfa. Rural Tourism Demand by Type of Accommodation［J］．Tourism Management，2005，26（6）：951－959.

53. Royo－Vela M. Rural－Cultural Excursion Conceptualization：A local Tourism Marketing Management Model Based on Tourist Destination Image Measurement［J］．Tourism Management，2009，30（3）：19－428.

54. Ramesh Durbarry. Market Shares Analysis：The Case of French Tourism Demand［J］．Annals of Tourism Research，2003，30（4）：927－941.

55. Koon – foo Wong, Haiyan Song, Kaye S. Chon. Bayesian models for tourism demand forecasting [J]. Tourism Management, 2006 (27): 773 –780.

56. Chen K Y, Wang C H. Support Vector Regression with Genetic Algorithms in Forecasting Tourism Demand [J]. Tourism Management 2007 (28): 215 –226.

57. 朱明芳. 广东居民旅游休闲需求的实证研究 [J]. 特区经济, 2005 (7): 175 –177.

58. 滕丽, 王铮, 蔡砥. 中国城市居民旅游需求差异分析 [J]. 旅游学刊, 2004, 19 (4): 9 –13.

59. 许春晓, 张欢, 柴晓敏等. 城市居民城郊旅游需求的职业分异研究 – 以长沙市为例 [J]. 旅游学刊, 2006, 21 (7): 75 –78.

60. 黄燕玲, 黄震方. 城市居民休闲度假旅游需求实证研究 – 以南京为例 [J]. 人文地理, 2007 (3): 60 –64.

61. 牛亚菲. 旅游供给与需求的空间关系研究 [J]. 地理学报, 1996, 51 (1): 80 –87.

62. 苟自钧. 旅游市场需求与旅游产品的开发设计 [J]. 经济经纬, 2001 (5): 91 –93.

63. 巧彭华, 赵飞, 周婷婷. 丹霞山客源市场旅游需求的调查与分析 [J]. 桂林旅游高等专科学校学报, 2005, 16 (1): 30 –35.

64. 丁杨丽, 李帮义, 兰卫国. 旅行社产品低质量水平同质化的原因及其对策研究 – 从旅游需求的角度分析 [J]. 旅游论坛, 2009, 2 (2): 254 –257.

65. 章哈, 林刚, 李丰生. 商务旅游需求影响因素分析 [J]. 黄山学院学报. 2005, 7 (2): 60 –63.

66. 周慧. 都市自驾车旅游市场需求特征研究 – 以长沙市为例 [J]. 长沙大学学报, 2005, 19 (6): 25 –27.

67. 肖宁宁, 郭芙茉. 黑龙江省不同年龄群体体育旅游需求状况调查分析 [J]. 广州体育学院学报, 2007, 27 (6): 57 –59.

68. 韩强. 旅游网络消费者旅游需求特征及营销对策研究 [D]. 中国

海洋大学，2009.

69. 赵西萍，王磊，邹慧萍．旅游目的地国国际旅游需求预测方法综述［J］．旅游学刊，1996（6）：28－32.

70. 王娟，曾昊．人工神经网络：一种新的旅游市场需求预测系统［J］．旅游科学，2001（4）：24－27.

71. 孙睿君，钟笑寒．运用旅行费用模型估计典型消费者的旅游需求及其收益：对中国的实证研究［J］．统计研究，2005（12）：34－39.

72. 王俊，刘邵宁．智慧旅游时代旅游者消费行为倾向研究［J］．科技致富向导，2012（21）：60.

73. 王刚等．对自助旅游者信息需求与智慧旅游信息提供的研究启示［J］．旅游世界·旅游发展研究，2015（3）：75－80.

74. 王莹莹．基于智慧旅游时代旅游者消费行为的旅行社发展应对策略研究［D］．河南大学，2015.

75. 孙悦．大数据引领智慧旅游发展新模式［J］．中国商论，2017（3）：62－63.

76. 赵芸，李雷．智慧旅游背景下游客的消费行为分析［J］．中国商论，2016（7）：120－122.

77. 陈彦．构建以服务游客为核心的“智慧旅游”发展思路探析——以江苏省淮安市为例［J］．黑河学刊，2015（3）：1－3.

78. 曹洋洋，王蕾．新媒体背景下游客对智慧旅游应用平台系统感知研究［J］．旅游纵览，2014（11）：35－37.

79. 周文丽，孙丰达．乡村旅游 APP 使用意愿及开发对策研［J］．齐鲁师范学院学报，2017，32（3）：75－83，149.

80. 田璐等．基于 SEM 的智慧旅游满意度研究——以山西皇城相府为例［J］．国土与自然资源研究，2014（4）：83－86.

81. 张红英．无锡灵山景区智慧旅游的需求特征及营销策略研究［J］．中国商论，2015（36）：7－10.

82. 阚如良等．基于游客消费行为的景区智慧管理研究［J］．三峡论坛：三峡文学·理论版，2016（2）：96－101.

83. 黄思思．国内智慧旅游研究综述［J］．地理与地理信息科学，2014，30（2）：97－101.

84. 高天明．热旅游、冷思考：智慧旅游之我见［J］．旅游学刊，2012，27（9）：3－4.

85. 韩坤，王剑锋，薄静仪．基于物联网的秦皇岛生态旅游管理模式研究［J］．商场现代化，2012（17）：61.

86. 乔海燕．关于构建旅游公共信息服务系统的思考——基于智慧旅游视角［J］．中南林业科技大学学报（社会科学版），2012，6（2）：27－29.

87. 李湘云，王雄．基于网络时代的旅游目的地营销模式研究［J］．中国商贸，2012（16）：113－114.

88. 陈兴，史先琳．基于LBS的旅游位置服务思考［J］．技术与市场，2013（4）：214－215，219.

89. 柳红波．人工智能技术在智慧旅游中的应用［J］．自动化与仪器仪表，2016（2）：147－148.

90. 中国智慧旅游城市（镇）建设指标体系发布．新华网［EB/OL］，（2014－06－22）［2017－07－10］．http：//news.xinhuanet.com/travel/2014－06/22/c_126654033.htm.

91. 刘发军，赵明丽．智慧旅游标准体系建设研究［J］．标准化研究，2013（8）：51.

92. 国家旅游局．《关于促进智慧旅游发展的指导意见》第二款第五条、第十条．2017－07－10.

93. 黎忠文，唐建兵，刘龙蛟．智慧旅游公共服务评价指标研究——以四川省为例［J］．资源开发与市场，2014，30（11）：1302.

94. 邓贤峰，李霞．“智慧景区”评价标准体系研究［J］．电子政务，2012（9）：103.

95. 王德红．智慧城市框架下智慧旅游的运营研究［D］．中国海洋大学，2014.

96. 唐洪广．发展智慧旅游需关注的几个问题［N］．中国旅游报，2014－01－15.

97. 乔海燕. 关于构建旅游公共信息服务系统的思考——基于智慧旅游视角 [J]. 中南林业科技大学学报（社会科学版），2012，6（2）：27－29.

98. 杜鹏，杨蕾. 智慧旅游系统建设体系与发展策略研究 [J]. 科技管理研究，2013（23）：44－49.

99. 张国丽. 智慧旅游背景下旅游公共信息服务的建设——以浙江为例 [J]. 科技经济市场，2012（3）：41－43.

100. 张永民，杜忠潮. 我国智慧城市建设的现状及思考 [J]. 中国信息界，2011（2）：28－32.

101. 乔海燕. 关于构建旅游公共信息服务系统的思考——基于智慧旅游视角 [J]. 中南林业科技大学学报（社会科学版），2012，6（2）：27－29.

102. 林俊. 智能旅游行程规划系统研究 [D]. 北京邮电大学，2010.

103. 魏宇. 慢旅游与云旅游的对接——新型自由行与半自由行旅游模式的构建 [J]. 中国外资，2011（8）：117.

104. 金卫东. 智慧旅游与旅游公共服务体系建设 [J]. 旅游学刊，2012，27（2）：5－6.

105. 党安荣，张丹明等. 智慧景区的内涵与总体框架研究 [J]. 中国园林，2011（9）：15－19.

106. 李臻，朱进. 智慧酒店——酒店产品升级换代的必然趋势 [J]. 镇江高专学报，2013（1）：31－34.

107. 蔡蓉蓉，顾婷婷等. 南京智慧酒店现状及发展趋势研究 [J]. 对外经贸，2013（10）：62－64.

108. 黄羊山等. 智慧旅游－面向游客的应用 [M]. 南京：东南大学出版社，2013：167.

109. 杨阳. 浅议“智慧旅游”下的旅行社发展 [J]. 商，2012（18）：156－157.

110. 邓贤峰，张晓海. 南京市“智慧旅游”总体架构研究 [J]. 旅游论坛，2012（5）：72－76.

111. 陈兴，史先琳. 基于 LBS 的旅游位置服务思考 [J]. 技术与市场，2013（4）：214－215，219.

112. 黄晓波．智慧旅游服务社会的路径选择研究——以南京市为例［C］．中国旅游科学年会，2013.

113. 王虹，廖文喆．政府主导型智慧旅游发展模式研究［J］．社会科学论坛，2014（5）：195.

114. 蔡萌，汪宇明．低碳旅游：一种新的旅游发展方式［J］．旅游学刊，2010（1）：13.

115. 郭长秀，王艳兵．“景规”是如何升华为“国标”的．大河报电子版［N］，2017－07－10.

116. 姚国章等．智慧旅游新探索［M］．长春：东北师范大学出版社，2016.

117. 金振江，宗凯，严臻等．智慧旅游（第二版）［M］．北京：清华大学出版社，2015.

118. 姚志国，鹿晓龙．智慧旅游－旅游信息化大趋势［M］．北京：旅游教育出版社，2013.

119. 李云鹏．智慧旅游规划与行业实践［M］．北京：旅游教育出版社，2014.

120. 李云鹏等．智慧旅游：从旅游信息化到旅游智慧化［M］．北京：中国旅游出版社，2012.

附录1　城市智慧旅游服务游客需求调查问卷

您好！非常感谢您在百忙之中抽出时间填写调查问卷。为了解游客对于智慧旅游项目的需求，特地进行此次调查，请您根据自己的真实想法，在对应的选项前打“√”即可，真诚感谢您的参与和支持！（我们保证得到的信息将全部用于学术研究之用，并对您提供的信息严格保密）

1. 您的性别：（　　）

A 男　　B 女

2. 您的年龄：（　　）

A 15 岁以下　　B 15—24 岁　　C 25—44 岁

D 45—65 岁　　E 65 岁以上

3. 您的教育程度：（　　）

A 初中及以下　　B 高中

C 大专及本科　　D 研究生及以上

4. 您的职业：（　　）

A 农民　　B 军人　　C 学生

D 服务业人员　　E 教育工作者　　F 自由职业者

G 企事业管理人员　　H 公务员　　I 文体工作者

J 个体营业户　　K 退休　　L 其他：________

5. 您的收入水平？

A 2000 元及以下　　B 2001—4000 元

C 4001—6000 元　　D 6000 元及以上

6. 您知道智慧旅游吗？

A 不知道，第一次听说　　　　B 听说过，具体是什么不清楚

C 知道，并清楚具体内容

7. 您主要通过什么途径获得旅游信息？

A 旅行社

B 网络媒体（互联网、智能手机或平板电脑等移动智能设备）

C 电视广告及报纸杂志

D 亲友介绍

8. 您一般会使用网站提供的哪些服务？

A 搜索查询相关旅游信息　B 交通票务预订　C 酒店预订

D 购买旅游度假产品　E 仅仅浏览　F 其他

9. 您需要“智慧旅游”提供哪些方面的服务？（多选题）

A 免费无线网络的全覆盖？　B 便捷的旅游信息查询

C 门票、住宿等旅游产品预订　D 旅游线路规划？

E 导航服务　F 周边景点、酒店、特产等推荐

G 电子自助导游　H 社交分享　I 便捷的交通应用软件

J 客流疏导、安全监管　K 便捷的智能结账功能

L 旅游咨询热线　M 其他

10. 以下智慧旅游项目，您觉得是否重要？洛阳在此方面做得是否满足您的需求？

智慧旅游项目	旅游期望					实际评价				
	非常不重要	不重要	一般	重要	非常重要	非常不好	不好	一般	很好	非常好
免费的无线网络全覆盖										
旅游行程规划系统										
智慧旅游游客咨询中心										
手机旅游应用软件										
景区电子门票和电子门禁										
旅游动态信息发布系统										
自助导游讲解系统										
客流引导控制系统										

续表

智慧旅游项目	旅游期望					实际评价				
	非常不重要	不重要	一般	重要	非常重要	非常不好	不好	一般	很好	非常好
安全防护监控系统										
虚拟旅游体验系统										
周边旅游信息智能推送系统										
酒店自助入住/退房系统										
酒店智能客房系统										
智能点餐系统										
智能停车场管理系统										
便捷的智能结账功能										
旅游网站，方便在线订购（景区门票、酒店、机票等）										
旅游官网网站										
12301 旅游投诉平台										

11. 您认为影响您使用智慧旅游服务的制约因素是？

A. 网上旅游信息的不可靠性

B. 安全问题（个人信息、支付手段等的安全）

C. 网络服务不完善

D. 网站的操作性难易程度

E. 习惯于传统的旅游方式

F. 其他

12. 您认为城市智慧旅游建设的哪个版块需要改进？

A 智慧景区　　B 智慧交通　　C 智慧酒店

D 智慧餐饮　　E 智慧娱乐及购物

F 无线网络等基础设施建设　　G 其他

13. 当前的智慧旅游体验中，您认为还存在哪些不足？

____

____

附录 2　洛阳市智慧旅游游客满意度调查问卷

您好！这是一份洛阳市智慧旅游满意度调研问卷，主要研究来洛游客对洛阳旅游智慧化发展的满意程度。本问卷采用不记名方式填写，您所填写的内容信息仅供学术研究之用，所有个人资料均以统计方式出现，敬请放心填写。问卷答案并无“对”与“错”之分，请您按照个人对问题的看法和感受，打上自认为合理的分值，谢谢您的支持。

第一部分　基本信息

1. 您的性别：

男（　　）　　女（　　）

2. 您的年龄：

18 岁及以下（　　）　　19—24 岁（　　）

25—35 岁（　　）　　36—55 岁（　　）

56 岁及以上（　　）

3. 您的学历：

初中及以下（　　）　　高中/中专/技校（　　）

大专（　　）　　本科（　　）

硕士及以上（　　）

4. 您的月收入：

2000 元及以下（　　）　　2001—4000 元（　　）

4001—6000 元（　　）　　6000 元及以上（　　）

第二部分 评分表

下面是一个评分表，请您根据个人旅游后的感受打分，1→5 表示非常不满意→非常满意。(其中，1 表示“非常不满意”，2 表示“不满意”，3 表示“一般”，4 表示“满意”，5 表示“非常满意”)

序号	题目	1	2	3	4	5
1	您对洛阳市的 4G 通信网络、无线网络覆盖感到					
2	您对洛阳市视频监控、应急报警措施，以及大气、水质安全、雾霾和病虫害防治等感到					
3	您对旅游过程中的服务质量感到					
4	您对洛阳市绿化、空气等环境感到					
5	您对洛阳市居民素质感到					
6	您对洛阳市旅游门户网站、旅游手机 APP 建设感到					
7	您对洛阳市景区最佳游览人数、负氧离子指数、酒店客房情况等信息的实时发布感到					
8	您对利用手机或电脑预订景区门票、食宿等便利程度感到					
9	您对洛阳市景区电子地图、电子导游、微信讲解等服务感到					
10	您对酒店客房实现可视化门禁系统，空调、灯光、音乐等自动化设置感到					
11	您对酒店借助验证短信、二维码等实现自主入住/退房，实现快速办理和智能结算感到					
12	您对酒店通过微信、微博等平台主动邀请客人反馈建议，在客人生日等重要日期发送邮件、微信等，并在下次入住时根据客人需求提供个性化服务，建立诚信档案和黑名单感到					
13	您对旅游智能公交、公共自行车租赁、旅游大巴安装定位系统，从而检测车速、车况等信息感到					
14	您对查询停车场位置、车位状况、收费情况等信息以及采用的电子缴费方式感到					
15	您对通过电商平台进行产品宣传、咨询服务、售卖线路、售后服务感到					

续表

序号	题目	1	2	3	4	5
16	您对洛阳市政府旅游信息公开时效性、工作效率和服务水平感到					
17	您对旅游过程中出现的欺诈行为进行投诉和有关部门的有效处理感到					
18	您会向亲戚朋友推荐来洛阳旅游吗					
19	您愿意再次来到洛阳旅游吗					
20	与您旅游前对智慧旅游的期望相比，您对本次旅游感到					
21	与您理想中的智慧旅游相比，您对本次行程感到					

重要术语索引表